集人文社科之思　刊专业学术之声

集 刊 名：社会学刊
主办单位：复旦大学社会学系
主　　编：刘　欣
副 主 编：李　煜　胡安宁

JOURNAL OF SOCIOLOGICAL STUDIES (Vol.1 No.6)

编辑委员会（以姓氏拼音顺序）

蔡　泳　陈绯念　陈光金　陈向明　成伯清　戴慧思
顾东辉　关信平　桂　勇　何雪松　胡安宁　胡　荣
雷　洪　李路路　李培林　李友梅　李　煜　梁　鸿
林聚任　刘　欣　毛　丹　潘天舒　彭希哲　钱震超
孙时进　田毅鹏　童根兴　王　丰　王桂新　王　宁
王天夫　文　军　谢寿光　阎云翔　张　静　张文宏
张　翼　周晓虹　周　怡

编辑部（以姓氏拼音顺序）

黄荣贵　李　雪　李雪峰　梅　笑　田　丰　吴　菲

投稿邮箱
shxk@fudan.edu.cn

联系电话
021-65641612

第1卷　第6期

集刊序列号：PIJ-2018-255
中国集刊网：www.jikan.com.cn/ 社会学刊
集刊投约稿平台：www.iedol.cn

第1卷 第6期

Journal of Sociological Studies (Vol.1 No.6)

主编 / 刘　欣
副主编 / 李　煜　胡安宁
本期特邀执行主编 / 王　宁

社会科学文献出版社

社會学刊
Journal of Sociological Studies

第 1 卷第 6 期
2023 年 6 月出版

消费如何影响中产阶层身份认同：基于 CSS 2017 的数据分析
··· 赵卫华　魏镜轩 / 1

动机、生活方式和消费实践的确立
——对有机食品消费的探究 ··· 章　超 / 25

文化如何影响消费："消费文化理论"与"实践理论"的比较与反思
·· 任　杰 / 52

"再嵌"过程：消费全球化视野下的共享住宿与门禁社区
··· 戴楚娴　杨敏浠 / 74

坐月子的去传统化与市场化：产后照料服务消费的兴起
··· 朱婷燕 / 100

代际社会流动会影响消费观念吗？
——基于 CGSS 2010 数据的实证研究 ································ 李　明 / 132

"自我投资"的消费与"90 后"农民工的主体性再造 ········· 李　颖 / 153

数字经济时代背景下资本与产消者的关系：以养成系偶像粉丝为例
·· 陈　昕 / 174

消费社会学：从文化转向到实践转向 ·························· 童胜楠编译 / 197

Table of Contents & Abstracts ·· / 222

《社会学刊》征稿启事 ··· / 229

消费如何影响中产阶层身份认同：
基于 CSS 2017 的数据分析

赵卫华　魏镜轩[*]

摘　要：本文基于消费社会学的视角，从消费结构、消费水平两个层面对中产阶层的身份认同进行分析。研究发现，消费支出水平和消费支出占比对中产阶层身份认同存在显著影响，发展性消费支出水平及占比越高越倾向于认同中产阶层身份，但生存性消费影响中产阶层身份认同的机制比较复杂。生存性消费支出水平高低对中产阶层身份认同没有显著影响，但是生存性消费支出占比对中产阶层身份认同则有显著影响，具体而言，服装配饰支出占比越高越倾向于认同中产阶层身份，服装配饰消费成为享受性消费项目之一；而医疗支出占比越高则越不认同其中产阶层身份，其压力对中产阶层身份认同产生不利影响。因此，随着物质生活水平的提高，对于中产阶层身份认同来说，基本物质生活消费水平差异的影响在消失，但达到这一水平的压力大小成为重要影响因素。对于建设以具有阶层身份认同的中产阶层为主的橄榄型社会来说，减轻居民集体消费压力、促使消费结构更加均衡非常重要。

关键词：消费结构　消费水平　中产阶层身份认同

---

[*] 赵卫华，北京工业大学文法学部社会学系、北京社会管理研究基地教授，tongni4@163.com；魏镜轩，北京工业大学硕士研究生。

一 研究背景

改革开放以来，我国社会结构不断变化，社会阶层结构由相对同质性向复杂化转变，尤其是进入21世纪后，在经济高速增长、工业化和城镇化推动下，居民收入水平不断提高，中产阶层规模不断扩大。一般来说，"中间大，两头小"的橄榄型社会结构被认为是比较理想的现代社会结构。中国的社会阶层结构正逐渐从"土"字型结构转向橄榄型结构。早在2016年，经济学人智库就根据我国的经济进行分析，并预测当中国迈入中等收入国家的行列时，75%的人将成为中产阶层（缪琦，2016），目前国内很多学者比较有共识的是中产阶层的规模在4亿人左右（李春玲，2008）。

但是很多中产阶层并不认同自身的中产地位，已有学者发现我国阶层地位认同偏低（刘欣，2001），而且低于世界其他国家的水平。对于阶层认同"下移"的问题，有几种不同的解释，如地位决定论（范晓光、陈云松，2015）、相对剥夺论（刘欣，2002）、认同碎片论（李培林，2005）、参照系改变论（高勇，2013）等观点。阶层地位认同与客观地位结构不完全一致是众多学者的共识，但是他们对于导致认同偏低的因素并没有达成共识。因此，有必要对此进行进一步研究。

从现实来看，中国要走共同富裕之路，必然会形成一个以中产阶层为主体的社会，中产阶层的生活方式必然是社会的主流生活方式。消费作为生活方式的最重要体现，也是建构认同的重要手段，对于中产阶层的身份认同来说无疑具有重要影响。当前，中国正处在消费结构逐步优化、消费升级不断加快的过程中，文化、教育、娱乐、交通通信、医疗、旅游等服务消费快速增长，这些领域也是中产阶层的主要消费领域。随着中产阶层成为消费市场的主力，中产阶层消费文化正在形成。因此，讨论消费与中产阶层身份认同的关系问题，具有更加重要的意义。本文尝试使用定量研究方法探讨消费是如何影响中产阶层身份认同的。

二 文献综述

1. 中产阶层划分的客观标准

关于中产阶层或中产阶级的理论，可以追溯到古希腊的亚里士多德。他认为，应当通过现实生活中的群体财富占有的多少来划分不同的社会阶层，社会市民可以分为三个不同等级：财产的两极与中间。拥有财富最多的群体和拥有财富最少的群体被称为"两极"，处在这两个"极端"群体之间的就是中产者（亚里士多德，2005：150~152）。二战之后，米尔斯指出白领是美国的新中产阶级，他们不同于传统的老中产阶级，而是用职业分层取代财产分层，这意味着中产阶级从有产向无产转变（米尔斯，1987：80~85）。这一划分标准也对后续中产阶层研究产生了深远的影响。新马克思主义和新韦伯主义对中产阶层的具体界定虽有变化，但都以职业作为划分中产阶层的最重要标准。中产阶层划分标准从"财产"转向"职业"，是后工业社会以来白领大规模崛起的体现。

然而近年来，随着贫富差距的不断拉大，国外中产阶层在萎缩，白领作为中产阶层的主体，其社会经济地位下降。在中国，随着互联网产业的崛起和就业形式的多元化，传统社会分层维度的影响也在降低，住房财产对社会贫富分化的影响越来越大，生产领域与生活领域的分层结构一致性降低，同样收入的人由于财产积累的差异会有截然不同的生活方式，住房和消费生活方式对于识别中产阶层来说更加重要（吴开泽，2019）。生活方式与阶层地位的密切关系（Bourdieu，1984；Veblen，1899）势必会导致认同的进一步分化。

国内对如何划分中产阶层虽然未形成统一的标准，但有基本共识，即大多认为收入、职业和教育是划分中产阶层的最重要标准，此外还有生活方式和消费等。对中产阶层典型形象的刻画，可以概括为：①中产阶层大多从事管理工作或者专业技术性工作，即各类白领职业；②中产阶层受过较好的高等教育，文化水平普遍在大专以上；③中产阶层拥有丰厚且稳定的收入，有更强的消费意愿和能力，在消费上趋于前卫，追求品质生活。

2. 消费与中产阶层身份及认同的关系

社会存在既包括客观现实的社会阶层，也涵盖主观性建构的社会阶层（王春光、李炜，2002），社会阶层可以被群体的认同和表述再次重构（张海东、刘晓瞳，2019）。认同在现实生活中发挥着重要的作用，以致我们可以通过认同来与他人进行社会互动。阶层身份认同对于中产阶层来说既是对客观地位的一种认知，也是主观建构的结果。中产阶层由于处在中间这一独特的阶层位置，一方面具有强烈的向上层移动的倾向，另一方面又惧怕由"中产危机"导致的阶层滑落。这种矛盾性使得他们更加追求符号消费，消费对其身份认同的影响更加明显。"消费的一个基本机制，就是集团、阶级、种姓（及个体）的形式自主化。"（鲍德里亚，2014：9~10）在现代社会，消费不仅是一个实体意义上的消费过程，而且是一个符号意义上的消费过程（王宁，2009：37），在后一种意义上，消费与人们的身份认同产生联系。消费在社会生活中的重要性表现在它既是用于建构认同的"原材料"，又是认同表达的符号和象征（王宁，2001b：9）。

消费与客观阶层地位的关系密切，在韦伯看来，地位群体是基于获取特定商品、拥有特定生活方式来划分的，消费是划分地位群体的重要标志（刘欣，1993）。不同阶层在经济、社会与文化资本方面的占有差别导致出现两种不同的阶层品位，一种是摆脱了基本生理需求转而追求奢侈与差异化的品位，另一种是维持生存生活必需的品位（王宁，2001b：58）。中产阶层占据一定的经济、社会和文化资本，体现出他们中间位置的趣味，他们的消费在一定程度上属于前者，渴望通过消费区隔以及个性化消费来体现较"高级"的品位以及与下层的不同。中产阶层亦是时尚的追逐者，他们通过时尚消费建立区分和认同（西美尔，2001：72~81）。

现阶段中国的中产阶层在社会消费及私生活领域有较明显的行为表现，并已经产生了一定的示范作用（张宛丽，2003）。李培林、张翼使用恩格尔系数作为消费分层的划分依据，认为中等消费阶层是一个庞大群体，并且可能具有一定消费能力，但是这一研究也表明，消费分层与职业分层的相关性较弱，而与受教育程度、家庭人均收入以及家庭类型的相关性较强（李培林、张翼，2000）。李春玲通过计算家庭耐用品指数对中国社会进行消费分层的划分，结果显示消费分层现象十分明显，中产阶层正逐渐形成他们特有的消费文化（李春玲，2011）。张翼的研究发现，农民阶层、工人阶层的生存性边际消费倾向较明显，而新中产阶层的发展性边际消费倾向很明显（张翼，2016）。消费升级也会首先显现在中产阶层身上，以白领为主体的中产阶层对整个社会的消费文化具有重要影响（朱迪，2018）。中产阶层通常接受过较高水平的教育，在经济资本、文化资本的支撑下，他们表现出更多样化和更高层次的消费模式，强大的购买能力与消费意愿代表着他们是最为活跃、拥有最大潜力的消费力量，也是刺激我国内需的中坚力量（刘毅，2008）。

消费对于阶层认同具有重要影响，王建平认为生活经历是建构主观阶层认同的重要变量，消费观念和生活休闲方式的阶层分化，正是中产阶层进行"意义"建构、"品位"区分、自我认同和社会关系再生产的区隔过程，在这个过程中，中产阶层积极寻求其身份、地位认同，并不断形成和强化自己的消费特征与文化（王建平，2007：82）。赵卫华、汤溥泓基于CSS 2013的实证分析发现，生存性消费支出占比与阶层认同负相关，住房质量和发展性消费支出占比与阶层认同正相关，消费状况正成为阶层区隔和认同的重要影响因素（赵卫华、汤溥泓，2019）。以"住房品质"和"符号区隔"为代表的住房因素与阶层认同之间存在着显著相关性，基于住房财富的阶层认同正在逐步形成（张海东、杨城晨，2017）。住房消费状况对农民工的市民身份认同有显著影响（赵卫华、郝秋晨，2019）。将住房当作消费品看待，住房产权和住房条件的差异对于阶层认同具有直接作用（张传勇等，2020）。

总之，认同与消费关系密切，一切消费活动都遵循了特定的认同秩序，消费活动是在个体认同的框架下进行的。随着消费阶层化的趋势越来越鲜明，个人消费与客观地位和主观地位的认同关系也越来越复杂。除了住房的影响外，比较有共识的是中产阶层在发展性消费方面的优势。鉴于消费本身的多元化和消费符号的复杂性，对于各项消费具体如何影响中产身份的认同以及消费与身份认同下移究竟有怎样的关系，现有的研究并没有太多深入的探讨，这是本文试图回答的问题。

三　研究假设及模型设计

布迪厄以惯习、资本、场域三个概念构建了阶层地位影响消费行为的逻辑框架。这一逻辑框架背后的假设就是存在由阶层地位引起的消费区隔。布迪厄的消费区隔理论中，资本是一个特别关键的概念，共包含三种类别：经济资本、社会资本和文化资本。这些资本在微观层面是个人占有的各种社会资源，在结构层面是场域结构的决定力量，是社会空间的构成要素，在不同的场域里，资本变化影响不同阶层在社会空间里的地位。

具有不同资本的人们对消费行为的选择具有社会分级或身份区隔的作用，当社会中的个体或群体潜心于某种实践活动并展现出他们的品位时，彼此之间不仅在相互归类，也在互相区隔。可以说，日常消费趣味偏好的运作，具有整合的作用，也可以表现出阶层属性。受竞争和利润逻辑的支配，消费市场会不断地调整"口味"去迎合消费者的心理，消费的区分逻辑在市场的引领下更加鲜明地彰显出来。在区分逻辑的支配下，消费不仅是满足人们最基本的衣、食、住、行等基本生活需要的手段，也是随着生活品质提高而进行的享受，更是彰显地位、品位的符号。因此，消费在现代社会承载了多元的意义，不同阶层在进行消费时，其所侧重满足的需求是不同的。这种不同既有经济实力的影响，也有文化品位差异的原因。这种消费差异作为阶层地位的外显标志，与阶层认同关系密切。

1. 消费与中产阶层身份认同之间的关系假设

人类满足各种需要的行为会通过消费表现出来，这一过程不但是生存方式，还是特定社会地位的一种具体表现形式。个体或家庭的选择偏好会通过消费支出结构体现出来，而选择偏好背后体现了不同社会地位消费者的主客观身份地位。换句话说，消费是主体在阶层惯习引导下的特有生活方式的展现，个人或家庭消费结构和消费水平体现出其所在的社会阶层和自我阶层定位。本文按照张翼的研究将消费划分为生存性消费和发展性消费，其中生存性消费包括饮食消费、服装配饰消费、医疗消费、住房消费、生活缴费消费，发展性消费包括交通消费、通信消费、教育消费、家用设备消费、娱乐文化消费。基于此，本文提出以下假设。

假设1：居民的消费结构对于中产阶层身份认同具有影响作用。

假设1-1：居民的生存性消费支出占比越高，越不倾向于认同自己的中产阶层身份。

假设1-2：居民的发展性消费支出占比越高，越倾向于认同自己的中产阶层身份。

消费水平虽然与消费结构密切相关，但不同阶层的消费水平必然存在区别，高阶层的饮食、衣着等支出在总支出中的占比可能低，但是对应的消费支出水平却可能是高的，特别是在品质消费时代，低阶层的饮食支出仅仅是吃饱，高阶层的饮食不仅要吃好，还要吃出品位，吃出健康，因此，其饮食消费支出水平差距更大。因此，本文提出以下假设。

假设2：居民的消费水平对中产阶层身份认同具有影响作用。

假设2-1：居民的生存性消费支出水平越高，越倾向于认同自己的中产阶层身份。

假设2-2：居民的发展性消费支出水平越高，越倾向于认同自己的中产阶层身份。

假设2-3：居民的人均住房面积越大，越倾向于认同自己的中产阶层身份。

2. 回归模型的建立

本文的因变量通过操作化处理为二分类变量，因此本文采用二元 Logistic 回归模型，对主观认同中产阶层与主观非认同中产阶层两组群体进行比较，试分析消费对中产身份认同的影响。

Logistic 回归模型的公式为：

$$\ln\left(\frac{p}{1-p}\right) = \beta_0 + \beta_1 x_1 + \beta_2 x_2 + \cdots + \beta_p x_p + \varepsilon$$

其中，$\ln\left(\dfrac{p}{1-p}\right)$ 的取值范围是（$-\infty$，$+\infty$），这样，控制变量与自变量 x_1，x_2，…，x_p 可在任意范围内取值。将受教育程度、人均收入、职业阶层、人口学变量、消费水平等控制变量和自变量分别设为 x_1，x_2，…，x_p 代入模型，来观察因变量中产阶层身份认同的变化。

3. 数据情况

本文采用的数据来自由中国社会科学院社会学研究所主持的"2017年中国社会状况综合调查"（CSS 2017）项目。中国社会状况综合调查始于2005年，是一个全国范围内的大型连续性抽样调查项目。该调查涉及各个层次的数据，主要包括个人、家庭、社区组织、社会等多方面。通过概率抽样的入户访问方式，调查了全国31个省（自治区、直辖市），其中涵盖了151个县（区、市），604个村/居委会，每次调查访问7000~10000个家庭，CSS 2017调查获得样本总数10143个。该调查项目有助于获取转型时期中国社会变迁的相关数据资料，基于其的研究结果可推论至全国18~69周岁的住户人口。经过数据筛选和处理，剔除异常值和缺失值，本文最终得到有效样本2685个，采用SPSS 23.0软件对其进行了数据统计分析。

对于中产阶层的自我认同的判断，一般采用两种不同的方式，一种是直接询问"您认为自己是中产阶层吗？"，另一种是将社会分为若干层次，让个体选择自己处于哪一层级。本文使用的数据的收集采用的是第二种方式，问卷的问题是"您认为目前您本人的社会经济地位在本地大体属于哪个层次？"。答案共分为"上层""中上层""中层""中下层""下层"五个阶层，分别对应"1级""2级""3级""4级""5级"。参照陈光金对中产阶层的主观划分方式（陈光金，2013），本文将1、2、3级视为认同中产阶层，4、5级视为非认同中产阶级由于上层（1级）占整体比重较小，在社会中也属于占比较小的群体，因此同样纳入认同中产阶层。由此，把社会阶层分为认同中产阶层和非认同中产阶层。

（1）自变量

本文的核心自变量分为消费结构变量和消费水平变量。

现有数据有饮食支出、服装配饰支出（衣服、鞋帽等购置费用）、医疗支出（如看病、住院、买药等的费用）、教育支出、生活缴费支出［包括电费、水费、燃气（煤炭）费、物业费、取暖费］、交通支出（如上下班等交通费及家用车辆汽油费、保养费、养路费、路桥费等）、通信支出（如固定电话/手机/小灵通的话费、电脑上网费等）、家用设备支出（家用电器、家具、家用车辆等购置费用）、住房支出（购房、建房、房租或还房贷等支出）、娱乐文化支出（旅游、健身等费用）这十大类消费支出，还有住房面积、数量等住房数据，本文对这些数据进行进一步归类，确定本文的自变量的相关指标如下。

消费结构变量。一般来说，生活水平越低，生存性支出占比就越高，较低社会阶层家庭支出总费用中基本生活必需品支出一般会占较大比重，发展性和享受性支出的占比相应地比较低。为了探究消费结构与主观认同阶层的影响关系，按消费的目的将前者分为生存性消费支出占比（饮食支出、服装配饰支出、医疗支出、住房支出、生活缴费支出占比之和）和发展性消费支出占比（交通支出、通信支出、教育支出、家用设备支出、娱乐文化支出占比之和）两个自变量，从消费结构上看消费的类型差异对主观认同阶层的影响。

消费水平变量，包括支出水平与住房状况。其中支出水平是指十大类消费支出的实际金额，也就是以货币化的方式，将消费支出作为自变量。具体划分为生存性消费支出水平（饮食支出、服装配饰支出、医疗支出、住房支出、生活缴费支出之和）和发展性消费支出水平（交通支出、通信支出、教育支出、家用设备支出、娱乐文化支出之和）两个自变量。住房既可以认为是生存性消费，也可以认为是个人或家庭的投资理财，即发展性消费。因此，将住房面积作为代表住房状况的变量，具体操作化为人均住房面积。

（2）控制变量

一是客观社会经济地位变量。如前所述，确定是否属于中产阶层的标准，一般是收入、教育和职业。因此本文控制了收入、教育和职业三方面变量对主观认同阶层的影响。

人均收入。已有研究表明，资产和收入的增加会提升被调查者的阶层认同水平。收入在布迪厄的理论中属于经济资本。经济资本在不同场域中发挥着重要的作用，人在满足了基本生存需求的前提下，才会开始关注改善生活质量、追求品质消费的生活方式。本文中的收入是指调查前一年的家庭人均总收入，将问卷 C6 中各分项收入加总计算得到家庭总收入，然后除以家庭人口数，由此将人均收入操作化为家庭人均总收入，以对数的形式代入模型。

受教育程度。教育作为文化资本，是文化区隔的最重要因素。这种区隔的本质逻辑不是审美趣味，而是体现在消费实践中不同文化趣味的地位和差异，文化资本清晰地界定了群体的边界。按照受教育程度的不同，具体编码为：未上学 =1；小学 =2；初中 =3；高中 =4；中专 =5；大学专科 =6；大学本科 =7；研究生 =8。

职业阶层。职业在社会学界被认为是界定中产阶层的主要标准之一，它是一个更加综合的因素。职业地位的高低是一个人综合经济社会地位的最重要体现。借鉴李路路等（2018）的分层方法，将职业划分为五大阶层。具体划分如下：第一个阶层是国家与社会管理者阶层，简称管理者阶层，主要是党政机关和事业单位、人民群众团体的负责人员；第二个阶层为专业技术人员阶层，包括研究人员、教学人员、工程师、医生、律师、文化工作者；第三个阶层是办事人员阶层，是跟国家与社会管理者阶层相对应的，包括办公室主任、秘书、会计、出纳，还有电脑工作者、统计人员等；第四个阶层是体力劳动者阶层，包括农民、工人以及第三产业工人、商业服务人员；第五个阶层是自雇/个体户阶层。将这五个阶层分别赋值 1~5。

控制变量还包括以下人口学变量，即受访者的性别、年龄、婚姻情况、户籍情况、政治面貌、城乡属性。这些变量作为人口学特征，对阶层认同与消费有着重要的影响作用，具体编码如下。①性别：男性 =1，女性 =0。②年龄：18~29 岁 =1，30~39 岁 =2，40~49 岁 =3，50~59 岁 =4，60~69 岁 =5。③婚姻情况：有配偶 =1，无配偶 =0。④户籍情况：非农业户口 =1，农业户口 =0。⑤政治面貌：党员 =1，非党员 =0。⑤城乡属性：城镇 =1，乡村 =0。变量的基本情况及具体操作化指标或编码如表 1 所示。

表 1 变量基本情况及具体操作化指标或编码

变量类型		变量名称	变量数据类型	变量具体操作化指标或编码
因变量		主观认同阶层	二分变量	认同中产阶层（上层、中上层、中层）= 1；非认同中产阶层（中下层、下层）= 0
自变量	消费结构变量	生存性消费支出占比	连续变量	饮食支出、服装配饰支出、医疗支出、住房支出、生活缴费支出占比之和
		发展性消费支出占比	连续变量	交通支出、通信支出、教育支出、家用设备支出、娱乐文化支出占比之和
	消费水平变量	生存性消费支出水平	连续变量	饮食支出、服装配饰支出、医疗支出、住房支出、生活缴费支出之和
		发展性消费支出水平	连续变量	交通支出、通信支出、教育支出、家用设备支出、娱乐文化支出之和
控制变量	客观社会经济地位变量	住房面积	连续变量	人均住房面积（m²）
		人均收入	连续变量	家庭人均总收入（元），转化为对数
		受教育程度	定类变量	未上学 = 1；小学 = 2；初中 = 3；高中 = 4；中专 = 5；大学专科 = 6；大学本科 = 7；研究生 = 8
		职业阶层	定类变量	管理者阶层 = 1；专业技术人员阶层 = 2；办事人员阶层 = 3；体力劳动者阶层 = 4；自雇/个体户阶层 = 5；
	人口学变量	性别	二分变量	男 = 1；女 = 0
		年龄	定序变量	18~29 岁 = 1；30~39 岁 = 2；40~49 岁 = 3；50~59 岁 = 4；60~69 岁 = 5
		政治面貌	二分变量	党员 = 1；非党员 = 0
		婚姻情况	二分变量	有配偶 = 1；无配偶 = 0
		户籍情况	二分变量	非农业户口 = 1；农业户口 = 0
		城乡属性	二分变量	城镇 = 1；乡村 = 0

四 消费对中产阶层身份认同影响的回归分析结果

1. 消费结构对中产阶层身份认同的影响

生存性消费从内涵上看是一个比较有弹性的概念，饮食、服装配饰消费其实既可以是生存性也可以是享受性消费，医疗则更复杂，对于国人来说，在多数情况下医疗支出是刚需，是不得不进行的消费支出，而有的学者把医疗保健消费归入发展性消费，有的则归入生存性消费。考虑到医疗支出，特别是大额支出对家庭生活影响巨大，本文分别把医疗支出作为生存性和非生存性消费支出代入模型，形成如表2所示的模型1、模型2和模型3。

表2 消费结构变量、住房面积与中产阶层身份认同的回归分析结果

变量	模型1(生存性消费支出含医疗)		模型2(生存性消费支出不含医疗)		模型3(生存性消费支出不含医疗)	
	B	$Exp(B)$	B	$Exp(B)$	B	$Exp(B)$
生存性消费支出占比	-0.038	0.963	0.357***	1.429	1.005***	2.732
发展性消费支出占比					0.917***	2.503
住房面积	0.001***	1.001	0.001**	1.001	0.807***	1.001
人均收入	0.845***	2.329	0.849***	2.923	0.816***	2.261
受教育程度(对照组:未上学)						
小学	-0.444	0.642	0.450	0.637	0.454	0.635
初中	-0.871	0.418	0.886**	0.412	0.877*	0.416
高中	-0.784	0.456	0.793***	0.452	0.793**	0.452
中专	-0.796	0.451	0.795***	0.452	0.797**	0.451
大学专科	-0.379	0.685	0.378***	0.685	0.378**	0.685
大学本科	-0.948	0.387	0.945***	0.389	0.950***	0.387
研究生	-0.314	0.730	0.311***	0.733	0.316**	0.729
职业阶层(对照组:自雇/个体户阶层)						
管理者阶层	-0.062	0.939	0.054*	3.534	0.068*	0.935
专业技术人员阶层	-0.158	0.854	0.169**	3.514	0.163**	0.849
办事人员阶层	-0.266	0.767	0.269**	3.410	0.257**	0.773
体力劳动者阶层	-0.505***	0.604	0.505*	3.841	0.489**	0.613
性别(男性=1)	0.382***	1.465	0.384***	1.469	0.374	1.454

续表

变量	模型1(生存性消费支出含医疗)		模型2(生存性消费支出不含医疗)		模型3(生存性消费支出不含医疗)	
	B	Exp(B)	B	Exp(B)	B	Exp(B)
年龄(对照组:60~69岁)						
18~29岁	0.320***	0.914	0.082	0.922	-0.107	0.899
30~39岁	0.130	0.996	0.003	1.004	-0.022	0.978
40~49岁	-0.073	1.013	0.027	1.028	-0.018	0.982
50~59岁	-0.038	1.121	0.121	1.129	0.109	1.115
政治面貌(党员=1)	-0.555***	0.574	-0.560***	0.571	-0.545	0.580
婚姻情况(有配偶=1)	-0.384***	0.681	-0.400***	0.670	-0.403	0.668
户籍情况(非农业户口=1)	-0.184***	0.832	-0.176	0.839	-0.185	0.831
城乡属性(城镇=1)	-0.139	1.149	0.152	1.164	0.149	1.161
常量	-2.755		-4.276		-5.334	
样本量	2685		2685		2685	
R^2	0.150		0.144		0.128	

注：* $p<0.05$，** $p<0.01$，*** $p<0.001$。

根据回归的结果可以看出，模型1中对生存性消费支出变量进行操作化处理，将饮食支出占比、服装配饰支出占比、住房支出占比、医疗支出占比和生活缴费支出占比合并为生存性消费支出占比，代入模型后，回归系数为负，即生存性消费支出占比越高，中产阶层身份认同越弱，但回归结果不显著，生存性消费支出占比对中产阶层身份认同并未产生显著影响，回归结果否定了假设1-1。

已有研究认为不同阶层的消费结构不同，低社会阶层的生存性消费支出占比较大，高社会阶层的发展性消费支出占比较大。当人们处在为了生存而消费的状态下，他们的生活水平和生活条件还不够理想，这可能会导致他们不认同自己属于中产阶层，反之，则可能认同自己属于中产阶层。按照原初的设想，应该是生存性消费支出占比越高，越不认同自己属于中产阶层；发展性消费支出越高，越倾向于认同自己属于中产阶层。但意外的是，模型1中的结果显示生存性消费支出占比对中产阶层身份认同的影响并不显著。

在模型2中，剔除了医疗支出，再次将生存性消费支出占比代入模型。

剔除医疗支出的根据有两条。第一条是在对于认同中产阶层和非认同中产阶层消费情况的描述分析中发现，非认同中产阶层的生存性消费支出中仅有医疗支出占比高于认同中产阶层，其他类型消费支出占比均比认同中产阶层更低，这表明与其他类型的消费支出相比，医疗支出明显具有更特殊的影响。第二条包括以下原因。首先，样本中有一定数量的农民，他们参加的新型农村合作医疗是广覆盖、低保障的，报销比例低，相对医疗负担重。其次，总体来说，城乡居民的医疗负担还比较重，如许多药物和医疗项目在医保中不能报销，得了大病自付比例还比较高，会影响到正常家庭生活。医疗支出其实是一种压力型支出，其水平更高意味着压力更大，将医疗消费看作保健是不够准确的。中产阶层的隐忧和压力很多来自医疗方面。医疗支出对于中产阶层身份认同的区分具有明显的决定作用，根据模型2结果，剔除医疗支出占比后，生存性消费支出占比对中产阶层身份认同的影响非常显著，具体来说，不考虑医疗的因素，生存性消费支出占比越高，越认同中产阶层身份，但是，这也与我们最初的假设1-1的预想及以往学者（如张翼）的研究结论相悖，需要进一步探究。

为了进一步分析模型结果的产生原因，在模型3中加入了发展性消费支出占比，由于剔除了医疗支出占比，生存性消费支出占比与发展性消费支出占比不存在共线性，因此可以同时代入模型中。回归结果显示，当去掉医疗支出占比后，生存性消费支出占比和发展性消费支出占比均对中产阶层身份的认同产生正向并且显著的影响，发展性消费支出占比越高，越倾向认同自己属于中产阶层，支持了假设1和假设1-2。而生存性消费支出占比越高，越认同自己属于中产阶层，回归结果仍然与模型2的结果一致，同样否定了假设1-1。这表明，医疗支出作为一种压力型支出，如果过高会影响居民生活质量，降低其主观地位认同；但是生存性消费支出占比越高主观地位认同越高的问题仍然无法解释。

模型1~3中住房面积指的是人均住房面积，是衡量住房状况的指标，在一定程度上体现着消费水平和生活质量。根据分析结果，住房面积对于中产阶层身份认同的影响是十分显著的，并且是正向的。回归结果支持了假设

2—3。住房市场化改革不仅是我国房地产业发展的重要标志,还在经济和社会层面产生了深远的影响。住房市场化使房产作为固定资产成为城市居民财富的重要载体,尤其是当城市住房与城市户籍以及社会保障相绑定后,原来只拥有居住属性的住房,还是个体社会阶层地位和社会权利的重要载体,住房状况与社会阶层地位关系密切,影响居民身份认同。模型结果显示,住房状况越好,就越容易在主观上认同自己的中产阶层身份。

从客观社会经济地位变量的影响看,首先是人均收入具有显著的正向影响,收入越高,人们越有可能认同自己属于中产阶层。收入是界定中产阶层的主要指标,而且收入作为经济资本对阶层认同的影响始终是正向的,说明无论对于客观中产阶层还是主观中产阶层来说,收入都是一个核心的要素。

教育通常被认为是促进阶层流动的重要因素。接受高等教育可以带来更好的工作机会、工作单位,进而获得可观的收入,实现地位的跃升。结果显示,除了小学组,与未上学的群体相比,教育在其他学历组都呈现对中产阶层身份认同的显著正向影响,高学历的人群会更倾向于认同自己的中产阶层身份。

在现代社会,职业与个人的收入、社会地位、生活消费方式等高度相关,是衡量个体社会经济地位的最重要指标。结果显示,相比于自雇/个体户阶层,其他阶层都更认同自己属于中产阶层,其中专业技术人员阶层和办事人员阶层较为显著。

人口学变量对因变量主观中产阶层身份认同的回归影响中,性别、婚姻情况、政治面貌、户籍情况的影响都是显著的。性别对主观中产阶层身份认同的影响是显著的,男性主观中产阶层认同水平高于女性。从年龄看,18~29岁的人更容易认同自己属于中产阶层。18~29岁的群体大多为20世纪90年代出生,在经济社会发展水平较高的环境下,在各方面的条件更好,更倾向于认同自己的中产阶层身份。相比有配偶的群体,无配偶的更愿意认同自己属于中产阶层。非党员更倾向于认同自己的中产阶层身份。

2. 消费水平对中产阶层身份认同的影响

不同阶层的消费水平存在差异，较高社会阶层的消费水平一般也比较高。为了能进一步研究消费和认同的复杂关系，将消费支出水平按照前述标准分为生存性消费支出水平和发展性消费支出水平两类，作为自变量，因变量不变，来进一步分析消费水平对阶层认同的影响，形成如表3所示的模型4和模型5。

表3 消费水平与中产阶层身份认同的回归分析结果

变量	模型4(生存性消费含医疗)		模型5(生存性消费不含医疗)	
	B	$\mathrm{Exp}(B)$	B	$\mathrm{Exp}(B)$
生存性消费支出水平	0.000	1.000	0.001	1.000
发展性消费支出水平	0.000**	1.000	0.000**	1.000
住房面积	0.001***	1.001	0.001**	1.001
人均收入	1.010***	2.747	0.998***	2.712
受教育程度(对照组:未上学)				
小学	-0.432	0.649	-0.429	0.651
初中	-0.860	0.432	-0.857	0.424
高中	-0.779	0.459	-0.776	0.460
中专	-0.802	1.449	-0.797	0.451
大学专科	-0.379	0.685	-0.372	0.690
大学本科	-0.956	0.384	-0.948	0.388
研究生	-0.310	0.733	-0.301	0.740
职业阶层(对照组:自雇/个体户阶层)				
管理者阶层	0.014*	0.986	0.009*	0.991
专业技术人员阶层	0.153*	0.858	1.155*	0.856
办事人员阶层	0.249*	0.780	0.251*	0.778
体力劳动者阶层	0.500*	0.607	0.500*	0.607
性别(男性=1)	0.381***	1.464	0.381***	1.462
年龄(对照组:60~69岁)				
18~29岁	-0.075	0.928	-0.078	0.925
30~39岁	0.001	1.002	-0.001	0.999
40~49岁	0.023	1.023	0.023	1.023
50~59岁	0.119	1.126	0.117	1.124

续表

变量	模型 4（生存性消费含医疗）		模型 5（生存性消费不含医疗）	
	B	$Exp(B)$	B	$Exp(B)$
政治面貌（党员=1）	-0.555***	0.574	-0.555***	0.574
婚姻情况（有配偶=1）	-0.383**	0.682	-0.384**	0.681
户籍情况（非农户口=1）	-0.188	0.829	-0.188	0.829
城乡属性（城镇=1）	0.147	1.159	0.146	1.157
常量	-3.458		-3.411	
样本量	2685		2685	
R^2	0.135		0.136	

注：* $p<0.05$，** $p<0.01$，*** $p<0.001$。

在模型4中，生存性消费支出水平对于中产阶层的身份认同有正向的影响，但是结果不显著，回归结果否定了假设2-1。发展性消费支出水平、住房面积对身份认同也有正向的影响，且结果是显著的。在模型5中，将医疗支出剔除后，继续代入两种不同类型消费支出水平，结果显示，生存性消费支出水平对于中产阶层身份认同的影响是正向的，但是仍不显著，而发展性消费支出水平与住房面积对于中产阶层的身份认同的影响仍然是显著的，并且方向是正向的。总体来看，无论是否考虑医疗支出，生存性消费支出水平对认同的影响都并不显著，也就是说，不管是否认同中产阶层身份，人们的生存性消费支出水平都是没有显著差别的，而发展性消费支出水平则存在显著差别，发展性消费支出水平越高，越倾向于认同自己属于中产阶层。住房面积的影响始终是显著的，面积越大，越认同自己的中产阶层身份。总体而言，回归结果支持假设2、假设2-2、假设2-3。

3. 不同消费项目与中产阶层身份认同关系的进一步分析

一般来说，不同阶层在衣食住行医等方面的消费支出水平和占比有较大的区别，高阶层在衣食住行等方面的消费支出水平可能比较高，而占比可能会比较低，但是消费结构和消费水平与中产认同的回归分析结果却有悖于这个假设：在消费水平上，无论是否考虑医疗支出，生存性消费支出水平对于是否认同中产阶层身份都没有影响；但是在消费结构上，生存性消费（不包括医疗）支出占比越高人们却越倾向于认同中产阶层身份,这是与理论假设不符的。为了进一步探析消费结构、消费水平与中产阶层身份认同的关系,将各类生存性消费支出水平与占比分别代入回归模型,因变量不变,形成如表4所示的模型6、模型7。

表4 各项生存性消费支出占比、水平与中产阶层身份认同的回归分析结果

变量	模型6(生存性消费支出占比)		模型7(生存性消费支出水平)	
	B	$\mathrm{Exp}(B)$	B	$\mathrm{Exp}(B)$
饮食支出	0.050	1.051	0.000	1.000
服装配饰支出	1.649***	5.203	0.000	1.000
居住支出	-0.326	0.721	0.000	1.000
医疗支出	-1.028**	0.358	0.000	1.000
生活缴费支出	1.456	4.289	0.000	1.000
住房面积	0.001***	1.001	0.001**	1.001
人均收入	0.876***	2.402	0.878***	2.406
受教育程度(对照组:未上学)				
小学	-0.430	0.650	-0.449	0.639
初中	-0.878	0.416	-0.869	0.420
高中	-0.801	0.449	-0.789	0.454
中专	-0.829	1.437	-0.801	0.449
大学专科	-0.417	0.659	-0.379	0.684
大学本科	-0.986	0.373	-0.964	0.381
研究生	-0.359	0.698	-0.339	0.713
职业阶层(对照组:自雇/个体户阶层)				
管理者阶层	0.073*	0.930	0.069*	0.933
专业技术人员阶层	0.169*	0.844	1.141*	0.868
办事人员阶层	0.253*	0.776	0.259*	0.772
体力劳动者阶层	0.494*	0.610	0.497	0.609
性别(男性=1)	0.361***	1.435	0.375***	1.455
年龄(对照组:60~69岁)				
18~29岁	-0.154	0.857	-0.118	0.888

续表

变量	模型6(生存性消费支出占比)		模型7(生存性消费支出水平)	
	B	$\mathrm{Exp}(B)$	B	$\mathrm{Exp}(B)$
30~39岁	0.073	0.929	-0.033	0.967
40~49岁	0.072	0.930	-0.013	0.987
50~59岁	0.065	1.067	0.099	1.104
政治面貌(党员=1)	-0.542***	0.582	-0.545***	0.580
婚姻情况(有配偶=1)	-0.422**	0.656	-0.375**	0.687
户籍情况(非农户口=1)	-0.171	0.843	-0.191	0.826
城乡属性(城镇=1)	0.145	1.156	0.140	1.150
常量	-2.979		-2.874	
样本量	2685		2685	
R^2	0.135		0.136	

注：* $p<0.05$，** $p<0.01$，*** $p<0.001$。

在模型6中，服装配饰支出占比与医疗支出占比对于中产阶层身份认同均具有显著的影响，其中服装配饰支出占比对中产阶层身份认同的影响是正向的，也就是说，服装配饰支出占比越高，越倾向于认同中产阶层身份。而医疗支出占比对中产阶层身份认同的影响是负向的，占比越高，越不认同中产阶层身份。在模型7中，饮食支出水平、服装配饰支出水平、居住支出水平、医疗支出水平、生活缴费支出水平这5种消费支出水平对中产阶层身份认同的影响均不显著。

消费水平的高低通常与不同的社会阶层相联系，一般来讲，人们的阶层地位不同，其衣食住行医等方面的消费也是有差别的，阶层认同很可能受到这些消费差别的影响，但是从模型6、模型7的情况来看，随着社会经济水平的提升，不管是否认同中产阶层身份，人们在衣食住行用等方面的消费水平都并没有明显的差异，这意味着，随着我国经济发展从量的增长转向质的提升，居民消费升级也转向品质消费，对衣食住行的品质要求不断提高，从以维系基本生存为目的的饮食消费方式向营养健康的饮食消费方式转变，从穿暖、穿新向穿得时尚、有品质和讲究大品牌转变，等等。综合两个模型的结果，虽然生存性消费支出的水平不具有显著影响，但是其占比还是有影响的，而生存性消费不能一概而论，具体到各类消费，服装配饰消费和医疗消费是比较特殊的，并不能简单地将其看作生存性消费。对于中产阶层身份认同来说，医疗支出和服装配饰支出水平高低并不是关键问题，其占比高低才是关键影响因素。服装配饰支出占比越高越可能增强个人的中产阶层身份认同，说明服装配饰消费不是生存性消费，它应该属于享受性消费的范畴。医疗支出占比越高，越不认同自身的中产阶层身份，说明医疗支出对于中产阶层的生产和发展来说是一个压力，对于中产社会形成来说也是一个障碍。

五 结论和讨论

本文通过二元 Logistic 回归模型分析，从消费结构和消费水平两个层面分析了消费对中产阶层身份认同的影响。结果表明，消费结构和消费水平高低对中产阶层身份认同都有显著的影响。在消费结构层面，医疗支出占比对于生存性消费支出占比与中产阶层身份认同的关系具有决定性影响，当包括医疗支出时，生存性消费支出占比对主观中产阶层身份认同并无显著影响，但在不包含医疗消费支出的情况下，生存性消费支出占比越高，人们则越倾向于认同自己属于中产阶层。发展性消费支出占比越高，人们越倾向于认同自己属于中产阶层。在消费水平层面，无论是否包含医疗支出，生存性消费支出水平都对中产阶层身份认同无显著影响，说明认同与不认同中产阶层身份的两类群体在生存性消费支出水平上并没有显著差异；发展性消费支出水平对中产阶层身份认同有显著正向影响，发展性消费支出水平越高，人们就越倾向于认同其中产阶层身份。在所有模型中，住房面积对中产阶层身份认同始终具有显著的正向影响，即住房面积越大，人们越倾向认同自己属于中产阶层。

对于生存性消费，在不考虑医疗支出的情况下，生存性消费支出占比越高，人们越认同自己的中产阶层身份，但无论是否考虑医疗支出，生存性消费支出水平高低对中产阶层身份认同均无显著影响。生存性消费的这个结果与我们的假设有一定差异，一般说，较低社会阶层的生存性消费支出占比高，所以生存性消费支出占比高可能会导致阶层身份认同偏低，但是本文结果与此相悖。进一步分析发现，这种偏差来自服装配饰支出，服装配饰支出占比高者更倾向于认同自己的中产阶层身份。由此可以认为，当温饱问题解决以后，服装配饰支出占比提高提升了其对中产阶层身份的认同，增长的服装配饰消费应该属于享受性消费。这也是本文的一个新的发现。

当前，我国消费阶层化的趋势日益明显，阶层之间的消费区隔逐渐形成，并对身份认同产生影响。对于中产阶层来说，消费越来越成为形成阶层身份认同的方式。我国中产阶层已经成长为一个庞大的群体，成为社会结构的主要组成部分之一。中产阶层也是我国内需市场的强大支持力量，这个群体具有强烈的消费热情和强大的消费能力。从本文来看，消费是影响中产阶层身份认同的重要因素之一，发展性消费、享受性消费在消费总体中的占比提升有利于形成中产身份的认同，消费与主观社会阶层的建构关系密切。

对于消费与阶层之间的关系，伊舍伍德和道格拉斯根据商品使用功能的不同，把消费品分为三类，即与第一产业相对应的主类消费品（如粮食）、与第二产业相对应的技术类消费品（如消费者的资本装备）、与第三产业相对应的信息类消费品（如信息商品、教育、艺术、文化与娱乐消遣），他们认为，穷人主要局限于主类消费品，而上层则更多地投资于文化和符号资本，为进行信息类消费投入更多的时间。然而，本文的发现则表明，当人们的温饱问题解决以后，各个阶层对消费的追求都超越了基本生存需求，特别是随着网络时代的到来，文化娱乐、信息消费也不再有显著的阶层区隔。在这种情况下，个人是否认同中产阶层身份除了职业、教育和收入差别的影响以外，消费的影响更加凸显。消费对阶层身份认同的影响体现在消费水平和消费结构的差别上，主观认同阶层较高的群体在发展性消费上支出水平高、占比高，这是有广泛共识的，也得到本文的证实，但生存性消费对阶层身份认同的影响则比较复杂，部分否定了既有的理论认识。这需要进一步厘清生存性消费的内涵。第一，生存性消费的界定。过去很多学者把衣食住等看作最基本的生存性消费，但是当人们的温饱问题解决以后，衣食住等基本生存性消费的内涵发生了很大的变化。虽然人们满足生理需求所需的物质是有限的，但是当物质被赋予符号价值，人们的消费超越了物质而转向符号以后，消费水平就有了更大的提升空间。衣服的消费便是如此，同样一件衣服，品牌不同，价格迥异。一件上衣，可以从几十元到十几万元不等，因此，衣服本身也成了一个与社会分化同构的分层体系。服装作为一个最直接的身份符号，成为表达身份认同的手段，其消费水平越高，所体现的生活水平越高。本文发现，当个人花更多的钱在服装配饰消费上，且这个消费水平达到中产阶层的标准时，他们就更认同自身的中产阶层身份。消费水平的差别更加具有区分价值，如饮食，吃饱的水平是满足基本生存性需要，但几万、几十万元一顿的饮食支出肯定就不再属于生存的范畴；信息消费，过去是发展性消费，而在这个网络时代，特别是在城市生活中，信息消费就是一种最基本的消费项目，是城市生存所必需的。因此，按照功能简单地把消费项目划分为生存性、发展性或者享受性消费并不能反映客观的社会差别，消费的水平评估更加重要。就生存性消费而言，类别处于不断扩展中，而水平的区分更加重要。第二，消费压力影响身份认同。当前，集体消费的市场化为居民消费带来了比较大的压力，如住房、医疗、教育的过度市场化加重了居民的生活负担，当然，这些负担并不是对所有人都相同，由于集体消费品的供给不均衡，农村居民和城镇居民、本地居民和外地居民在很多集体消费方面存在差异。这些方面压力过大，会挤压生活消费，降低生活质量，从而降低居民的阶层身份认同。正如本文所揭示的，在同等情况下，医疗支出占比高会降低居民的阶层身份认同。住房面积大小也影响到居民阶层身份认同。因此，涉及基本生存需要的集体消费品的供给水平和压力水平对于中产阶层的身份认同影响非常大，要建构主观认同的中产阶层社会，集体消费品的高水平均衡供给非常重要。

随着中国全面小康社会的建成，社会经济发展水平和质量不断提高，居民的物质文化生活日益丰富，大众对衣着品位的追求、对饮食健康的重视程度都有了全面的提升，人们在这些方面的消费水平已经没有显著的区别了，而追求较高消费水平的压力大小则会影响人们的身份认同。在消费主义盛行的今天，消费不再仅是为了满足物质需要，而是超越物质层面转变为对符号和意义的追求。但同时，在追求消费符号的身份表达功能时，中产阶层仍然面临着医疗、教育、养老方面等不同程度的压力，这些压力的大小会对个人的阶层身份认同产生影响。因此，在构建中产阶层为主的社会结构、实现共同富裕的过程中，提升居民消费水平、促进居民消费结构合理化，对于提升居民阶层身份认同、减小客观中产阶层和主观认同中产阶层之间的错位、形成成员广泛认同中产阶层身份的橄榄型社会非常重要。

参考文献

鲍德里亚，让，2014，《消费社会》，刘成富、全志钢译，南京大学出版社。
陈光金，2013，《不仅有"相对剥夺"，还有"生存焦虑"——中国主观认同阶层分布十年变迁的实证分析（2001—2011）》，《黑龙江社会科学》第 5 期。
范晓光、陈云松，2015，《中国城乡居民的阶层地位认同偏差》，《社会学研究》第 4 期。
高勇，2013，《地位层级认同为何下移 兼论地位层级认同基础的转变》，《社会》第 4 期。
李春玲，2008，《中产阶层的增长趋势》，《学园》第 1 期。
李春玲，2011，《中产阶级的消费水平和消费方式》，《广东社会科学》第 4 期。
李路路、石磊、朱斌，2018，《固化还是流动？——当代中国阶层结构变迁四十年》，《社会学研究》第 6 期。
李培林，2005，《社会冲突与阶级意识当代中国社会矛盾研究》，《社会》第 1 期。
李培林、张翼，2000，《消费分层：启动经济的一个重要视点》，《中国社会科学》第 1 期。
刘欣，1993，《阶级地位与市场机遇：韦伯的阶级理论——兼与马克思的阶级理论比较》，《社会科学研究》第 5 期。
刘欣，2002，《相对剥夺地位与阶层认知》，《社会学研究》第 1 期。
刘欣，2001，《转型期中国大陆城市居民的阶层意识》，《社会学研究》第 3 期。
刘毅，2008，《社会转型期我国中产阶层消费倾向研究——基于珠江三角洲城镇住户调查数据的实证》，《学术研究》第 9 期。
米尔斯，C. 赖特，1987，《白领——美国的中产阶级》，杨小东等译，浙江人民出版社。
缪琦，2016，《经济学人智库：2030 年 3/4 中国人成中产 重庆高收入人群增 10 倍》，第一财经，11 月 3 日，https：//www.yicai.com/news/5149867.html。

王春光、李炜，2002，《当代中国社会阶层的主观性建构和客观实在》，《江苏社会科学》第 4 期。

王建平，2007，《中国城市中间阶层消费行为》，中国大百科全书出版社。

王宁，2001a，《消费社会学——一个分析视角》，社会科学文献出版社。

王宁，2001b，《消费与认同——对消费社会学的一个分析框架的探索》，《社会学研究》第 1 期。

王宁，2009，《从苦行者社会到消费者社会——中国城市消费制度、劳动激励与主体结构转型》，社会科学文献出版社。

吴开泽，2019，《住房市场化与住房不平等——基于 CHIP 和 CFPS 数据的研究》，《社会学研究》第 6 期。

西美尔，齐奥尔格，2001，《时尚的哲学》，费勇、吴䜩译，文化艺术出版社。

亚里士多德，2005，《政治学》，颜一、秦典华译，北京大学出版社。

张传勇、罗峰、黄芝兰，2020，《住房属性嬗变与城市居民阶层认同——基于消费分层的研究视域》，《社会学研究》第 4 期。

张海东、刘晓瞳，2019，《我国居民阶层地位认同偏移对社会政治态度的影响——基于 CGSS2010 的实证分析》，《福建论坛》（人文社会科学版）第 9 期。

张海东、杨城晨，2017，《住房与城市居民的阶层认同》，《社会科学文摘》第 12 期。

张宛丽，2003，《中国中等收入阶层的特征》，《湖南师范大学社会科学学报》第 4 期。

张翼，2016，《当前中国社会各阶层的消费倾向——从生存性消费到发展性消费》，《社会学研究》第 4 期。

赵卫华、郝秋晨，2019，《住房消费、城市级别与农民工的市民身份认同》，《社会发展研究》第 4 期。

赵卫华、汤溥泓，2019，《消费对中国城镇居民阶层认同的影响研究——基于 CSS 2013 年数据分析》，《哈尔滨工业大学学报》（社会科学版）第 5 期。

朱迪，2018，《白领、中产与消费——当代中产阶级的职业结构与生活状况》，《北京工业大学学报》（社会科学版）第 3 期。

Bourdieu, Pierre. 1984. *Distinction*: *A Social Critique of the Judgement of Taste*. trans. by Richard Nice. London: Routledge.

Veblen, Thorstein. 1899. *The Theory of the Leisure Class*: *An Economic Study of Institutions*. New York: The Macmillan Company.

动机、生活方式和消费实践的确立*
——对有机食品消费的探究

章 超**

摘 要： 本文基于日常生活的语境，将有机食品消费视为一种实践，而非仅仅是一次行动。通过对有机食品惯常消费者的分析，本文发现对生产者的信任、感到健康和安心以及追求食物的原味是人们购买和食用有机食物的主要动机。有机食品消费从尝试性的行为发展成稳固的、日程性的消费实践，其背后是一套与之相关的生活方式和日常消费理念；它表现为对环保、自然和适度的倾向。因此，有机食品消费并不是独立的、专门的现象，而是实践逻辑和趣味在饮食领域的外化，是生命历程和各种契机、际遇与主体互动的结果。此外，有机食品消费以及相关的生产者－消费者网络也突出了"现代性和反思现代性"的重大命题。在消费社会到来、食品安全风险和不确定性增加的现代语境中，一群生产者和消费者将中道、适度的中国传统文化特质与对自身行动的反思性监测相结合，推动了当下中国自下而上的食物自治和可持续农业的发展。

关键词： 有机食品　消费实践　生活方式　生命历程

---

* 本文系国家社科基金项目"有机食品消费的社会学研究"（17CSH027）的阶段性成果。
** 章超，同济大学政治与国际关系学院社会学系讲师，chao_zhang2012@tongji.edu.cn。

一　研究背景和研究问题

食物是一种特殊的消费品。与衣服、鞋子、饰物等更为外在的事物不同，它与我们身体的关系是如此亲密，这不仅在于它带来丰富的味道，还在于食物经由日常的摄取和消耗，终将内化为个体的一部分，影响个体的身形、体质和健康状况。一部《舌尖上的中国》纪录片，讲述了中国人如何在一餐一食之间把握生存智慧、体察自然奥妙、享受食物的滋养。然而，现代食品工业的大幕使得人们对于食物愈加陌生，食物所包含的价值情感、文化认同藏在了人们对于"儿时的味道"的想象中，不被轻易唤起。

随着食物的亲近性被消解，人类社会所面临的食物图景复杂且充满内部张力。一方面，食物选择日益多样化，获取食物的渠道变得方便而快捷；另一方面，食品安全危机伴生，威胁着人们的健康。生产者控制、改良食物的生长周期、生长环境和条件、外观、口味、成分乃至基因，食物与地方社区、土壤、自然规律、生物习性、家庭烹饪以及传统习俗之间已经没有必然的联系。我们不知道谁产生了食物、在哪里生产、怎样生产。现代食品体系风险包括微生物造成的食源性疾病、农药残留、兽药残留、食品添加剂、转基因等隐性风险（许惠娇等，2017）。此外，地方食物系统和社区的脱嵌、消费者与土地的疏离、食物神圣性的减弱都成为与现代食品体系相伴生的社会和文化风险。在反思和应对现代食品工业带来的食品安全和社会、文化风险的背景下，替代性食物体系（alternative food network）成为主流食物体系之外对食品安全的一种回应（叶敬忠，2015；Goodman，1999；Murdoch and Miele，1999）。替代性食物体系倡导有机或可持续农业的生产方式，缩短食物里程，建立生产者与消费者之间的联系，强调公平交易和社区发展；不仅意味着环境和社区层面的可持续，也是食物政治意义上的创新（司振中等，2018；杨嬛、王习孟，2017）。社区支持农业、巢状市场、社区农园、慢食运动等都是替代性食物体系的具体实践形式。

有机食品是替代性食物体系中承载了食品安全和可持续伦理期待的高阶序列，也是当前社区支持农业中的主要内容。根据国际有机农业运动联盟（International Federal of Organic Agriculture Movement，IFOAM）的统计，全球有机农业耕种面积逐年增加，有机食品的销售额在很多国家的市场中获得了增长。作为维系土壤、生态系统和人们健康的生产系统，有机农业依赖于适应地方条件的生态过程、生物多样性和周期，而不是采用那些会产生负面作用的物质。[①] 有机食品的生产有一系列的标准，包括不使用化学合成的农药、化肥、生长调节剂等物质和基因工程生物及其产物，并且采取一系列可持续发展的农业技术；同时，对加工、贮藏、运输、包装、标识、销售等过程也有一整套严格的管理要求。[②] 因此，有机农业也被认为是可持续农业。不同国家对有机食品的认证标准有所不同。IFOAM 充分肯定了有机农业的多样性，指出有机农业主要有两种实现形式。一种是经过第三方机构的有机认证，另一种是依托农业相关方的参与式保障体系（Participatory Guarantee System，以下简称 PGS）获得监督和认可。[③] 在后者中，消费者、市集组织者或农产品推广者、市场协调人和生产者共同担任质量监督员。以小规模农场为主体的社区支持农业是 PGS 的主要实践。

2010 年以来，一系列星点状的、自下而上的替代性食物体系实践在国内不同地方兴起。一群由城市中产转型而来的新农人离开原有的办公岗位，在城市的郊区地带租下农田尝试生态种养，开启了社区支持农业和有机种植的实践。根据最早被公认的国内社区支持农业农场之一——北京小毛驴市民农园[④]的不完全统计，截至 2012 年底，全国有 80 家左右的社区支持农业农

[①] IFOAM. 2008. "Definition of Organic Agriculture." https://www.ifoam.bio/why-organic/organic-landmarks/definition-organic.
[②] 《一图读懂"有机产品认证"》，http://www.cnca.cn/zw/jd/202009/t20200904_63988.shtml，最后访问日期：2021 年 12 月 25 日。
[③] IFOAM. 2020. *The Full Diversity of Organic Agriculture：What We Call Organic*. Accessed June 3. https://www.ifoam.bio/full-diversity-organic-agriculture-what-we-call-organic.
[④] 于 2008 年 4 月创办，占地 230 亩，位于北京西郊凤凰岭山脚下，是北京市海淀区政府和中国人民大学共建的产学研基地。2010 年 9 月，在一群关注生态农业和"三农"问题的年轻人的组织下，小毛驴市民农园联合其他几家小农场，举办了"北京有机农夫市集"。

场（石嫣、程存旺，2013）。2011 年 5 月，上海第一个有机农夫市集——上海农好农夫市集①创办。随后，圣甲虫生态农夫市集、方寸地生态农艺市集②、慢食市集③等其他定位于生态小农的市集相继成立或举办。这些市集由积极的消费者发起，面向上海和周边的新农人，成为生产者和消费者沟通的平台，培育了一批以城市中青年中产阶层为主体的有机食品消费者。

食品安全是民生。近些年的中央一号文件④，农业部对绿色食品产业、农产品"三品一标"工作的推动以及提升农产品消费水平、发展生态农业的政策，都证实了向着绿色和可持续方向的农业转型正在成为当下及未来的趋势。在国内社会主要矛盾变化、消费升级的背景下，吃得好、吃得更健康成为城市中产阶层的普遍诉求（林晓珊、谢林卿，2020；章超，2022；朱迪，2020）。然而，有机食品价格高，品类和购买渠道较少，监管体系和消费者信任有待完善和加强，有机食品的推广面临着多重挑战。本文以大都市兴起的农夫市集为切入点观察有机食品这一替代性食物体系，运用消费实践的理论视角，聚焦有机食品这一小众市场的消费研究。本文旨在重点回答两个问题：哪些原因促成了有机食品消费？这一消费行为又何以成为日常的、

---

① 农好，有时也写作"侬好"。"侬好"在沪语中是你好的意思。成立之初，农好农夫市集通常于周末和其他节假日在上海市杨浦区的大学路设集。市集为进入售卖的农副产品设置了门槛，此外，市集及相关活动也被定位为"搭建一个平台，让消费者和现代'农夫'们直接沟通、自由交流，甚至成为朋友"。
② 方寸地生态农艺市集创立于 2014 年。"方寸地"的意思是"但存方寸地，留与子孙耕"，表明了让土地可以永续经营、子孙后代可以在这块土地上健康生活的理念。市集倡导安全、当地当季的食品，面向独立的中小规模农户。除了售卖农产品和农副产品，市集还售卖文创用品，有时也设有公益项目和公益机构的摊子，并且安排小型的文艺表演和消费者互动项目。
③ 来源于 20 世纪 80 年代意大利开始兴起的慢食运动（Slow Food Movement），由意大利美食专栏作家和社会活动家卡尔洛·佩特里尼（Carlo Petrini）提出。该运动号召人们反对标准化、规范化生产的快餐食品，提倡有个性、有营养的传统食物和地方食物，并由此成立了国际慢食协会及各地分会。上海慢食地球市集（Slow Food Earth Market）于 2020 年 8 月 8 日在上海市长宁区一处商业街举办，共有 20 多个摊位，其中大多数摊主为新农人。市集推崇优质（good）、洁净（clean）和公平（fair）的食物理念，对参展产品的品质和生产过程进行了严格的限定。该市集也自称中国第一个慢食市集。它是一个由社区驱动的市集。市集委员会包括 1 名来自慢食协会的成员、1 名商业街的管理人员和 3 名生产者代表。
④ 比如，2020 年中央一号文件《中共中央 国务院关于抓好"三农"领域重点工作确保如期实现全面小康的意见》提出要继续调整优化农业结构，加强绿色食品、有机农产品、地理标志农产品认证和管理，打造地方知名农产品品牌，增加优质绿色农产品供给。

重复的、习惯性的消费实践并得以稳固下来？通过本文的研究，笔者希望在现有的以动机讨论和文化解释路径为主的研究图景下，提供更多自下而上的视角，在个体日常消费偏好和绵延的生命流中理解某一消费实践的确立。

二 已有研究综述和本文研究视角

（一）已有研究综述

对食物的研究由来已久，19世纪欧洲发展出美食学，细分出烹饪方法、烹饪文化和人类味觉系统等研究方向。20世纪六七十年代以来，食物的全球化贸易，食品工业的快速发展，在外就餐现象的增加以及仍然存在的贫穷、饥饿等问题都使得食物与经济、社会和文化紧密交织在一起。随着人文社科领域的文化转向和对消费社会的讨论，食品的社会学研究也被置于"消费文化"的框架之下。一方面，研究者关注全球化过程中不同国家、地区的菜系和食物对日常饮食经验的影响（Chiaro, 2008；Mannur, 2010）以及多元风格的外食体验（Warde and Martens, 2000）。这部分研究传达了全球化所带来的不同于既有地方家庭自制食物的体验的新颖性和愉悦性，显示了食物消费文化的"狂欢"。另一方面，对食物消费的研究呈现反思的视角。面对食品生产和消费领域倡导的有机食品、地方食品、土壤保护、公平贸易的实践，不同于标准化和大规模生产的替代性消费（alternative consumption）得到了关注（Sassatelli, 2004）。为什么购买、消费有机食品成为核心的研究议题。总体来看，国内外关于有机食品消费的社会科学解释包括以下几种。

1. 态度和价值导向的行为

该解释从社会心理学出发，认为态度、理念和价值观形塑人们的行为。最具代表性的观点来自计划行为理论（Ajzen, 1991），其将行为意向与行为发生的实际可能性充分关联起来，意向越强，则越可能触发行为（Armitage and Conner, 2001；Honkanen and Young, 2015）。行为意向又受到行为态度、主观规范和感知行为控制三个变量的影响。计划行为理论在亲环境行为预测中得到了广泛的应用（Peattie, 2010; Scalco et al., 2017）。一些学者将情感、道德、感知到的自我身份等变量加入有机食品研究中，对该模型进行了扩展解释（Arvola et al., 2008; Robinson and Smith, 2002）。此外，Stern 和 Dietz（1994）提出了价值信念和规范理论，将动机视为三种取向的综合：自我为中心的、社会-利他的、生物圈的。当人们更加在意、感到要减轻他人遭遇的痛苦时，利他的行为就会增加。

2. 人口学相关变量影响的结果

提出这种解释的研究往往结合计划行为理论，在采用问卷调查和定量分析的基础上，预测态度、年龄、性别、教育、年收入等因素的影响（马骥、秦富，2009；杨伊侬、何浏，2013）。Robinson 和 Smith（2002）采用了扩展型计划行为理论框架并考察了人口学变量，发现已婚家庭更倾向于购买可持续食物，而单身人士对于购买可持续食物的能力更有信心；性别、收入等因素则没有显著影响。然而，不同的研究对于人口学变量如何影响有机食品消费报告了不同的结果，尤其在年龄上存在差异化的预测（高鹏等，2021；郑晓冬等，2017；Jolly, 1991; Ross et al., 2000）。

3. 出于道德、伦理和社会责任考虑的行动

这一解释强调消费者食物消费中所包含的道德、伦理层面的诉求以及对环境、生态的责任感。Goodman（1999）用"生态时代"来形容有机食品的流行和自然属性。与大众食品工业的工具理性不同，有机食品的消费者在消费中建立起与自然、地方和文化的联系，其核心是关爱（Kneafsey et al., 2008）。Murdoch 和 Miele（2004）用"关联性反思"提出了相似的观点。有机食品消费者通过追溯食品产地、生产方式、食用方式，思考和想象自己与地方、环境、传统等方方面面的关系。还有一些学者认为替代性消费体现了消费者的公民意识和自我成就感，该倾向与享乐性消费在某些群体实践中的共存也成为社会鼓励的方向（Soper, 2007）。

4. 社会地位和区隔的表达

这一解释受到消费分层理论的影响，认为有机食品消费体现出了消费者

的社会地位以及与其他阶层、群体的区隔（Grosglik，2017；Guthman and DuPuis，2006；Paddock，2015）。Paddock（2015）通过对英国一个农夫市集的参与式观察以及对顾客的深入访谈，揭示了有机食品的消费具有社会区隔的作用，尤其是白领消费者在这样的消费选择中力图维持一个更好的自我形象，并在消费话语中建构出选择好的食物的"我"和他者之间的区别。另外，价格更高的有机食品也被认为是有较高经济能力的社会阶层才能承担的，进一步寓意着阶层的区分。

（二）对已有研究的总结和本文的研究视角

综上，已有关于有机食品消费的解释主要源于社会心理学和偏身份认同、表征层面的文化解释。有机食品作为客观上带有亲环境属性的食品，价格高于一般食品，可选择的种类比一般食物少，丰富性相对较差，其购买和消费行为的驱动力成为普遍的追问对象。以计划行为理论、价值信念和规范理论为主体的解释体现了社会心理学的路径，将态度和价值观视为预测行为发生的主要因素。其与人口学变量的解释一起，成为经济管理类学科对有机食品进行量化研究的核心参考。然而，这些解释着眼于行动意向性的预测，即在满足某些条件后便可发生购买行动，实际上将消费视为"即刻发生式"的，存在对消费行为的简单化判断，且出现一系列漏洞。比如，将行为意向等同于行为本身（邓新明，2014），将一次性的或者发生几次的购买行动等同于常规意义的有机食品消费；难以充分理解消费现象背后的深层原因以及根植的地方和社会环境、生活习惯、个体经历；等等。

关于生态伦理、社会责任感层面的消费合法性以及通过消费表达社会地位的论述则侧重消费文化的解释。20世纪90年代，消费文化研究在西方学术界达到成熟。伴随着社会层面的各种运动——不管是公平贸易运动、土壤联盟相关活动还是慢食运动，对消费主义和现代加速的商品生产的抗议渗透到更广泛的消费者群体中。在晚期现代性的反思文化和后现代思潮的表达文化的共同孕育下，消费文化强调通过消费彰显个性、价值观和符号意义。从道德、伦理出发的自我认定偏重消费者内观的层面，更多有关审视和反思；阶层身份的建构和区隔是一个自内向外的过程，该过程本身以及通过消费所传达的身份亦可能蕴含了象征层面的阶层优越性。两者之间的边界并不完全分明，后者可能建立在前者的基础上，但不一定就会导向前者。然而，如何理解反思性文化，它在日常生活和消费选择中的具身化表现是怎样的？可持续消费是否一定意味着环境关照？更进一步，健康、环境、物质等因素是如何交织并且共同推动了消费实践的确立？

基于上述问题和已有研究存在的不足，本文从实践的角度来理解消费。实践理论根植于海德格尔和维特根斯坦的哲学，在社会科学领域由福柯、布迪厄和吉登斯等学者不断发展，近年来尤其在人类学、环境和可持续研究、地理学等领域获得了应用。首先，实践是一套惯常化的行动。消费实践的考察针对相对恒定的消费行为，侧重于某一项消费行为为何能够在长时段内从众多行为中被筛选出来、稳定下来，成为一种常态化的行为方式和选择而不是被个体舍弃。实践由若干互相关联的要素构成，包括身体活动、精神活动、物和对它们的使用、构成理解的背景知识、专业技术、情感状态和动机性知识（Reckwitz，2002）。这也对应着日常消费的普通性和具身化以及回到物质性本身（张敦福，2012；Warde，2014）。食物选择建立在个体的社会经济地位基础之上，是基于对食物的理解、身体偏好、市场供给和多重关系所做的个体认为自洽的饮食安排。将消费视为日常实践，有助于克服"消费文化范式"可能带来的装饰社会学的陷阱——浸润于表征和意义之中（胡安宁，2021）。其次，某一实践不是单一的。食物消费实践并不是一项孤立的行为，需要将其置于个体的日常消费倾向和生活方式中考察，才能进一步洞悉食物消费实践的确立。最后，实践是嵌入于生命史的。饮食和日常消费是生命历程和各种契机、际遇与主体互动的结果。个体的选择建立在对经验的累加、重复、反思、调整或更新的基础上。生平、家庭周期、健康状况、职业、趣缘群体、际遇等都可能影响个体的食物消费实践，从而使其去尝试建立新的平衡。

三　研究方法

本文以半结构式访谈和观察为主要研究方法，并对来自微博、微信公众号、微信朋友圈和其他媒体平台的相关二手资料进行了搜集。本文所依托的以有机食品和可持续消费为主题的课题于 2015 年启动，持续至 2021 年。长时段、渐进式的田野工作为研究创造了"在场"的环境。研究者基于较为松散的关系介入其中，从而对有机食品、替代性食物体系以及相关联的可持续生活方式的社会关系网络、互动及社会影响进行较为动态和整体的把握。本文所呈现的内容来自课题中的有机食品消费部分，访谈主要于 2015~2017 年以及 2019~2020 年两个时段完成。

通过筛选，研究总共获得了 17 份消费者访谈记录、17 份生产者访谈记录。农夫市集为接近受访者提供了重要的平台。随着笔者逐渐进入有机食品生产者-消费者网络，亦通过滚雪球的方式完成了更多访谈。消费者都居住在上海，大多数为中青年企、事业单位工作人员，也有少部分属于家庭主妇和自由设计师等群体。他们都将有机食品列为日常食物选择中的惯常部分。接受访问时，超过半数受访者食用有机食品 2 年以上，时间最长的近 8 年。生产者的主要构成为新农人，拥有小农场；不到 1/3 的受访者为农夫市集的组织者或社区农园活动的运营者、有机农业的推广者。在 17 份消费者访谈记录中，有两位消费者也有生产者的身份：一位在上海的崇明岛拥有一家小规模的有机农场，另一位从事有机农产品及日用品的公益推广已经多年。她们都由怀孕、生育开始关注有机食品，为下一代寻找更好的食材，然后逐渐从消费者转变为兼有消费者和生产者身份。2015 年，第一次访谈她们时，消费者身份在她们生活中占据了比较大的分量。① 事实上，有机食品的生产

---

① 第二次访谈在 2020 年进行。两位受访者的有机食品事业都在继续。笔者访问了其中那位在崇明岛经营有机小农场的女士的丈夫。相比妻子，男主人花在打理农场上的时间更多，几乎将其作为主业。对另一位从事有机食品推广的公益媒体人的二次访谈则在一次她主办的"有机食品挑选和品尝"的活动后进行。两场于 2020 年进行的二次访谈的相关内容被归入了 17 份生产者访谈记录中。

者与消费者之间的边界并不完全是清晰、分明的。生产者首先是消费者，其种植或产出不可能完全满足自身及家庭的需求，所以他们也会通过其他渠道购买有机食品。同时，被有机食品和相关理念、倡导吸引的消费者中，少数会协助农夫市集从事一些志愿工作，也有的会在郊区、社区农园或者屋顶花园认领一小块土地，尝试种植并给孩子创造接受自然教育的机会。某种意义上，这些消费者也具有一部分生产者身份。本文论述有机食品和日常生活消费经验时使用的数据主要仍来自消费者。

有机食品生产者和消费者的访谈中都提问了食物选择的偏好、消费行为和烹饪习惯、消费动机、对有机食品的认识、日常消费的倾向等。① 大多数访谈持续一个小时以上，所有的访谈在征得受访者的同意后进行了录音并转录成文字稿。研究所涉及的观察地点包括农夫市集和环保市集，有机小农场，与有机食品或食品安全相关的线下分享、沙龙和培训等。城市中产阶层对健康和饮食的关注、有机食品作为一种生活方式在大都市中的讨论空间，都为观察工作在上海的进行提供了条件。在农夫市集观察的内容包括摊位的构成和摆摊的农人，农产品的种类、样貌和价格，来访市集的人员及其行为和他们与摊主的互动情况，市集上的其他活动，市集结束后的沙龙，等等。对有机小农场的观察没有固定的时间。它们较多位于上海崇明区。在不同的观察场合，笔者也与对有机食品感兴趣的参与者以及有过购买经历的消费者进行了非正式的交谈。

四 有机食品的消费行为和消费动机

（一）消费行为

受访者的购买渠道结合了线下与线上，包括农夫市集、有机食品品牌门店、超市以及网上订购。从农夫市集现场购买是大部分消费者的主要购买方

---

① 对生产者的提问还包括了职业轨迹，进入农业以及相关领域的契机和过程，所进行的与食物相关的种植、组织、培训、推广或者其他活动，与消费者的互动以及对有机食品市场现状和前景的看法。

式,这种方式也延伸到了农人们开拓的网上订购通路,包括微店、个人微信号、微信公众号等。后者不受制于市集的固定时间,因此时效性更强。此外,有机食品品牌门店或者有机食品集成网店也是主要的购买渠道。它们所提供的食物品类更为丰富,在上海,部分平台的食品来源不局限于上海及长三角地区的有机农场。其中,"一米市集"与上海及周边的生态小农已对接多年,拥有自己的网络购买平台,被不少消费者提及。Yang 创立的"阳光三农计划"对接了全国多家生态农场,在有机食品生产者-消费者网络中拥有一定的知晓度。

消费者购买的有机食品以蔬菜为主,肉类、大米、杂粮和调味品的比例较低。这与目前有机食品市场中蔬菜供应占比较高有密切关系。大多数新农人开始经营农场的时候,会倾向于从种菜开始。这不仅因为蔬菜在人们的一日三餐和健康系统中占据着重要的位置,也因为人们对于农产品安全风险的常规认知集中于膨大剂、农药和化肥在种植中的使用。大多数消费者并不是选择在食材上做到百分之百的有机。较为普遍的情况是,有机食材在消费者的日常饮食中占到一半以上或者更多;有时,他们仍然会去超市或菜场购买一些其他的食材作为补充。在消费金额上,用于购买有机食品的花费从每月四五百元到每月二三千元不等,取决于有机食品在日常饮食中的比例,尤其是是否购买有机饲养禽畜的肉类以及产出的鸡蛋。

会员制是常见的消费方式。在社区支持农业的发展历程中,消费者往往预付费、订购某一阶段的产品来支持生产者。受访的有机农场也普遍采用会员制,既有灵活的、不拘泥于套餐式的会员形式,也有固定价格、套餐和配送次数的会员形式。以 Jia 的农场为例,消费者需要承诺有能力订购一整年的蔬菜,提前 3 个月、6 个月或 1 年支付蔬菜的费用都可以。套餐有每周 2 公斤、3 公斤、4 公斤或 5 公斤的;2020 年,上述套餐每周价格分别为 95 元、135 元、175 元和 215 元。

(二) 消费动机

1. 对生产者的信任

对本地的有机小农场和农夫的信任并不建立在其产品拥有有机认证的基

础上,而是基于对个体农人和相关从业者人品的看重。这意味着他们重视人际信任,而非采信大的食品安全监管系统或者那些被赋予合法性的专业认证。受访者普遍表明了他们对有机食品认证的怀疑或者缺乏关注。生产者对有机认证的怀疑更加显著,他们中的大多数认为市场上贴着的有机标签背后存在着作假行为。由于认证机构和政府缺乏对食品生产过程的监管,最终产品达标即合格,有机食品市场存在鱼龙混杂的局面(邓玉等,2020)。

"如果做农业的人本身是可信赖的,那么他(她)种出来的东西也不会差。"农业生产者的正直、从事农业的初心和动机以及道德成为消费者看重的方面。很多受访者参加过有机农夫市集,与农人们有过面对面的交流;也有一些受访者去过农人们的田间地头,对种地、劳动这一朴素、辛苦的身体实践,不确定的收成以及农人们的住宿条件有一定感性的认知。农人们也常常以微博和微信的方式记录农场的变化、作物的生长以及每日的劳动。消费者与生产者之间的互动、农夫市集的平台和农人产品的可追溯性都促进了信任关系的建立。生产过程是被知晓的——我们不仅知道食物从哪里来、有哪些成分、谁生产了它,而且我们和上述过程有所对话(Pratt,2007)。

一位全职母亲 Cen 叙述了对农人的信任以及支持他的意愿:

> 我对做这个农业的人,我有一份信任……我相信做这个事情的人的发心是比较正的……如果严格意义上来说有机的话,他们都不有机,但我为什么还来买,首先我对××农场的陈先生,我喜欢他为人处世的方式和态度,而且我相信在他力所能及的范围之内,他已经尽力了,我觉得这就 OK 了。

Cen 从信任做农业的人建立起对他种的东西的连带信任。尽管系统信任在现代社会发挥着重要的作用(卢曼,2005),但有机食品的核心消费者与农人之间拥有类似熟人的亲密关系,使得人际信任和情感上的支持成为生产者-消费者网络的链接机制。不同生产者在种养探索中所持的理念——自然农法、朴门永续设计、生态大自我等,以及他们围绕理念进行的言说、书写促进了相关知识、话语的流动。它们既是对"有机食品"概念的转译，也淡化了食品科学和认证体系中"有机食品"指标之于消费者的意义。

2. 健康和安心

感到健康和安心是购买有机食品的另一重要动机。有机食品被认为近似于自然状态下的物品，没有农药、化肥和激素是被普遍提及的。不同于现代农业、食品科学的"安全"标准——这些标准细分农药、化肥、人工添加剂的成分、剂量以及所致的不同影响，侧重自然、少化学干预的食物理念表征了一种对健康的通俗认知（Williams，1983）。它建立在直观感受、以原真性和自然主义为重要判断标准的基础上；在具体的生理层面，很少生病或几乎不生病、不容易堆积脂肪是不少受访者对自我身体状况的评价。一位在临床检验中心工作、已经食用有机食品 4 年的受访者 Li 这样说：

> 我觉得农药，无论是什么样的农药，（是）生物农药，还是有机磷的那种剧毒农药（都是有害的），不施农药肯定比用农药要来得健康一些。化肥也是这样的，是石油提炼出来的一种产品……那么我想从健康的角度，（购买有机食品）花不了太多钱，那我宁可去规避这样一些风险，我的消费心理就是这样的。

Wen（某外资企业职业经理人）有着相似的态度：

> 我看食品并不是只看它的营养成分，还看它对人体的有害性。在我非常有限的认知情况下，我宁可选择对我健康影响最低的食品……

在已有的有机食品消费研究中，以健康为主要考量较为普遍（Hansmann et al.，2020；Kushwah et al.，2019）。食品质量和消费者健康之间的相关性是建构、认知食品风险的基础。比如，与肥胖相关的慢性病是人们对食物风险的主要认知（Lupton，2005）。对家长来说，育儿中的食物干预尤其体现为控制孩子摄入来自快餐、垃圾食品、零食中的脂肪和各种添加剂。日常生活中食用有机食品提供了饮食管理的一个体系化路径。与对环境利益更具公共性的考量相比,"为了更健康"从自我和家庭成员的角度出发,也体现了人们应对不确定性的食品安全风险的能动性。通过建立起食物屏障和实施日常的饮食管理,受访者不仅表达对自己和家人的关爱,也收获由规避风险所带来的安全感。

3. 食物的原味

"原味"这一概念所对应的恰如其分的味道是推动有机食品消费的物质层面因素。半数以上的受访者提到有机食品的味道比普通食品要好,体现在味道更浓郁、能感受到食物本来的味道(Magnusson et al., 2001; Schifferstein and Ophuis, 1998)。原真性作为一个与现代性紧密关联的概念,映射了人们通过消费来克服断裂、怀念过往和日益淡化的传统的现象(Miller, 1995)。食物的原味是原真性的表达之一,与儿时的味觉记忆有关,其连带的往往是生态种养的食物和某种特定的烹饪方式。那些有着农村或者县镇生活经历的消费者有更多机会接近生态食物,也更容易分辨出有机食品与普通食品的区别,从中品尝出儿时的味道以及"家乡的味道"。Yan(某公益机构工作者)举例描述了有机食品的味觉体验:

> 拿白菜来说……那个菜呢很小,但是很结实,吃起来会觉得确实比较甜,而且是有菜的原来的味道,……草莓是最大的能对比出来的,你能闻到草莓的香,然后吃起来是甜里面带点酸,是草莓的味道,但是现在好多草莓我吃的那个甜的,我都觉得不是草莓的甜。

Yan食用有机食品近三年,她还用"不论是辣味还是甜味都比较丰富"来形容有机萝卜,而"市场上的萝卜比较水,味道不那么鲜明"。表1列举了部分受访者最喜欢的有机食品。丰富的口感、食物的原香——消费者表述了吃到食物原味的幸福感。它是一种身体记忆,是"刚刚好"这一味觉体验带来的愉悦。对食物原味的看重也意味着消费者乐于采用更为简单的烹饪方式,以煲、清炒、煮、蒸或拌色拉来保持食物本来的味道。少有受访者会使用味精或鸡精，部分消费者在烹饪用油、酱油、醋、料酒的选择上也非常讲究，获得与有机食材相得益彰又恰到好处的口感。食材选购与烹饪方式成为一个组合策略，满足了味觉和健康的需要，也塑造了个体的口味。一些消费者吃过有机食品后，嘴变得更"刁"，孩子在这方面的味觉更加敏锐，表示从一般的渠道买来的菜不好吃。

表1 部分受访者最喜欢的有机食品

受访者	最喜欢的有机食品
Hua	某农场养殖的鸡鸭煲成的汤，根据个人身体需要，需要温补时喝鸡汤，需要降火时喝鸭汤
Yue	有食物天然味道的菠菜和草莓
Cen	菜薹
Zheng	某农场的番茄做成的汤，有番茄的酸味
Qin	无论是清炒还是生吃都有甜味的白菜
Yuan	有机全麦面包
Li	盐水浸泡晾干，在微波炉里转干的花生米 白切猪肉

4. 小结

消费者的食物选择揭示了风险和食物确定性之间的张力关系。风险有关于食物的来源和品质——它是怎样得来的、成分有哪些。在此基础上，风险关联了消费者对食用结果——对身体健康的影响的认知及估量。购买和食用有机食品是获得这种确定性，以规避食品安全的风险和对健康的不利影响的途径之一。更进一步，消费者所建构的食物确定性，并不都依赖宏大的、机制化的有机食品认证系统，而是倾向于依赖生产食物的人的"确定性"和通过感性经验可达成的食品追溯。与此同时，食物确定性的背后是消费者偏自然主义的食物认知。专家、科学话语和认证系统对有机食品的界定在消费者的食物认知中很少被提及；他们更倾向于对自己的食物选择进行试验，比如购买某位农人的蔬菜，进而建立起从相应的渠道购买食材以及用一定方法烹饪的常态化策略。

此外，食物的原味在促进有机食品消费中发挥着较为重要的作用。资深的、更为忠诚的消费者在认同原味的基础上，还随之展开对现代性的反思。这意味着对本原的认同，在日常生活的其他方面偏好简单、实用和品质的结合。对食物的原味、烹饪方式以及接下来本文第五部分有关生活方式的讨论，也意味着物质性的视角关照：关乎什么物，哪里来，品尝、制作、使用等环节中与物相联系的方式（Latour, 2005）。物的生成、流动和转化塑造了品质、健康和可持续伦理的价值链，也塑造了社会关系和生活方式社群。

另外，较之利他、社会责任、环境关照等有机食品消费动机的假设，本文揭示了大多数消费者是从私域出发，健康是其主要考量。少数带有文化中介者属性或者从事可持续发展相关工作的消费者，表达了将环境和生态伦理纳入有机食品消费合法性来源的主张。这也回应了近些年来部分研究对以往基于利他和以生物圈为中心的消费伦理的再讨论，显示了具有同样行为结果的可持续消费背后动机的多样性以及个体对私域的关照在可持续消费行为讨论中的重要性。

五 有机食品消费习惯的进一步确立

动机提供了一种即刻（immediacy）效果的解释路径，即帮助我们理解某一行为的触发。然而，动机是基于特定情境的，易受外界环境的影响，也易受到主体心境、情绪、喜好、手头事务的影响。比如一些学者指出，替代性食物体系中消费者与生产者之间的信任并没有那么坚韧，存在消费者黏性不足、所提供的食物品类难以满足需求、有机食品的实际好处难以证实等问题（罗攀，2018；叶敬忠、贺聪志，2019）。有机食品消费者包括核心消费者和那些松散的、体验式的、偶发性尝试的消费者。考察有机食品消费习惯的确立，即有机食品消费如何成为相对稳定的、固定下来的饮食偏好和配置，需要进一步将其置于个体日常生活和消费、生命史的领域，以更具系统性、全局性的视角把握消费者的惯习。法国社会学者布迪厄（Bourdieu, 1986）视个体的行为为一组实践丛，是惯习的体现。惯习是一套性情倾向系统,具体表现在为什么人们以这样而不是那样的方式来定位自我、应对事情。在日常生活和消费领域,惯习彰显为更加具体的指示——趣味。趣味意味着倾向和偏好,统领了个体吃、穿、住、行等日常领域的选择。本文发现有机食品消费者在生活方式上呈现趋于环保、自然和适度的倾向。下文将对消费者的生活方式和生命历程进行论述,进一步揭示有机食品消费的嵌入性。

(一) 食物消费与生活方式

1. 趋向环保的生活方式

环境保护被认为是可持续消费的重要相关因素,既可以是动机,也可以是行为的结果。环境保护也是利他的,与从个体角度出发的健康评估构成了推动有机食品消费的重要假设动力(Smith and Paladino,2010)。本文的研究中不到一半的受访者表明对环境保护的考量是他们购买有机食品的部分原因。尽管如此,关于日常生活和消费习惯的进一步调查显示,大部分受访者有意识无意识地向着环保的生活方式靠近。具体的行为包括出门多乘坐公共交通工具、减少开车,重复使用塑料袋或者自己携带环保袋,以交换、赠送或者转卖等方式处理闲置的物品,将厨余垃圾与其他垃圾分开,等等。这些行为体现了外部环境、市场和政策的影响,包括对公共交通的鼓励、不同类型二手物品交易平台的兴起、垃圾分类和"限塑令"的实施等。

受访者中,兼有生产者和有机农业推广者身份的消费者在践行环境友好的生活方式上表现更为突出。这与他们拥有更为专业的知识、更丰富的信息和相关的亲身实践有关。他们会制作酵素、堆肥等,实现了厨余垃圾、农田和养殖场的剩余物的循环利用。GH 是在践行环保方面较为典型的例子。作为一名推广有机食品和可持续生活方式的自媒体人,GH 对有机的理解不仅限于食物,也包含了洗浴用品等日常生活的方方面面。化妆品中的铅、汞重金属超标,各种洗涤剂中的月桂酸系列和十二烷系列化学物质、白色棉质衣服中的荧光剂在她看来对环境都是有害的,也不利于健康。她践行 4R 原则①,

---

① 减少(reduce)、重复使用(reuse)、循环再生(recycle)和替代(replace)。

用无患子果实加水熬成汁来清洗头发和衣服,并用小苏打粉来替代洗涤剂起漂白作用。烹饪中,她经常使用破壁机,比如将水果的皮、籽与果肉一起搅拌,也减少了厨余垃圾。

2. 趋向自然的生活方式

生活方式中趋向自然的态度不仅存在于食物选择中,还表现在服饰、家中环境、对种植的兴趣、旅行地等方面。比如大多数受访者倾向选择棉麻材质的衣服,更多喜欢去乡村或者自然环境好的地方旅游而非热闹的大都市。"购物中心"和"物质文明享受"被一些受访者用来形容大都市旅游,并被作为对比突出了对有山有水、游客少的地方的偏爱。部分受访者还表露了对在阳台种菜的兴趣或者认领一小块地种菜的愿望。其中,带孩子的家长在亲近自然方面表现出了更强烈的意愿。在私营企业从事行政工作、有着四五年食用有机食品经历的 Yue 女士表达了她在都市生活中对自然的向往和创造。

> 以前只知道去公园,或者附近游山玩水……但是我们在都市里面,我觉得还是要尽可能地创造条件。现在比方说像一些屋顶花园、阳台种菜,实在不行,窗台外面挂花架,都可以种一些蔬菜、植物,还有就是家里面,能够放一些微景观,一些盆景、盆栽,还有生态的鱼缸……然后周末,你去认领一块郊区的小菜地,这些东西花费并不高,但是经常能够接触一下是有好处的……也是对自然的一种回归嘛……

Yue 女士的积极行动使得自己置身于相对自然、生态的环境,其中一些方法和思路,受到了接触有机食物圈的影响。较为活跃的有机农业践行者、推广者通过他们的微博、朋友圈、微信群聊或者线下交流等渠道,不仅展现食物种植的理念、过程,还会探讨城市生态、如何在都市里寻求相对自然的生活。在笔者另一项关于"日常生活与可持续性"的研究中,普通的中产阶层受访者大多数也表明了喜欢自然、喜欢身边有绿植的态度。但是他们也同时表示没有时间打理或者不会太打理绿植,更多是在办公室里摆放几盆作为装饰。周末带孩子们去附近公园玩或者参加所在社区与社会组织举办的社区花园共建活动,在他们看来是较有可能实现的事。除此之外,他们并不会主动去寻求其他接受自然教育的机会。因此,有机食品研究的受访者在寻求更为自然的生活方式方面的意愿、主观能动性以及实践,更为显著地体现了相关惯习和趣味的作用。

3. 趋向适度的生活方式

国外一些研究将有机食品的消费者描绘成时髦的(Hill and Lynchehaun, 2002),自我放纵、寻求多样变化的(Chen and Lobo, 2012)群体。有机食品消费者的这一画像在某种程度上符合了后现代社会人们寻求个性和多样性、多种文化趣味并存的假设,让人联想到那些经由媒体推送的、图文并茂的某位生活方式代理人有机又有趣、追求健康又不老套的故事。这些看起来"酷"的生活的确创造了一种富有传播流量的叙事方式;然而,大多数常态的有机食品消费者并不以此来定义自己的生活方式。相反,他们在日常生活中趋向适度,主张"少而精"。

趋向适度意味着对品质的看重,而非重数量。"因为好的东西自带的能量更多,不用吃很多就会感到满足。"还有消费者直言,"暴饮暴食,你的嘴巴是享受的,但是我不觉得你的身体和胃是享受的"。消费者在他们可负担的范围内买适量的东西、需要的东西和更好的东西,而不是以一种重数量、低质量的方式来满足自己的需求。趋向适度也意味着不一定选择奢侈品牌,而是遵从自己真实的、独立的需求,并不将商品的评判建立在他人的意见或者向外界表现自己身份的焦虑之上。Cen 处理了多个版本的《格林童话》,收获了拥有更简单的生活后的轻松。

> 我有这么多书,光《格林童话》,我就有五个版本,那个时候就看这本是获得什么大奖的,买;又碰到当当什么的打折,买下来;过了一阵子呢,又说另一套的翻译家是解放前的,这套书已经绝版了,好,买。其实这就是对(缺少)物质的恐惧,觉得说没有它就会不幸福。可是你会发现你花了太多精力在保存这些东西,然后这次我就精挑嘛……五套留两套,一套是画画画得最漂亮的,一套是文字最美的,剩下的我通通

处理掉了。因为我觉得画得好的，可以给小朋友自己看，然后文字很美的，我可以读给她听。我有这两套足够了，其他的全部处理掉。

Cen 随着先生工作的调动，从福建来到上海，之后历经多次搬家。几次下来，她意识到上次搬家打包好的箱子有时都还没有打开，又要腾挪到一个新的地方。自从女儿到华德福幼儿园上学后，她开始去理解幼儿园提倡的素食以及健康饮食、作息与儿童身体及心智发展的关系。进一步地，她又接触到有机食物、自然教育、乐活等相互交叉的圈子。所有这些都让她回望自己的经历和消费习惯。她将以前的过量消费归因于一种对物质的控制欲。她对多个版本《格林童话》和家中其他闲置衣服、鞋子、锅具和杯子的处理，显示了她在调整物质欲望、简化生活方面的决心——保留较好的、精华的，为生活释放出更多的空间。此外，受访者对于商品的品牌、拥有和使用某件商品中的炫耀性、商品象征地位区隔的文化价值并不看重，它们几乎没有被提起。

（二）食物消费与生命历程

通过回溯个体的生命流，研究发现生活方式和食物消费趣味的形成是个体生命历程综合作用的结果。这种作用过程包含了事件、时机、生活状态、累加性的视域以及它们与个体具体经验、感知之间的互动。对部分消费者来说，选择有机食品相较于原来的人生轨迹，既是开启了一片新的天地，进入一个新的社会网络和趣缘群体，也是与自己某种潜在的性情、价值观和经历的耦合。吉登斯（2011）用反思性形容个体在现代社会的心智特征。各种不确定的风险、有机食品的消费习惯以及与之相关的其他方面的生活方式的确立在个体的经历和生命轨迹中被塑造和修正，亦是个体反思性的结果。

在个体身体的变化中，怀孕、生病、亚健康构成了部分消费者转向有机食品消费的契机。怀孕意味着新生命的孕育。让自己摄入更安全健康的食品，从而让胎儿更健康，体现了优生优育的行动策略（Clark and Ogden,

1999; Schäfer et al., 2010)。有两位受访者后来索性转型成为有机食品的生产者和推广者，将满足自己在个人和家庭生活中的食物需求转变成一项专业性的职业活动。她们所面向的、组织和动员起来的消费者也有一大部分来自"妈妈群体"，对孩子多一些关爱、讲究和付出成为坚实的、用以动员该群体的合法性理由。

疾病或者亚健康状态是另一个促使消费者发生饮食改变的生命契机。这种改变并不是普遍性的；对食疗的重视仅仅在那些拥有这方面的知识、信念并且有能力和决心去执行的个体身上发挥作用。身患重病、身边关切的亲友患重病是个体生命历程中的重要事件。它们带来了个体对于自身健康的危机意识，并且较常见的其他影响因素而言，对个体的自我约束带有更明显的"强制效果"。一位40岁出头的消费者几年前被诊断为中期乳腺癌。在接受了手术治疗和化疗后，她转而采纳有机全素饮食法，期望以此激发身体的免疫力对抗癌症。在全素食的基础上，她尽可能地使用有机食材，增加户外运动，放松身心，癌症一直没有复发。在一次某有机农场举办的午餐体验中，她分享了自己的经历。她对于自身状态的评估和在一群陌生人面前对自己的病患经历的公开、轻松的言说、笃定的语气都传递出她的自信。

此外，职业、趣缘群体、际遇都是改变食物选择和配置较为重要的因素。有机食品的传播和流通有着较强的社会网络属性，涉及了包括有机食品在内的泛可持续网络，比如自然教育、素食、环境保护、乡村建设、低碳消费、养生等。借由微信、微博、线上直播室等平台，围绕社会网络形成的趣缘群体的成员召集和交流更为便利。前面论述中提到的全职母亲Cen，因为女儿就读的华德福幼儿园提倡素食而从素食的圈子接触到有机食品。这一连串涟漪般相互关联的行为，使得她的朋友圈子和生活面貌发生了变化。从对有机食品、生态小农、传统食物、土地有好感、有好奇到支持有机种植和生态小农，是个体不断被带入、认识和兴趣被不断提升和强化，并在趣缘群体的交流中不断获得认同的过程，这揭示了一种非主流的、非大众的生活方式是怎样力图在社会中拓展自己的疆界并确定其合法性的。

六 结论

　　本文主要从动机和生活方式两个层面探讨了有机食品的消费实践，聚焦于有机食品的消费如何从漫长生命中偶发的、尝试性的行动稳固为常态食物选择的一部分，对个体形成习惯性和具身化的力量。一方面，社会学角度的消费实践研究将实践的讨论推进到经验的、具体的领域。作为人在世行动的重要范畴，实践在不同学者——亚里士多德、杜威、伽达默尔、马克思等那里有诸多相关论述，但都偏向抽象的、哲学的或者理想的概念。这些论述向应然寻求实践的答案，而非从实然中获取特定的分析和解释——实践是怎样的以及为什么会这样。另一方面，社会学角度的消费实践研究，对消费研究的日常生活化做出了贡献。消费被理解为普通的、内化了的、系统的行为，与个体的生命轨迹呈现互构的动态性；这与经济学、管理学研究将消费化约为购买、支付意愿、行为意向所进行的研究不同。

　　研究发现，有机食品的消费选择不仅由信任、感到健康和安心、追求食物原味的动机所引发，更深层次上还是整体消费理念和生活方式中偏好自然、环保和适度的倾向在食物领域的外化。这样的趣味选择并未体现出显著的与文化资本高低的关系，而是在个体生命历程的阶段转换和演进之中形成的。怀孕和生育、生病、职业、趣缘群体和那些看似不经意的际遇以这样或那样的方式与个体的主观能动性和反思性行动相结合，推动个体调整、改变消费习惯和日常生活安排，或者强化原有的习惯，最终推动有机食品消费实践的确立。相较于场域分析，生命历程视角对于洞察个体消费习惯的动态性发展，把握个体在人生起伏、转场中如何建立自洽的状态有着生动而质朴的价值。

　　相较于国外的相关研究发现，本文并不支持有机食品消费体现阶层或地位区隔的观点，注重有机食品过程中涉及的环境伦理和其他可持续伦理的主张只在那些同时有着生产者或者文化中介者身份的消费者身上表现较为显著。同时，来自国内的田野经验也揭示了中国消费者的一些特点。比如，"自然"是被反复提及和认可的。这不仅指新农人们的"自然农法""自然活力农耕"以及消费者所看重的"自然的东西总归好一些"、自然的味道,还包括人们在日常消费选择中秉承的趋向自然、适度、少而精等的理念。它们体现了在消费社会和日益充满不确定性的现代语境中,一群生产者和消费者将中道、适度的中国传统文化特质与对自身行动的反思性监测相结合,自下而上地推动中国的食物自治及安全和可持续领域的发展。不仅如此,可持续食物的生产者和消费者网络与自然教育、低碳消费、可持续时尚、环境保护、乡村建设等泛可持续主题的圈子相互交叠,成为"现代性以及反思现代"重大时代命题下的社群实践。它们体现了围绕可持续发展目标形成的、消费者由使命感驱动的公共参与(王宁,2022)。它们的组织形式、互动内容、社群认同的特点及社会影响都有待更多的考察。

尽管替代性食物体系没有办法从宏观层面批判和修正农产品生产与贸易体系中的问题(周沐君、许怡,2020),但不可否认的是,近些年来,有机农业强调的话语和原则不断被主流食物体系吸纳和使用。一方面,越来越多的食品企业在包装和营销中突出生态食品、天然、自然、洁净、可追溯等诉求点。一些食品企业也开辟支线,增加有机食品或者中高价位的原味食物,吸引中高端消费者。尤为突出的是,类似叮咚、盒马等的大型生鲜电商引进了食物分级体系,比如蔬菜有普通蔬菜、有机蔬菜、供港基地蔬菜三种,有时还会有崇明蔬菜。它们以品类、保鲜、价格的优势以及订购和配送时间方面的便利性,分割了有机食品和品质食物的中高端市场,对自下而上经营的、小规模的生态小农造成了冲击。另一方面,生态农业在国家政策话语中被置于现代农业的框架之下,两者被作为相似的概念使用。规模农业、订单农业、生产数字化也被紧密关联到生态农业中。它们勾勒出效率、品控、科技相结合的"现代食物"形象,使得"什么是好的食物"的图景变得更加模糊和混杂,一定程度上挤占与消弭了替代性食物在市场上的位置和吸引力。此外,随着社会流动性的增加和消费品的日益丰裕,消费者的忠诚度、消费理念的动态发展以及消费者社群的多元开放和不确定性对未来食物消费实践的影响都值得继续关注。

(曹丹仪为本文访谈资料的搜集做出了贡献,特此致谢。)

参考文献

陈卫平,2013,《社区支持农业情境下生产者建立消费者食品信任的策略——以四川安龙村高家农户为例》,《中国农村经济》第2期。

邓新明,2014,《消费者为何喜欢"说一套,做一套"——消费者伦理购买"意向-行为"差距的影响因素》,《心理学报》第7期。

邓玉、刘海华、李艳、陈松,2020,《我国有机食品认证状况的调查分析与对策研究》,《农产品质量与安全》第3期。

杜威,约翰,2005,《确定性的寻求——关于知行关系的研究》,傅统先译,上海人民出版社。

高鹏、孙利辉、张磊,2021,《可追溯背景下居民参与CSA影响因素及意愿的实证研究——以青岛市为例》,《青岛大学学报》(自然科学版)第1期。

胡安宁,2021,《社会学的文化转向如何避免"装饰社会学"陷阱?》,《社会科学》第8期。

吉登斯,安东尼,2011,《现代性的后果》,田禾译,译林出版社。

林晓珊、谢林卿,2020,《从"吃饱"到"吃好":城镇中产阶层家庭饮食消费中的健康实践》,《浙江师范大学学报》(社会科学版)第4期。

刘飞,2012,《制度嵌入性与地方食品系统——基于Z市三个典型社区支持农业(CSA)的案例研究》,《中国农业大学学报》(社会科学版)第1期。

卢成仁,2020,《社会转型、食物系统转变与伦理重构:有机农业中的"中国经验"》,《江淮论坛》第2期。

卢曼,尼克拉斯,2005,《信任:一个社会复杂性的简化机制》,瞿铁鹏、李强译,上海人民出版社。

罗攀,2018,《"有机"可乘——关于北京"有机食品"消费热潮的人类学调查》,《思想战线》第6期。

马骥、秦富,2009,《消费者对安全农产品的认知能力及其影响因素——基于北京市城镇消费者有机农产品消费行为的实证分析》,《中国农村经济》第5期。

石嫣、程存旺,2013,《世界范围内的社区支持农业》,《旅游规划与设计》第1期。

帅满,2013,《安全食品的信任建构机制——以H市"菜团"为例》,《社会学研究》第3期。

司振中、代宁、齐丹舒,2018,《全球替代性食物体系综述》,《中国农业大学学报》(社会科学版)第4期。

王宁,2022,《赶超型国家中个体公共性的演变——以消费生活为例》,《学术研究》第9期。

谢玉梅、高芸,2013,《消费者对有机食品的认知和购买行为分析》,《江南大学学报》

（人文社会科学版）第 1 期。

许惠娇、贺聪志、叶敬忠，2017，《"去小农化"与"再小农化"？——重思食品安全问题》，《农业经济问题》第 8 期。

杨嬛、王习孟，2017，《中国替代性食物体系发展与多元主体参与：一个文献综述》，《中国农业大学学报》（社会科学版）第 2 期。

杨伊侬、何浏，2013，《有机食品感知风险的实证研究：基于城镇居民的调查》，《农业技术经济》第 8 期。

叶敬忠，2015，《发展的故事：幻象的形成与破灭》，社会科学文献出版社。

叶敬忠、贺聪志，2019，《基于小农户生产的扶贫实践与理论探索——以"巢状市场小农扶贫试验"为例》，《中国社会科学》第 2 期。

张敦福，2012，《文化唯物主义作为一种研究策略：饮食人类学的研究》，《民俗研究》第 5 期。

张晓勇、李刚、张莉，2004，《中国消费者对食品安全的关切——对天津消费者的调查与分析》，《中国农村观察》第 1 期。

章超，2022，《中等收入群体家庭消费、日常生活安排的可持续逻辑》，《社会科学辑刊》第 1 期。

郑晓冬、董欢、方向明，2017，《社区支持农业的消费者参与意愿研究——基于计划行为理论框架》，《经济与管理》第 4 期。

周沐君、许怡，2020，《可持续农业持续了什么？——我国"替代性食物网络"的实践图景与困境》，《社会发展研究》第 1 期。

朱迪，2020，《供给系统、社会习俗与生活方式——中产阶层日常生活中的饮食消费变迁》，《山东社会科学》第 3 期。

Ajzen, Icek. 1991. "The Theory of Planned Behavior." *Organizational Behavior and Human Decision Processes* 50（2）：179-211.

Armitage, Christopher J., and Mark Conner. 2001. "Efficacy of the Theory of Planned Behaviour: A Meta-analytic Review." *British Journal of Social Psychology* 40：471-499.

Arvola, A., M. Vassallo, M. Dean, P. Lampila, A. Saba, L. Lähteenmäki, and R. Shepherd. 2008. "Predicting Intentions to Purchase Organic Food: The Role of Affective and Moral Attitudes in the Theory of Planned Behaviour." *Appetite* 50（2-3）：443-454.

Bourdieu, Pierre. 1986. *Distinction*. Oxon：Routledge.

Chen, Jue, and Antonio Lobo. 2012. "Organic Food Products in China: Determinants of Consumers' Purchase Intentions." *The International Review of Retail, Distribution and Consumer Research* 22（3）：293-314.

Chiaro, Delia. 2008. "A Taste of Otherness Eating and Thinking Globally." *European Journal of English Studies* 12（2）：195-209.

Clark, M., and J. Ogden. 1999. "The Impact of Pregnancy on Eating Behaviour and Aspects of Weight Concern." *International Journal of Obesity* 23：18-24.

Goodman, David. 1999. "Agro-food Studies in the 'Age of Ecology': Nature, Corporeality, Bio-politics." *Sociologia Ruralis* 39（1）：17-38.

Grosglik, Rafi. 2017. "Citizen-consumer Revisited: The Cultural Meanings of Organic Food Consumption in Israel." *Journal of Consumer Culture* 17 (3): 732-751.

Guthman, Julie, and Melanie DuPuis. 2006. "Embodying Neoliberalism: Economy, Culture and the Politics of Fat." *Environment and Planning D: Society and Space* 24 (3): 427-448.

Hansmann, Ralph, Ivo Baur, and Claudia R. Binder. 2020. "Increasing Organic Food Consumption: An Integrating Model of Drivers and Barriers." *Journal of Cleaner Production* 275: 1-18.

Hill, Helene, and Fidelma Lynchehaun. 2002. "Organic Milk: Attitudes and Consumption Patterns." *British Food Journal* 104 (7): 526-542.

Honkanen, Pirjo, and James A. Young. 2015. "What Determines British Consumers' Motivation to Buy Sustainable Seafood?" *British Food Journal* 117 (4): 1289-1302.

Jolly, Desmond A. 1991. "Differences between Buyers and Nonbuyers of Organic Produce and Willingness to Pay Organic Price Premiums." *Journal of Agribusiness* 9 (1): 97-111.

Kneafsey, Moya, Rosie Cox, Lewis Holloway, Elizabeth Dowler, Laura Venn, and Helena Tuomainen. 2008. *Reconnecting Consumers, Producers and Food: Exploring Alternatives*. Oxford, New York: Berg.

Kushwah, Shiksha, Amandeep Dhir, Mahim Sagar, and Bhumika Gupta. 2019. "Determinants of Organic Food Consumption. A Systematic Literature Review on Motives and Barriers." *Appetite* 143: 1-22.

Latour, Bruno. 2005. *Reassembling the Social: An Introduction to the Actor-network Theory*. New York: Oxford University Press.

Lupton, Deborah A. 2005. "Lay Discourse and Beliefs Related to Food Risks: An Australian Perspective." *Sociology of Health and Illness* 27 (4): 448-467.

Magnusson, Maria K., Anne Arvola, Ulla-Kaisa Koivisto Hursti, Lars Åberg, and Per-Olow Sjödén. 2001. "Attitudes towards Organic Foods among Swedish Consumers." *British Food Journal* 103 (3): 209-226.

Mannur, Anita. 2010. *Culinary Fictions: Food in South Asian Diasporic Culture*. Philadelphia: Temple University Press.

Miller, Daniel. 1995. "Introduction: Anthropology, Modernity and Consumption." In *Worlds Apart*, edited by M. Daniel, pp. 1-22. London: Routledge.

Murdoch, Jonathan, and Mara Miele. 2004. "A New Aesthetic of Food? Relational Reflexivity in the 'Alternative' Food Movement." In *Qualities of Food*, edited by M. Harvey, A. McMeekin, and A. Warde, pp. 156-175. Manchester: Manchester University Press.

Murdoch, Jonathan, and Mara Miele. 1999. "'Back to Nature': Changing 'Worlds of Production' in the Food Sector." *Sociologia Ruralis* 39 (4): 465-483.

Paddock, Jessica. 2015. "Positioning Food Cultures: 'Alternative' Food as Distinctive Consumer Practice." *Sociology* 50 (6): 1039-1055.

Peattie, Ken. 2010. "Green Consumption: Behavior and Norms." *Annual Review of Environment* and Resources 35: 195-228.

Pratt, Jeff. 2007. "Food Values: The Local and the Authentic." *Critique of Anthropology* 27 (3): 285-300.

Reckwitz, Andreas. 2002. "Toward a Theory of Social Practices: A Development in Culturalist Theorizing." *European Journal of Social Theory* 5 (2): 243-63.

Robinson, Ramona, and Chery Smith. 2002. "Psychosocial and Demographic Variables Associated with Consumer Intention to Purchase Sustainably Produced Foods as Defined by the Midwest Food Alliance." *Journal of Nutrition Education and Behavior* 34 (6): 316-325.

Ross, Nancy J., Molly D. Anderson, Jeanne P. Goldberg, and Beatrice Lorge Rogers. 2000. "Increasing Purchases of Locally Grown Produce through Worksite Sales: An Ecological Model." *Journal of Nutrition Education* 32 (6): 304-313.

Sassatelli, Roberta. 2004. "The Political Morality of Food: Discourses, Contestation and Alternative Consumption." In *Qualities of Food*, edited by M. Harvey, A. McMeekin, and A. Warde, pp. 176-191. Manchester: Manchester University Press.

Scalco, Andrea, Stefano Noventa, Riccardo Sartori, and Andrea Ceschi. 2017. "Predicting Organic Food Consumption: A Meta-analytic Structural Equation Model Based on the Theory of Planned Behavior." *Appetite* 112: 235-248.

Schäfer, Martina, Adina Herde, and Cordula Kropp. 2010. "Life Events as Turning Points for Sustainable Nutrition." In *System Innovation for Sustainability* 3, edited by U. Tischer, E. Stø, U. Kjærnes, and A. Tukker, pp. 210-226. Sheffield: Greenleaf Publishing.

Schifferstein, Hendrik N. J. and Peter A. M. Oude Ophuis. 1998. "Health-related Determinants of Organic Food Consumption in the Netherlands." *Food Quality and Preference* 9 (3): 119-133.

Si, Zhenzhong, Theresa Schumilas, and Steffanie Scott. 2015. "Characterizing Alternative Food Networks in China." *Agriculture and Human Values* 32: 299-313.

Smith, Samantha, and Angela Paladino. 2010. "Eating Clean and Green? Investigating Consumer Motivations Towards the Purchase of Organic Food." *Australasian Marketing Journal* 18 (2): 93-104.

Soper, Kate. 2007. "Rethinking the 'Good Life': The Citizenship Dimension of Consumer Disaffection with Consumerism." *Journal of Consumer Culture* 7 (2): 205-229.

Stern, Paul C., and Thomas Dietz. 1994. "The Value Basis of Environmental Concern." *Journal of Social Issues* 50 (3): 65-84.

Warde, Alan. 2014. "After Taste: Culture, Consumption and Theories of Practice." *Journal of Consumer Culture* 14 (3): 279-303.

Warde, Alan, and Lydia Martens. 2000. *Eating Out: Social Differentiation, Consumption and Pleasure*. Cambridge: Cambridge University Press.

Williams, Rory. 1983. "Concepts of Health: An Analysis of Lay Logic." *Sociology* 17 (2): 185-205.

文化如何影响消费:"消费文化理论"与"实践理论"的比较与反思

任 杰[*]

摘 要：对于文化如何影响消费的问题，学界存在两种对立的观点。消费文化理论将文化视为符号与意义，强调消费者主观能动性及对消费符号意义的选择。而实践理论将文化视为惯例与规范，强调消费行为的习惯性与常规性，文化在消费者未经反思的状态下发挥着作用。两种理论存在着各自的特点与局限，应当借助文化社会学的相关理论，促进两种理论在文化分析方面的互补，从而构建一种综合的文化解释模型。

关键词：消费文化 实践理论 文化社会学

20世纪后期以来，消费社会的迅速发展引起了社会科学对消费的广泛关注。对社会学而言，消费提供了良好的研究视野，既涵盖了消费者的日常生活实践，也延伸到了宏观的生产-消费体系与社会结构。借助消费，社会学可以对经典核心问题，如不平等和排斥、社会分化、休闲、区分和品位、家庭组织、日常生活、自我和社会身份等进行再度审视（Warde，2015）。消费也在当代社会学中扮演着越来越重要的角色。

在社会学的消费研究中，消费与文化的结合是其最重要的转向。而消费

---

[*] 任杰，复旦大学社会发展与公共政策学院博士研究生，20110730008@fudan.edu.cn。

文化理论是消费研究与文化分析结合后最主要的成果。这一理论使得消费研究不再拘泥于生产逻辑下对集体消费行为的探讨，而是转向了私人领域，转向了对消费的文化意义、符号价值、身份建构等问题的关注。然而，随着消费文化理论分析的弊端逐渐凸显，消费研究与实践理论的结合成为理解文化与消费关系的又一方案。对两种理论的梳理，有助于为理解文化与消费关系问题带来更多启发。因此，本文回顾了消费文化理论和实践理论的核心观点，通过比较两种理论的基本概念与研究偏好，分析两种理论各自的特点与局限，并借助文化社会学关于文化与行动问题的理论，对文化与消费关系的研究进行探索性的思考。

一 消费文化理论：作为意义与符号的文化

消费文化理论（consumer culture theory，CCT）是消费研究"文化转向"之后最主要的研究方向。所谓消费文化理论，并非一套统一完整的理论，而是一系列理论观点的集合。消费文化理论关注的是消费者行为、消费体验、文化意义之间的关联，其研究重点主要分为两个层面：一是物的象征意义，二是由物的象征意义所带来的消费者在特定情境中的角色和关系。在此基础上，消费文化理论着重探讨消费者如何通过积极地重塑和转换那些暗含在广告、品牌、环境和实体产品中的象征意义，来体现他们的个性、身份、社会地位和生活目标（Arnould and Thompson，2005）。

（一）消费研究的"文化转向"

早期消费研究局限在经济学对资本主义生产的讨论之下，消费被视为经济发展需要面对的必要现象，成为"生产本位"逻辑的附庸。一些古典政治经济学的观点将消费视为社会生产与再生产的必要环节，从而提出了节制消费、崇尚节俭的伦理观点（斯密，2005：242）。在经济学观点的宰制之下，经典社会学家们也并未将消费视为独立的研究领域，而仅仅把消费行为作为支撑各自理论的又一例证。例如，韦伯（2012：122）认为新兴资产阶级崇尚节制、勤俭、朴素的消费模式，与努力工作、积累财富同样是展示上帝恩惠的手段。节俭消费作为一种手段，可以实际地为救赎的宗教信仰服务。而迪尔凯姆（1996：268~271）则认为在消费欲望迅速增长的现象背后，是调节自身需求的规则和标准失效所带来的道德失范。宏观经济学的影响持续到了20世纪70年代，其间法兰克福学派对大众文化的讨论成为社会学消费研究的代表。法兰克福学派延续了马克思对于资本主义生产的批判，着重考察了生产如何控制和操纵了大众消费文化（霍克海默、阿多诺，2006：107~111）。然而法兰克福学派的消费批判理论带有强烈的道德立场，对大众文化也持有悲观的态度。

消费研究与文化分析的结合挑战了经济学理性主义的视角，使消费成为探讨现代性后果及个体能动性的重要领域。二战后，经济迅速发展与生产过剩带来了消费行为的激增，一般家庭可以购买的商品和服务大大增加，社会学对于消费的关注也从集体消费转向了私人消费（Castells，1977：20~28）。在此影响下，消费不再是生产的附庸，而逐渐成为一个核心的社会学话题。鲍德里亚（2014）认为，消费不但是经济学意义上的消费者追求个人效用最大化的过程，而且也是社会学意义上的消费者进行"意义"建构、趣味区分、文化分类和社会关系再生产的过程。这些观点虽然仍对消费采取了批判性的视角，但也使消费成为具有独立逻辑的领域，并与商品背后的符号价值紧密联系在一起。而费瑟斯通（Featherstone）则在《消费文化与后现代主义》中正式提出了"消费文化"（consumer culture）的概念，引导了消费研究"文化转向"的主要趋势。在他看来，后现代主义消解了艺术与日常之间的边界，"日常生活的审美呈现"应当成为理解后现代社会的基本视角。而消费作为消费者追求体验、审美的日常实践，其背后的"消费文化"在理解当代社会中具有核心地位。"消费文化"的内涵体现在两方面："首先，就经济的文化维度而言，符号化过程与物质产品的使用，体现的不仅是实用价值，而且还扮演着'沟通者'的角色；其次，在文化产品的经济方面，文化产品与商品的供给、需求、资本积累、竞争及垄断等市场原则一起，运作于生活方式领域之中。"（费瑟斯通，2000：123）而在2005年的一篇文章中，阿诺德和汤普森（Arnould and Thompson，2005）正式提出了消费文化理论。所谓消费文化理论并非尝试建立一个统一、宏大的理论，而是代表着多种不同的理论方法和研究目标，相关研究都致力于解决消费者行为、市场和文化含义之间的动态关系问题。消费文化理论的提出也使20世纪80年代以来"文化转向"的消费研究获得了一定程度的整合。

（二）消费文化理论的经验研究

消费文化理论涉及广泛而多样的研究对象，对于消费文化研究项目的分类也存在不同观点。费瑟斯通认为，应当从商品符号体系和消费者生活方式两个方面对消费文化展开经验研究。而在沃德（Warde，2015）看来，消费文化的实证研究可被划分为"身份认同与审美"以及"娱乐与休闲"两个类别。阿诺德和汤普森则提出，消费文化理论具有四类研究项目，包括消费者身份、市场文化、消费的社会历史模式、大众媒介市场意识形态和消费者解释策略（Arnould and Thompson，2005）。综合上述观点，本文将消费文化理论的经验研究分为三类，分别是消费者身份与审美表达、集体认同与消费社区、市场意识形态取向的消费文化研究。

第一，消费者身份、审美表达取向的消费文化研究。消费社会的到来不仅改变了人们的消费习惯，还在微观层面建构了消费者的自我认同。作为意义的物质载体，商品成为联系身份认同和消费审美的关键，因为消费不仅是一种物质需求，更是一种符号传递的行为，消费主义伦理赋予人们不断购买和幻想商品符号的机会。通过这种方式，这些消费风格被解释为自我符号边界的标记（Woodward，2003）。因此，消费文化既是审美体验，也是自我的延伸，通过消费，自我意识与充满情感的物质占有紧密联系在一起，如贝尔克（Belk，1988）提出："现代生活中一个不可回避的事实是，我们通过我们的财产来学习、定义和提醒自己我们是谁。"消费被理解为自我意识被卷入过去、现在和未来的经验和关系网中的过程（Noble，2004）。在此基础上，相关经验研究关注了消费者如何在多样的消费体验中获得身份的整合。例如，消费者可以通过购买一种冲突性和竞争性的市场体验，来建构他们个性化的身份（Tumbat and Belk，2011）。而霍尔特和汤普森（Holt and Thompson，2004）的研究表明，日常消费提供了一种塑造理想"男子汉形象"的途径，人们借此获得了增强男性气质的方式。同样，消费文化也塑造着母职身份。对这些作为母亲的女性消费者来说，日常消费任务往往会引发情感上的变化，这些变化的根源是与母亲身份、家庭生活和参与者自身不断演变的生活方式有关的文化理想的历史遗产（Thompson，1996）。此外，文化资本的高低差异也会影响获得自我认同的方式，拥有高文化资本的人根据世界主义标准对所有文化形式进行批判性判断，并从事休闲活动以实现自我；而拥有低文化资本的人则在当地环境中采用参考标准，并将休闲视为在本地传统中找寻自我的方式（Holt，1997）。

第二，集体认同、消费社区取向的消费文化研究。与第一类关注自我认同的研究不同，以品牌和消费亚文化为中心的研究主要关注消费者如何建构出共享意义的社区、消费品如何成为消费社区集体身份的来源。首先，关于品牌社区的大量研究为消费文化与集体认同的分析提供了有力支持。品牌社区的概念对社区、现代性和消费文化的更广泛论述具有重要价值（Gainer and Fischer，1994）。霍尔特（Holt，1997）认为，品牌能够调节高度程式化的消费风格和潜在的一致性之间固有的紧张关系，允许消费者选择一个首选的社会空间和消费集体。与粉丝社区一样，品牌社区成员将品牌转变为构建社区的文化资源，通过重塑与社区集体共享的理想和规范相关的品牌象征，共同创造意义（Avery，2012；Schau et al.，2009；Schouten and McAlexander，1995）。其次，除了品牌之外，其他市场资源也可以在共享意义和集体认同中发挥重要作用。马费索利（Maffesoli，1996）的"新部落主义"认为，消费行为调动起了强烈的情感与同情，从而超越了个人主义的情境，大众以"后现代部落"成员的形式暂时地聚集在一起。例如，消费者可以通过与"市场神话"的互动，构建出属于自己的独立音乐社区（Arsel and Thompson，2011）。市场文化也催生了独特的品位系统，包含一系列审美标准和规范，帮助成员融入社区中（Maciel and Wallendorf，

2017)。最后，消费社区同样可以嵌入休闲与消遣活动中。休闲活动可以成为一个广泛存在的知识系统和意义世界，消费者借此构建他们的社会网络与消费社区。例如，成为收藏品意味着物品从其实用性框架中被移除，并且仅被作为意义元素的组合。与一般消费相比，收藏家们在收藏活动中就对所发现物品的掌握、关于其的知识以及其稀有性和独特性展开竞争，由此形成了关于收藏知识的社交网络（Belk, 1995：87-91）。类似的机制也出现在健身文化中，健身房是一个"相对自治"的生态系统，在塑造健身文化的方式上以及与外部世界的分离性上都是与众不同的（Sassatelli, 2010：7）。

第三，市场意识形态取向的消费文化研究。消费文化理论还考察了市场意识形态的意义系统的影响，这一意义系统被认为诱导着消费者的思想和行为，以捍卫市场意识形态在社会中的主导地位（Hirschman, 1993）。例如，通过分析世俗消费和神圣消费在电视节目中的编码过程，可以体现出商业媒体是如何传播关于消费的规范性信息的（Hirschman, 1988）。除了电视节目，广告也不断向消费者展示着人们渴望的生活形象，这种描绘在视觉上愈加宣扬奢华和舒适。广告更多地将消费本身，而非满足消费者自身的需求视为购物的目的（Belk and Pollay, 1985）。在现实的购物情境中，市场意识形态也持续发挥着作用。例如，一场展销会的不同要素可以共同构造一个西部荒野神话，消费者沉浸于此，并再次体会到与竞争、自然主义、自由独立和家庭传统相关的西方文化含义和记忆。文化意义构成了市场与消费者的中介（Penaloza, 2001）。然而，消费者并非简单接受着市场意识形态的控制，消费者与生产者遵循着不同的文化编码框架，使得消费者会按照自己的方式理解大众媒体信息，并做出反思性回应（Hirschman and Thompson, 1997）。消费者会根据自己的生活环境来调整理解广告的方式，而不是直接屈从于特定意识形态的压力（Mick and Buhl, 1992）。广告的内容可以被消费者再次改编与利用，通常会成为生活中幽默和对话互动的资源。消费者会对其进行集体批评和修改来重新赋予其含义（Ritson and Elliott, 1999）。因此，广告也具有文本体验、解释、评价、仪式使用和隐喻的社会功能。

(三) 消费文化理论中的文化解释

消费文化理论涵盖了多种理论方法和研究目标，但文化始终占据着消费文化理论的中心位置。结合阿诺德等人的论述，可以归纳出消费文化理论在借助文化解释消费时所具有的几点共同的理论方向。

第一，文化的含义及消费与文化的关系。如上文所述，在过去数十年中，消费文化的研究对象不断扩展，既包括了消费体验与消费行为，也包括了商品物质文化、符号体系，甚至逐渐将宏观的消费模式与市场意识形态等也纳入研究范围。但总体而言，消费文化理论所涉及的"文化"更多强调了生活方式、身份、品位和消费的象征性方面（Warde，2014）。消费文化理论通过捕捉消费中象征性、话语性、陈述性的一面，来分析消费者行为、商品和市场之间的动态关系。而从消费与文化的关系来看，传统经济学理性主义的解释将理论重心放在购买选择之前的决策过程，购买后的体验被视为边缘关注对象。而消费文化理论则试图把消费行为与市场的关系建立在"意义之网"的基础上（Belk et al.，1989），借此弥合文化意义和理性主义解释之间的裂隙，使消费研究不受理性主义、逻辑经验主义的约束（Wherry and Woodward，2019：110-113）。因此，在消费文化理论看来，消费和文化密不可分，消费本身就是文化（McCracken，1988）。

第二，文化的异质性与碎片化。消费文化理论解释消费行为的第二个共同取向在于重视文化的复杂性。经典的文化分析将文化视为一个由共同意义、共享价值观所组成的同质的系统（帕森斯，2012：597~599）。与此相对，消费文化理论探讨了更广泛的社会历史框架内，文化意义的异质性分布和文化群体的多样性（Arnould and Thompson，2005）。这种"文化意义的分布式观点"强调了消费传统和生活方式的碎片化、多元化和流动性。由于文化内在的、支离破碎的复杂性，消费文化理论并不强调行为的因果关系，而是将消费文化视为一个跨越物质、经济、符号和社会关系的动态网络（Wherry and Woodward，2019：110-113）。而消费者的行为就如同"在规则约束下即兴进行的游戏"，消费文化和市场意识形态塑造了消费者的感觉与视野，使某些文化意义与消费模式之间产生了更强的亲和性（Kozinets，2002）。

第三，消费者的自主性。消费文化理论分析的元主题之一，便是消费者如何借助商品符号构建自身生活方式与个人身份。大量消费文化研究都将消费者视为具有主动性和创造力的个体，能够在全球化与市场文化所形成的"风格超市"中自在地进行选择。此类依赖于消费者自主选择模型的研究也使消费文化研究被批评为再现了一种新自由主义观点，即自由市场竞争是社会福利和人类自由最大化的最佳手段（Fitchett et al.，2014）。消费文化理论对此的解释是，消费文化并非强调消费者不受束缚，而是主张文化生产与文化接受是辩证联系在一起的，并因此展现出社会文化利益和主体的多样性，这种多样性不应还原为意识形态上单向受骗的消费者或文化产业霸权（Scott and O'Connor，2006）。但总体而言，消费文化理论认为消费者在消费过程中扮演着更加积极的角色，通过互动过程中的阐释以及所追求的身份目标使得消费的文化意义得以凸显（Brown et al.，2013）。

二 实践理论与消费研究：作为实践要素的文化

实践理论将消费行为视为日常生活中的组成部分，视为日常生活中惯例、习俗、常识与物质条件等因素作用的结果。消费文化理论虽然给予了消费足够的重视，使消费行为与消费者的身份紧密结合在一起，但消费文化理论同样使得消费行为变得更加戏剧性，消费成为消费者吸引目光、展示自我与炫耀个性的方式。借助这一解释来分析日常消费行为时，往往会不经意间忽视消费过程中看似平凡的细节与特征（Gronow and Warde，2001：5-8）。因此，在一些学者的讨论中，消费需要与日常实践结合在一起，他们通过对常规、知识、共同理解和物质给予肯定，来还原消费在日常生活中的完整面貌（Reckwitz，2002；Warde，2005）。

（一）"实践"转向下的消费研究

对消费社会学而言，将"实践"引入消费领域的理论基础主要来源于沙茨基（Schatzki）和莱克维茨（Reckwitz）的实践理论。"实践"（practice）这一概念被引入社会学，是为了解决长期存在的结构性与能动性之间的理论冲突，这种尝试随着布尔迪厄和吉登斯等人的研究而被学界广泛接受（Ortner，1984）。同消费文化理论一样，实践理论并非一个统一的理论体系，它代表着众多学者为实现"实践转向"而进行的一种集体努力。"实践"被一些消费研究的学者用来简单指代具体的个人行为，其内涵是行动者的策略与选择（Arsel and Thompson，2011；Denegri-Knott and Molesworth，2010；Humphreys，2010）。然而，在莱克维茨看来，必须要区分"practice"与"practices"的含义。前者只代表一个强调的术语，用来描述人类行为（与思维和观念形成对比），而后者才是社会意义上的实践（Reckwitz，2002）。沙茨基是"实践转向"的先驱，其研究归纳了实践理论的发展线索，并将社会存在归因于实践，认为社会共享之所以能够实现，是因为存在"远程情感结构"（teleo-affective structures），而不能将其原因还原到个人的属性（Schatzki，1996）。莱克维茨将社会学的文化理论分为四种类型，分别为心智主义（mentalism）、文本主义（textualism）、主体间主义（intersubjectivism）和实践理论（practice theory），四种类型的关键区别在于社会分析的最小单位不同。相对于心理素质、话语和互动，实践理论将"实践"作为社会分析的最小单位。所谓"实践"，"是一种常规化的行为类型，它由几个相互关联的要素组成：身体活动形式、心理活动形式、'事物'及其使用、理解形式的背景知识、诀窍、情感状态和动机知识"（Reckwitz，2002）。一种实践必然取决于上述实践元素的存在和具体的相互联系，而不能归结为这些单个元素中的任何一个。同样，一种实践代表一种模式，它可以由大量重复的单一且独特的行为组成，如某种消费模式包含了大量的实际消费行为。

运用实践理论分析消费行为时，消费者行为便被理解为消费者与日常生活中的诸要素互动的动态过程，其中物质、惯例、知识等都是实践分析的要点。沃德（Warde，2005）通过对消费文化研究趋势的反思，明确提出了消费领域的实践理论。实践理论对于消费行为和消费者的定义与理解和消费文化理论相比存在明显区别。第一，对于消费的定义。在主流的消费文化研究中，商品消费象征意义的表达和使用是讨论的重点。而在实践理论看来，此类研究将消费简化为了消费者的需求，而忽视了消费行为实际上是更广泛的日常生活的一部分（Harvey et al.，2001）。因此，区别于消费文化理论对于消费过程符号体系和意义世界的强调，消费研究中的实践理论将消费定义为日常生活实践的一个过程："消费本身不是一种实践，而是几乎每一种实践中的一个时刻。"（Warde，2005）第二，对于消费者的理解。在消费文化理论中，消费者扮演着一个积极的能动角色。而实践理论强调的是习惯、常规、实践意识、隐性知识、传统等要素的重要作用。尽管消费者有能力对消费的收益、目的进行反思，但消费者在消费实践中采取行动的倾向是根深蒂固的，消费行为有情感、物质和认知基础（Dant，2004）。因此，实践理论方法旨在将消费者理论化，其既不是纯粹的工具主义者和理性者（经济人），也不是纯粹的结构依赖者和无意识者（社会人），而是受社会文化构成的关系约束的代理人（Arsel and Bean，2013）。消费者的行为只是实践所展现出的"冰山一角"（Spurling et al.，2013）。在表面之下，实践所涉及的集体惯例、常规、知识等要素深深植根于社会之中。

（二）实践理论的经验研究

消费研究中的实践理论强调消费行为的前反思性，认为人们的消费行为更多是无意识、无目的的，受到外部环境，如物质条件、消费传统、制度环境等的塑造。利用实践的视角进行经验研究时，往往关注的是"外部条件"如何塑造了消费行为的日常规范，并形成某种普遍的消费模式。

实践理论在消费研究中的第一个应用领域，是可持续性消费和消费的环境影响。实践理论被用来探讨在自反性现代性的全球社会中，应当如何重构消费绿色化和环境治理模式（Spaargaren，2011）。更具体的研究涉及日常消费在气候变化中的作用，例如，空调使用的温度标准成为实践的结果，与能源需求和气候变化的长期趋势相关（Shove et al.，2014），以及节俭消费和处理废物在促进可持续消费方面发挥的作用（Evans，2011）。也有研究提出，能源相关技术、基础设施的使用是由每日能源使用时间的特征所决定的，物质成为实践的时间性的组成部分（Spurling，2021）。实践理论在这一领域取得成果，既是因为气候变迁与全球化带来的环境风险受到越来越多的关注，也是因为在这些主题上，消费文化理论所注重的象征性展示、交流和自我展示的范式几乎没有什么意义（Warde，2014）。

　　实践理论的第二个消费研究应用领域是日常消费，尤其是那些成为消费者日常惯例，甚至有时意识不到的消费行为。例如，购物车作为超市中的基础设施，实际上对超市交易的形成产生显著的影响。推购物车购物意味着"有计划的"认知过程，这些过程涉及家庭需求、商品选择和市场信息之间的相互作用，这些要素的组合使消费者从价格计算转变为"品质计算"（Cochoy，2008）。而食物消费研究为这一领域贡献了重要的成果。有的研究通过"食物传记"的方式，认为西红柿的历史反映了人们在生产、加工、营销和消费食物的方式上发生的根本性的思想转变。西红柿的"即食"消费习惯是西红柿生产、加工、营销不同环节综合作用的结果，"超市支配着我们可以吃什么"（Hamm，2004）。也有研究探讨食物作为一种特殊的物质文化类型，在被处置和废弃时经历了怎样的实践过程，并最终确立一套规范（Evans，2012）。

　　实践理论同样关注有关爱好和休闲的消费行为。这些消费行为通常被认为是消费文化理论的经典议题。但实践理论通过构建以消费者为中心的行动模型，成功将人们的关注点从消费者的价值表达和身份认同转移到塑造这些消费行为的结构要素上。例如，在一项关于北欧式健步走运动的研究中，研究者关心实践是如何将"手持拐杖"与"健康运动"联系在一起从而创造出步行运动实践的。其结果表明，北欧式健步走是"健康、绿色、自然"的话语体系、生产者与消费者的互动以及健步走手杖的改进综合作用的结果。换言之，消费实践通过观念、行动方式和物质三者之间的相互作用，得以不断地复制和再创造（Shove and Pantzar，2005）。而在关于青年音乐消费的研究中，研究者展示了市场变化如何动态地重新配置实践的三个组成部分，即听音乐的设备、听音乐的方式以及音乐载体被赋予的意义之间的关系。黑胶唱片等传统音乐消费形式之所以仍然在青年音乐消费中存在，正是因为音乐意义的转变以及与听音乐相关的行为导致了黑胶唱片的重新价值化。在此基础上，研究者提出了"实践环"的模型，将消费实践归结为物质、行为和意义之间不断互动的过程（Magaudda，2011）。在探讨汽车消费时，沃德同样提出了一个基于三要素的消费实践模型，其中影响消费行为的要素包括理解（understandings）、程序（procedures）与约定（engagements）。在他看来，不同群体在对实践的理解、所采用的程序和所追求的价值观方面存在差异，这种实践的差异导致了不同国家在汽车消费行为上的差别（Warde，2005）。

（三）文化与实践理论的解释机制

实践理论更加关注消费行为的日常属性，但文化并没有被隔绝在实践分析之外。基于前述内容，同样可以总结出文化在实践理论中扮演的角色，以及实践理论在解释消费行为时所共有的分析原则。

第一，文化在实践理论中的作用。在莱克维茨看来，实践理论是文化理论中的一个基本类型，实践背后所依赖的共同理解以及文化预设发挥着重要作用（Reckwitz，2002）。换言之，社会实践总可以被视为一种文化实践（Welch et al.，2020）。将实践理论引入消费研究的初衷在于将消费社会学的关注重心从消费的象征性、话语性、陈述性转向消费的日常性、习惯性和物质性。并非消费者的个人需求决定了其消费行为，而是实践过程决定了消费行为。消费者的需求受到了物质条件、供给制度、价值观念等因素的制约，需要被纳入实践环节中进行分析（Warde，2005）。然而，在另一个层面上，实践理论的转向亦反映出对于消费行为本体论的探讨，并将隐性、价值倾向、默会规范等"文化"作为社会行动的基础（Welch and Warde，2017）。这一观点与帕森斯将共享价值视为社会规范基础的观点有着相似之处，而与亚历山大等人主张的"文化强范式"、强调文化自主性的观点产生明显区别（Alexander，2003：21-26）。

第二，消费并非一种独立的实践，而是分散在不同实践中的行为。在实践理论中，消费被理解为一个过程，在此过程中，消费者对商品、服务、表演、信息或氛围进行占有和欣赏（无论是否购买），无论是出于功利、表达还是思考的目的，消费者都有一定程度的自由裁量权。从这个角度来看，消费本身并不是一种实践，而是几乎所有实践中的一个时刻（Warde，2005）。消费是一种分散的行为，经常发生在许多不同的地点，从消费者的角度来看，一些日常的行动，如驾驶、吃饭或消遣，并不被理解为单独的消费行为。

第三，实践理论注重实践的差异性与动态性。社会实践同时关注行动的结构性与能动性，这意味着行动者在相似的社会情境下仍然可能采用不同的行为方式。这种实践内部的差异性在布尔迪厄那里被归为个人"惯习"的结果。布尔迪厄认为，惯习意味着"产生有意义的实践和被赋予意义的感知的倾向"，实践在个体层次的区别主要来源于"性情倾向系统"的塑造（布尔迪厄，2015：269~271）。从经验现象来看，这意味着实践是"内部区分的"，不同情况下的人做同一活动的方式不同。对于消费研究中的实践理论而言，对当代看似支离破碎的个人生活方式的充分描述，应该建立在多种社会活动和多种实践在不同地点的结果之上。社会情境具有空间性和时间性，组成实践的关键要素会在不同行动者群体之间独立地变化，而行动者的理解、技能与目标的不同也将改变他们与实践关键要素之间的联系。只有把握行动者与实践不同要素的动态关系，才能更好地解释实践的内部差异（Warde，2005）。

综上所述，实践理论为研究日常消费行为提供了新的视角，研究者可以通过消费过程中各要素的构成及互动关系，来分析消费行为是如何被塑造的。同时，实践理论为分析消费行为的差异也提供了有效工具，不同商品的供给、用途、符号含义、消费场所等要素都可能对同一群体内部的消费行为差异产生影响。

三 文化与消费之间关系的反思：来自文化社会学的启发

上文对消费文化理论和实践理论的主要观点进行了梳理，两种理论都重视文化分析在消费行为研究中的作用，消费文化理论将文化视为渗透在消费过程中的符号体系与意义世界,而实践理论将文化视为塑造消费行为模式的共同理解与文化预设。然而,两种理论对于文化与消费关系的探讨仍有局限。借助文化社会学的相关理论,可以对文化与消费的关系进行进一步思考。

(一) 两种理论视角的反思

消费文化理论对消费者能动性以及消费过程中的符号意义给予了足够的重视,但也因此使得限制消费行为的结构性因素受到了忽视。现代社会的消费已不仅仅是为了满足物质需要,更成为人们追求个人风格、彰显独特生活方式的主要形式。人们在关注商品使用价值的同时,也关注着符号意义与象征价值,由此满足自我塑造、审美表达、身份认同等需求。然而,消费社会的兴起并不总是给予消费者更多的自由。一些学者认为,全球化与消费文化之间的联系存在的问题已几乎被研究穷尽,应该再次开始就生产与消费之间的关系提出问题,强调消费文化的矛盾性和消费者身份的局限性,并认识到消费的新兴政治影响(Sassatelli,2007:182-185)。一方面,教育、审美、休闲等文化消费,无论是购买还是实践,都反映和再现了社会分化(布尔迪厄,2015:595~602)。文化和消费使得社会分化的情况更加复杂,文化能力与实践的差异映射在更广泛的结构性不平等和社会不公正的轮廓上。另一方面,消费主义观念的兴起也引发了广泛的担忧。类似的批判研究着重关注了消费主义控制消费者的各种机制,以及消费主义无孔不入的蔓延所带来的一系列道德、环境和消费者自主性的风险(Warde,2015)。消费主义作为一种话语体系对消费行为的影响需要进一步探讨。实际上,消费本身也会受到社会规范与行为模式的影响。例如,韦伯的研究将历史的视角引入资产阶级消费文化的研究,通过分析更加普遍的资产阶级伦理观念来理解其消费行为。而布尔迪厄的研究也很好地赋予了文化应有的重要性,将文化资本视为影响消费行为的重要因素。

实践理论很好地将消费行为转化为日常生活要素之间的联系与互动,但文化与符号意义在消费分析中的作用仍较为模糊。毫无疑问,商品蕴含着符号意义,有助于人们划分社会范畴、维持社会关系(鲍德里亚,2014:41;Douglas and Isherwood,1996:38-41)。实践理论并非否认商品的符号意义,而是质疑这些意义是否如消费文化理论所假定的那样,可以在不同人群之间得到同样的理解。正如坎贝尔指出的那样,消费与符号意义之间的关联需要被谨慎对待,因为消费展示出的沟通能力通常是有限的。坎贝尔认为,通过消费向陌生人传递信息时会产生三个问题:第一,行为在没有约定意义的情况下不一定可以被理解;第二,拥有意义并不等同于构成信息;第三,接收到信息并不意味着对方有发送该信息的意图(Campbell,1995,1998)。因此,实践理论试图淡化符号意义在消费行为中的解释效应,而主要将文化作为行动的背景。这种解释同样带来了一个问题,即如何将行动者在实践过程中的批判性和反思性立场进行概念化(Schmidt,2017)。实践理论关注的是普遍的实践模式,而非个人的行动决策。这种反对方法论个人主义的观点,导致文化仅仅作为行动的习惯、默契与常识发挥着作用,文化在个体认知、反思与批判层面的作用被明显忽视了(Lizardo,2017)。

(二) 文化如何影响消费:来自文化社会学的启示

消费文化理论和实践理论在文化分析上存在关键对立,这种对立涉及文化的定义及文化对消费的解释机制。消费文化理论关注的是"显性"文化,在研究中尤其体现为消费者明确意识到和叙述出的"文化",包含物质的符号体系、消费行为的文化意义、消费者的身份等。而实践理论则关注"隐性"文化,文化通过构成实践背后的共识与预设的方式影响消费。实际上,两种理论也意识到了对文化单一维度的解释方式所带来的局限。对消费文化理论的一个广泛质疑在于,相关研究可能使得消费者的能动性、创造性和高度个性化掩盖对市场机构和意识形态等结构要素影响作用的分析(Wherry and Woodward,2019:110-113)。对此,消费文化理论也将研究领域不断进行扩展,一些研究已经关注到了消费历史、意识形态与消费行为模式(Holt,1998;Press et al.,2014)。而对实践理论的反思则认识到了原有的分析掩盖了消费者在实际理解的基础上生成"明确"文化的能力,包括评估和反思的能力（Welch et al.，2020）。一个解决方案是将实践的含义扩展到"一般理解"（general understandings），这一维度的实践同样代表着概念认知、价值观和分类方式（Welch and Warde，2017）。

实际上，文化社会学对文化与行动之间的关系进行了众多讨论，相关研究为弥合消费文化理论与实践理论之间的分歧带来新的启发。消费文化理论和实践理论对于文化作用的认识的分歧来源于两者的理论立足点。消费文化理论反对经济理性范式将消费行为还原为个体需求，而实践理论则反对消费文化理论对消费行为日常性的忽视。但从文化社会学的角度来看，两种理论都涉及了文化如何影响行动这一经典议题。在此议题之下，文化社会学就文化如何以更为全面的方式影响行动已经提供了众多理论思考。以亚历山大（Alexander）为例，他提出社会表演理论正是为了弥合文化的结构主义和实用主义理解之间的裂隙。社会表演理论认为，符号与意义的沟通依然是当代社会行动的基础，应当以一种以新的方式将意义结构、权变性、权力和实质性融为一体，从而将社会行动理解为一种社会表演。亚历山大进而提出了一个社会表演的多元素模型，这一模型包含了意义结构、行动者、物质材料与社会权力等不同要素。这些要素既包含了文化作为结构的影响机制，也关注了个体对文化的创造能力，不同要素之间既存在关联，也相互独立，而本真性（authenticity）则是社会表演是否成功的判断标准（亚历山大，2015）。而维西（Vaisey，2009）则从认知的角度，提出了"文化在行动中的双过程模型"（dual-process model of culture in action）。其理论认为人的认知方式具有两种过程，一方面，人的一大部分认知过程具有快速、无意识、前反思的特点；另一方面，人们也可以通过有意识、自我反思和深思熟虑的方式进行认知。这种认知的"双过程"使得文化对行动的影响也不能简单通过"话语"模式或"实践"模式进行概括。维西借助海特（Haidt）"骑在大象背上的骑手"的隐喻来描述文化对行动的综合作用。骑手代表着有意识过程，是我们最了解自己的部分，他能说出、推理和解释我们内心所想的事情。大象代表着无意识过程，它比骑手更大更强壮，完全不受自我解释的需要或能力的阻碍。在简单的吸引和排斥机制的驱动下，大象去它想去的地方。在直接的斗争中，骑手不是大象的对手。虽然骑手通常只是假装控制着大象，但随着时间的推移，他可以慢慢地训练大象，或者诱使它走另一条路。

综上所述，要进一步分析文化如何影响消费行为，应当结合文化社会学的相关研究，将消费文化理论和实践理论作为两种互补而不是对立的分析，综合考量文化作为"显性"因素和"隐性"因素对消费行为的共同影响，这就需要在个体与结构两个层次上对文化的作用进行解释，并讨论不同层次之间的关系，从而构建一种更加完善的消费行为模型。

四 结论与讨论

本文对消费文化理论和实践理论的理论转型、经验议题以及其中文化的作用进行了比较分析。消费文化理论强调消费者个体的能动性，将文化视为消费过程中的符号与意义，借由文化分析探讨消费对于消费者自身的意义，涉及消费者的身份认同、审美表达、享乐体验等。而实践理论则建立在反思消费文化理论的基础之上，通过对消费文化过分强调符号意义、消费体验的批判，转而强调消费的习惯性与常规性，将消费视为日常生活实践的一部分，认为其主要受到外部环境的塑造，而文化作为实践的惯例和规范，对消费行为产生影响。结合文化社会学的相关研究，本文提出了一种结合消费文化理论和实践理论文化分析的设想，建议通过对不同层次上文化影响消费行为的分析，构建一种综合的文化解释模型。

这种综合的文化解释模型也为转型期社会的消费研究提供了新的视角。在当代中国的消费研究中，消费的符号性仍然是研究的重点。消费的符号意义成为消费体验的主要来源，并因此塑造着消费行为（曾燕波、叶福林，2021；唐军、周忠贤，2022；李敏锐，2020）。另一些研究则注意到了消费意识形态带来的道德风险（黄燕华、刘子曦，2021；宋德孝，2018）。然而，消费社会在中国的出现与成长并非一个自然的过程，在改革开放后消费社会才获得了迅速发展的契机。在分析中国社会的消费行为时，有必要考虑更为宏观的话语体系与文化结构（周怡，2021）。借助文化综合模型讨论中国社会的一个范例,是陈纯菁对中国人寿保险市场的分析。其研究提出了"文化的多重互动模型"(interactive multiple-process model of culture),认为中国人寿保险市场面临着文化的双重作用:社会共享价值观构成了文化障碍,但经济行动者可以利用文化工具箱中的资源和技能,突破社会价值观带来的阻碍(陈纯菁,2020:17)。因此,消费行为的研究也应当同时考虑符号意义和文化结构的共同作用。建立一种结合文化结构与符号意义的综合模型,或可为当代消费研究带来新的启发。

参考文献

鲍德里亚,让,2014,《消费社会》,刘成富、全志钢译,南京大学出版社。
布尔迪厄,皮埃尔,2015,《区分:判断力的社会批判》,刘晖译,商务印书馆。
陈纯菁,2020,《生老病死的生意:文化与中国人寿保险市场的形成》,魏海涛、符隆文译,华东师范大学出版社。
迪尔凯姆,埃米尔,1996,《自杀论》,冯韵文译,商务印书馆。
费瑟斯通,迈克,2000,《消费文化与后现代主义》,刘精明译,译林出版社。
黄燕华、刘子曦,2021,《酒吧消费中的女性气质协商与道德困境》,《中国青年研究》第11期。
霍克海默,马克斯,西奥多·阿道尔诺,2006,《启蒙的辩证法:哲学断片》,渠敬东、曹卫东译,上海人民出版社。
李敏锐,2020,《消费文化语境与网络文学生产的新变——基于注意力经济视角的分析》,《学习与实践》第3期。
帕森斯,塔尔科特,2012,《社会行动的结构》,张明德、夏遇南、彭刚译,译林出版社。
斯密,亚当,2005,《国富论》,唐日松、赵康英、冯力、邵剑兵、姜倩译,华夏出版社。
宋德孝,2018,《青年"佛系人生"的存在主义之殇》,《中国青年研究》第3期。
唐军、周忠贤,2022,《消费主义逆行者:网络社群中青年的消费观呈现——以"豆瓣"消费社群为例》,《中国青年研究》第6期。
韦伯,马克斯,2012,《新教伦理与资本主义精神》,马奇炎、陈婧译,北京大学出版社。
亚历山大,杰弗里·查尔斯,2015,《社会表演理论:在仪式和策略之间建立文化语用学模型》(上),侯园园译,《社会》第3期。

曾燕波、叶福林，2021，《消费文化、价值体现与发展壁垒——青年奢侈品消费情况的调查》，《当代青年研究》第 5 期。

周怡，2021，《新生代价值观和行为模式研究的新路径》，《学术月刊》第 10 期。

Alexander, Jeffrey C. 2003. *The Meanings of Social Life*. New York: Oxford University Press.

Arnould, Eric J., and Craig J. Thompson. 2005. "Consumer Culture Theory (CCT): Twenty Years of Research." *The Journal of Consumer Research* 31 (4): 868-882.

Arsel, Zeynep, and Craig J. Thompson. 2011. "Demythologizing Consumption Practices: How Consumers Protect Their Field-Dependent Identity Investments from Devaluing Marketplace Myths." *The Journal of Consumer Research* 37 (5): 791-806.

Arsel, Zeynep, and Jonathan Bean. 2013. "Taste Regimes and Market-Mediated Practice." *The Journal of Consumer Research* 39 (5): 899-917.

Avery, Jill. 2012. "Defending the Markers of Masculinity: Consumer Resistance to Brand Gender-bending." *International Journal of Research in Marketing* 29 (4): 322-336.

Belk, Russell W., and Richard W. Pollay. 1985. "Images of Ourselves: The Good Life in Twentieth Century Advertising." *The Journal of Consumer Research* 11 (4): 887-897.

Belk, Russell W. 1995. *Collecting in a Consumer Society*. London: Routledge.

Belk, Russell W., Melanie Wallendorf, and John F. Jr. Sherry. 1989. "The Sacred and the Profane in Consumer Behavior: Theodicy on the Odyssey." *The Journal of Consumer Research* 16 (1): 1-38.

Belk, Russell W. 1988. "Possessions and the Extended Self." *Journal of Consumer Researcher* 15 (2): 139-168.

Brown, Stephen, Pierre McDonagh, and Clifford J. Shultz. 2013. "Titanic: Consuming the Myths and Meanings of an Ambiguous Brand." *The Journal of Consumer Research* 40 (4): 595-614.

Campbell, Colin. 1998. *The Myth of Social Action*. Cambridge: Cambridge University Press.

Campbell, Colin. 1995. "The Sociology of Consumption." In *Acknowledging Consumption: A Review of New Studies*, edited by Daniel Miller. London: Routledge.

Castells, Manuel. 1977. *The Urban Question*. London: Edward Arnold.

Cochoy, Franck. 2008. "Calculation, Qualculation, Calqulation: Shopping Cart Arithmetic, Equipped Cognition and the Clustered Consumer." *Marketing Theory* 8 (1): 15-44.

Dant, Tim. 2004. "The Driver-car." *Theory, Culture and Society* 21 (4-5): 61-79.

Denegri-Knott, Janice and Mike Molesworth. 2010. "Love it. Buy it. Sell it." *Journal of Consumer Culture* 10 (1): 56-79.

Douglas, Mary, and Baron C. Isherwood. 1996. *The World of Goods: Towards an Anthropology of Consumption*. London; New York: Routledge.

Evans, David. 2012. "Binning, Gifting and Recovery: The Conduits of Disposal in Household Food Consumption." *Environment and Planning D: Society and Space* 30 (6): 1123-1137.

Evans, David. 2011. "Thrifty, Green or Frugal: Reflections on Sustainable Consumption in a

Changing Economic Climate." *Geoforum* 42 (5): 550-557.

Fitchett, James A., Georgios Patsiaouras, and Andrea Davies. 2014. "Myth and Ideology in Consumer Culture Theory." *Marketing Theory* 14 (4): 495-506.

Gainer, Brenda, and Eileen Fischer. 1994. "Community and Consumption." *Advances in Consumer Research* 21: 137.

Gronow, Jukka, and Alan Warde. 2001. *Ordinary Consumption*. London: Routledge.

Hamm, Michael W. 2004. "Exploring the Tomato: Transformation of Nature, Society and Economy." *Gastronomica* 4 (3): 122-123.

Harvey, Mark, Andrew McMeekin, Sally Randles, Dale Southerton, Bruce S. Tether, and Alan Warde. 2001. "Between Demand and Consumption: A Framework for Research." CRIC Discussion Paper No. 40. Manchester: University of Manchester.

Hirschman, Elizabeth C., and Craig J. Thompson. 1997. "Why Media Matter: Toward a Richer Understanding of Consumers' Relationships with Advertising and Mass Media." *Journal of Advertising* 26 (1): 43-60.

Hirschman, Elizabeth C. 1993. "Ideology in Consumer Research, 1980 and 1990: A Marxist and Feminist Critique." *The Journal of Consumer Research* 19 (4): 537-555.

Hirschman, Elizabeth C. 1988. "The Ideology of Consumption: A Structural-Syntactical Analysis of 'Dallas' and 'Dynasty'." *The Journal of Consumer Cesearch* 15 (3): 344-359.

Holt, Douglas B., and Craig J. Thompson. 2004. "Man-of-action Heroes: The Pursuit of Heroic Masculinity in Everyday Consumption." *The Journal of Consumer Research* 31 (2): 425-440.

Holt, Douglas B. 1998. "Does Cultural Capital Structure American Consumption?" *The Journal of Consumer Research* 25 (1): 1-25.

Holt, Douglas B. 1997. "Poststructuralist Lifestyle Analysis: Conceptualizing the Social Patterning of Consumption in Postmodernity." *The Journal of Consumer Research* 23 (4): 326-350.

Humphreys, Ashlee. 2010. "Semiotic Structure and the Legitimation of Consumption Practices: The Case of Casino Gambling." *The Journal of Consumer Research* 37 (3): 490-510.

Kozinets, Robert V. 2002. "Can Consumers Escape the Market? Emancipatory Illuminations from Burning Man." *The Journal of Consumer Research* 29 (1): 20-38.

Lizardo, Omar. 2017. "Improving Cultural Analysis: Considering Personal Culture in Its Declarative and Nondeclarative Modes." *American Sociological Review* 82 (1): 88-115.

Maciel, Andre F., and Melanie Wallendorf. 2017. "Taste Engineering: An Extended Consumer Model of Cultural Competence Constitution." *The Journal of Consumer Research* 43 (5): 726.

Maffesoli, Michel. 1996. *The Time of the Tribes: The Decline of Individualism in Mass Society*. London: Sage.

Magaudda, Paolo. 2011. "When Materiality 'Bites Back': Digital Music Consumption

Practices in the Age of Dematerialization." *Journal of Consumer Culture* 11 (1): 15–36.

McCracken, Grant David. 1988. *Culture and Consumption: New Approaches to the Symbolic Character of Consumer Goods and Activities.* Bloomington and Indianapolis: Indiana University Press.

Mick, David Glen, and Claus Buhl. 1992. "A Meaning-Based Model of Advertising Experiences." *The Journal of Consumer Research* 19 (3): 317–338.

Noble, Greg. 2004. "Accumulating Being." *International Journal of Cultural Studies* 7 (2): 233–256.

Ortner, Sherry B. 1984. "Theory in Anthropology since the Sixties." *Comparative Studies in Society and History* 26 (1): 126–166.

Penaloza, Lisa. 2001. "Consuming the American West: Animating Cultural Meaning and Memory at a Stock Show and Rodeo." *The Journal of Consumer Research* 28 (3): 369–398.

Press, Melea, Eric J. Arnould, Jeff B. Murray, and Katherine Strand. 2014. "Ideological Challenges to Changing Strategic Orientation in Commodity Agriculture." *Journal of Marketing* 78 (6): 103–119.

Reckwitz, Andreas. 2002. "Toward a Theory of Social Practices." *European Journal of Social Theory* 5 (2): 243–263.

Ritson, Mark, and Richard Elliott. 1999. "The Social Uses of Advertising: An Ethnographic Study of Adolescent Advertising Audiences." *The Journal of Consumer Research* 26 (3): 260–277.

Sassatelli, Roberta. 2007. *Consumer Culture: History, Theory and Politics.* SAGE Publications Ltd.

Sassatelli, Roberta. 2010. *Fitness Culture.* London: Palgrave Macmillan UK.

Schatzki, Theodore R. 1996. *Social Practices.* Cambridge: Cambridge University Press.

Schau, Hope Jensen, Albert M. Muñiz, and Eric J. Arnould. 2009. "How Brand Community Practices Create Value." *Journal of Marketing* 73 (5): 30–51.

Schmidt, Robert. 2017. "Theoretical and Reflexive Forms of Knowledge within Practices." In *The Nexus of Practices: Connections, Constellations, and Practitioners*, edited by Allison Hui, Theodore Schatzki, and Elizabeth Shove. London: Routledge.

Schouten, John W., and James H. McAlexander. 1995. "Subcultures of Consumption: An Ethnography of the New Bikers." *The Journal of Consumer Research* 22 (1): 43–61.

Scott, Linda M, and Jennifer O'Connor. 2006. *Fresh Lipstick: Redressing Fashion and Feminism.* st. Martins Press.

Shove, Elizabeth, and Mika Pantzar. 2005. "Consumers, Producers and Practices." *Journal of Consumer Culture* 5 (1): 43–64.

Shove, Elizabeth, Gordon Walker, and Sam Brown. 2014. "Material Culture, Room Temperature and the Social Organisation of Thermal Energy." *Journal of Material Culture* 19 (2): 113–124.

Spaargaren, Gert. 2011. "Theories of Practices: Agency, Technology, and Culture. Exploring the Relevance of Practice Theories for the Governance of Sustainable Consumption Practices in the New World-order." *Global Environmental Change* 21 (3): 813-822.

Spurling, Nicola, Andrew McMeekin, Elizabeth Shove, Dale Southerton, and Daniel Welch. 2013. *Interventions in Practice: Re-framing Policy Approaches to Consumer Behaviour.* University of Manchester, Sustainable Practices Research Group.

Spurling, Nicola. 2021. "Matters of Time: Materiality and the Changing Temporal Organisation of Everyday Energy Consumption." *Journal of Consumer Culture* 21 (2): 146-163.

Thompson, Craig J. 1996. "Caring Consumers: Gendered Consumption Meanings and the Juggling Lifestyle." *The Journal of Consumer Research* 22 (4): 388-407.

Tumbat, Gülnur, and Russell W. Belk. 2011. "Marketplace Tensions in Extraordinary Experiences." *The Journal of Consumer Research* 38 (1): 42-61.

Vaisey, Stephen. 2009. "Motivation and Justification: A Dual-process Model of Culture in Action." *The American Journal of Sociology* 114 (6): 1675-1715.

Warde, Alan. 2014. "After Taste: Culture, Consumption and Theories of Practice." *Journal of Consumer Culture* 14 (3): 279-303.

Warde, Alan. 2005. "Consumption and Theories of Practice." *Journal of Consumer Culture* 5 (2): 131-153.

Warde, Alan. 2015. "The Sociology of Consumption: Its Recent Development." *Annual Review of Sociology* 41: 117-134.

Welch, Daniel, and Alan Warde. 2017. "How Should We Understand 'General Understandings'?" In *The Nexus of Practices: Connections, Constellations, Practitioners,* edited by *Allison Hui, Theodore Schatzki, and Elizabeth Shove.* London: Routledge.

Welch, Daniel, Bente Halkier, and Margit Keller. 2020. "Introduction to the Special Issue: Renewing Theories of Practice and Reappraising the Cultural." *Cultural Sociology* 14 (4): 325-339.

Wherry, Frederick F., and Ian Woodward. 2019. *The Oxford Handbook of Consumption.* Oxford: Oxford University Press.

Woodward, Ian. 2003. "Divergent Narratives in the Imagining of the Home amongst Middle-class Consumers: Aesthetics, Comfort and the Symbolic Boundaries of Self and Home." *Journal of Sociology* 39 (4): 391-412.

"再嵌"过程:消费全球化视野下的共享住宿与门禁社区[*]

戴楚娴 杨敏浠[**]

摘 要:在消费全球化的视野下,本文通过对27名房客和3名房东的半结构式访谈,分析了共享住宿"再嵌"到中国本土的生活方式系统——门禁社区中的过程。本文发现,作为外来消费方式的共享住宿提供了个性化和多元化住宿资源,与中国本土社会发生了功能上的"延长性对接"。然而,在共享住宿"再嵌"到中国门禁社区内的过程中存在着复杂的张力,共享住宿的"效率逻辑"受到了门禁社区的"认同逻辑"的削弱。共享住宿虽然以一种隐蔽的形式进入了门禁社区,但在"再嵌"进门禁社区这一"刚性嵌体"的过程中,并没有真正实现与本地生活方式系统的整合,是一种未完成的"再嵌"。本文聚焦于门禁社区中的共享住宿,分析了共享住宿在中国社会语境下的现状,从理论和实证层面促进共享经济研究的发展。

关键词:再嵌 共享住宿 门禁社区 消费全球化

---

[*] 本文系国家重大招标项目"发展分享经济的社会环境与社会问题研究"(项目批准号:16ZDA082)的阶段性研究成果。

[**] 戴楚娴,中山大学社会学与人类学学院社会学专业本科生,daichx@mail2.sysu.edu.cn;杨敏浠,中山大学社会学与人类学学院社会学专业本科生。

一　引言

从 20 世纪 90 年代开始，互联网与生俱来的开放协作特质，推动了一个乐于共享时代的到来（于凤霞，2019）。从最早的以文件、音乐为主要分享内容的共享平台，到 Airbnb、Uber 等成熟的实物共享平台，共享被认为是一种具有强大潜力的全球性现象（Lutz and Newlands，2018）。伴随着共享经济作为一种新经济模式的出现，分享型旅游资源的参与潜移默化地改变着人们的居住方式，多元住宿需求也影响了旅游住宿行业的结构，共享住宿成了人们出行时选择的住宿形式之一（胡姗等，2020）。

尽管 2020 年以来受国内外疫情影响共享经济的增速有所放缓，但《中国共享经济发展报告（2022）》①显示，2021 年，共享经济市场交易规模约 36881 亿元，同比增长 9.2%，共享住宿收入占全国住宿业客房收入的 5.9%。可见，共享经济和共享住宿呈现巨大的发展韧性和潜力，对于我们的生活仍具有重要的影响作用。因此，其创造的财富和对人们生活方式的改变受到了国内外学者极大的关注。

在共享住宿中，房东与房客一对一地在专门的网络平台（如 Airbnb、小猪短租等）上进行商业交易。然而，这种对私人闲置住房空间的分享，不可避免地涉及社区公共资源的分享，这在一定程度上会引起社区与房东、房客的冲突（王宁，2021a）。国外研究发现，共享住宿对居民"私人领域"的侵入可能会对当地社区居民的利益（如公共活动空间、物业服务等方面的权益）和房客的旅游体验产生负面影响（Jordan and Moore，2018；Stergiou and Farmaki，2019）。而目前国内很少关注和研究共享住宿与社区或居民之间的关系，这种特殊的关系值得我们进一步思考与探讨。

在此背景下，笔者关注到中国普遍存在着的封闭且排外的门禁社区与开

---

① 《〈中国共享经济发展报告（2022）〉正式发布》，国家信息中心网，http://www.sic.gov.cn/News/568/11277.htm。

放的共享住宿存在内在的矛盾。共享住宿作为一种新兴事物，在某种程度上侵入了具有历史延续性与合法性的门禁社区。它将商业逻辑引入了人们的居住空间这一私人领域，面临着制度上和文化上的双重张力。与此同时，作为发源于英美等西方国家的消费品和消费模式，共享住宿在全球范围的扩散是一种消费全球化现象（Trentmann，2013）。共享住宿所诞生并流行的欧美社会都以开放的社区居住模式为主，当共享住宿脱离了原有的社会语境而进入我国时，可能会面临"水土不服"的问题。其中，舶来品共享住宿如何进入中国的门禁社区，又因此产生了什么变化和影响，成为一个值得研究的独特议题。

基于此，本文通过对 27 名房客和 3 名房东的深度访谈以及对共享住宿的参与式观察，结合政府政策和媒体报道等资料，着重研究了以下问题：共享住宿在中国是如何被接受的？门禁社区与共享住宿之间的关系是怎样的？在这个过程中，共享住宿面临了什么障碍，房东与房客又采取了怎样的应对策略？这种应对策略对房东、房客与社区又产生了什么样的影响？

二 文献回顾

（一）共享住宿：一种新兴的外来消费模式

伴随着移动互联网技术的不断革新，一场新的消费革命进入了我们的视野，这正是共享经济的兴起。作为一种新兴的商业模式，共享经济成为学术领域的热点话题，其中"共享"这一核心要素的内涵更是备受关注。在共享经济中，"共享"被赋予了"共用"的新含义，它不仅涵盖了传统观点中"不分你我"的共享（Belk，2010），而且强调了"资源循环利用"的协作消费实践（王宁、莎拉，2020）。这里的"资源循环利用"指的是通过增加使用者人数（如 Uber、滴滴、Airbnb）和提供共同使用的替代物品（如 Zipcar）两种不同方式来对利用程度较低的资源进行使用价值的最大化（王宁，2021b）。而本文重点讨论的则是采取了第一种方式的共享住宿。

共享住宿最早起源于美国，是以 2005 年成立的 HomeAway 公司和 2008

年成立的 Airbnb 公司为代表的外来产品（何琳，2016）。房东与房客是以一对一的方式，在专门的网络平台（如 Airbnb、小猪短租、蚂蚁短租等）上进行商业交易；而平台公司则向房东提供平台以发布自有闲置的住宿空间信息，同时为房客提供相应的住房资源，从而获得经济收入（Fang et al.，2016）。因此，在本文中，共享住宿是指通过在线网络平台对私人的闲置住房空间进行的商业化和社会化利用。作为外来产品，它提供了新的分享型旅游资源，满足了游客个性化和多元化的旅游需求，增加了新的住宿方式的选择，与中国的生活方式发生了功能上的"延长性对接"（王宁，2012；胡姗等，2020）。与此同时，突出"家"的真实旅游体验的共享住宿与强调"家"的存在意义和精神价值的中国文化相契合（陈瑶等，2020）。功能对接和文化契合使共享住宿得以进入中国本土社会，受到人们尤其是年轻人的欢迎。

在共享住宿中，房东、房客和网络平台是三大核心主体，也是国内外学者们着重探讨的部分。房东往往出于提高闲置房屋资源利用率的经济目的和享受新的生活方式的社交需求而进入共享住宿的行业（Martin，2016；Bokyeong and Cho，2016）。而另一核心主体房客选择共享住宿的动机包括满足住宿需求、节约住宿成本、追求真实体验和向往当地社会关系（Tussyadiah and Pesonen，2016；胡姗等，2020）。其中，住宿价格低是影响国内房客选择共享住宿而非传统酒店的重要因素（赵建欣等，2017）。而且共享住宿提供的真实的"家"的体验也能满足房客对本真性体验的需求（李力、苏俊仪，2019）。当然，关于共享平台的探讨亦不少，其主要关注 Airbnb、小猪短租等平台的商业模式和具体扮演的角色（郑志来，2016；梁洁、吴新玲，2018）。但代表性的国外平台 Airbnb 在进入国内市场后长期囿于"水土不服"的困境（肖岳，2015），并在疫情和政策等多重影响下最终选择退出中国市场。[①] 而宏观层面上，共享住宿作为非标准化

---

① 《爱彼迎致中国用户的一封信》，Airbnb 官网，https：//www.airbnb.cn/landing-page? id = china_ pp_ guest_ landing_ page_ desktopandsource = marquee，最后访问日期：2023 年 5 月 15 日。

的住宿产品，处于法律的灰色地带，其监管难题和相应对策也受到了国内外研究者的关注（Ranchordas，2015；刘为军，2018）。此外，共享住宿被发现对酒店行业和旅游业也有一定的影响（Fang et al.，2016；Dogru et al.，2019）。

值得注意的是，有学者指出共享住宿不仅仅是对私人闲置住房空间的显性分享，而且也涉及对居住小区里的楼道、电梯等公共空间和物业管理等小区资源的隐性分享（王宁，2021a）。后者是前者的配套，二者紧密联系。这种隐性的共享涉及了公共资源的使用问题，不可避免地会在一定程度上引起社区与房东、房客的冲突。国外不少研究注意到了这点，发现住在Airbnb住宿地附近的居民正在抗议越来越多的噪声和住客不守规矩的行为（Stergiou and Farmaki，2019），并且住客对居民"私人领域"的侵入会导致不必要的甚至是负面的居民与住客的互动，可能会损害当地社区的利益和住客的旅游体验（Jordan and Moore，2018）。而目前国内对于共享住宿与社区或居民之间关系的研究较少，再加上中国区别于国外的门禁制度，其中的特殊张力值得我们做进一步的思考与探讨。

综上，过往的研究主要集中于共享住宿中房东的需求、房客的体验、平台的发展问题等，较少去关注作为外来产品的共享住宿与其所在的社区之间的关系。而考虑到中国社区的特殊性，笔者将聚焦于门禁社区与共享住宿之间的关系，试图探究二者之间的相互作用。

（二）门禁社区：中国普遍的居住模式

门禁社区（gated community）是指公共空间被私有化的、限制进入的住宅区，具有指定边界如围墙或围栏以及旨在防止非居民进入的受控入口（Blakely and Snyder，1997），其特点是通过法律契约将居民与共同行为准则和集体管理责任联系起来（Atkinson and Blandy，2005）。西方现代门禁社区被认为于20世纪80年代首先在美国兴起，随后扩张至世界其他国家（Blakely and Snyder，1997）。2001年的美国住房调查显示，3.4%的家庭居住在进出受到密码、门禁卡或保安控制的社区里（Low，2004：15），这说明当时美国的门禁社区所占比例仍然很小。值得注意的是，美国的门禁社区是由选举产生的房主委员会自治并建立契约的，而这些契约隐蔽地根据收入和种族等排除潜在的买家（Blakely and Snyder, 1997; Judd, 1995），这也意味着美国门禁社区的住户大多属于上流阶层（Vesselinov et al., 2007）。在其他西方发达国家如英国、荷兰、德国等，门禁社区虽然在增加，但仍然属于极少数（李培, 2008; 封丹等, 2010; 王骞, 2016），例如，到2010年，荷兰的门禁社区仅有100个左右，且社区规模较小（封丹等, 2010）。相比之下，中国的门禁社区呈现截然不同的特征，数量更多、规模更大且更有普遍性。1991~2000年，上海83%的居住小区均以某种方式被封闭起来，同期我国广东省封闭了54000个小区，覆盖了70%以上城乡面积及80%以上人口（缪朴, 2004）。改革开放以来，几乎所有新建居住小区均成为门禁社区（Miao, 2003）。在规模上，我国一个小区通常占地12~20公顷，含2000~3000户，而美国的门禁社区平均只有291户（缪朴, 2004）。总的来说，西方现代门禁社区出现时间较晚，仅有40年左右的历史，在覆盖比例、居住人群和社区规模上都和我国的情况有着巨大的差异。值得强调的是，西方门禁社区的房主以上流阶层为主，而该群体很少成为共享住宿的参与者。因此，很少有文献关注到共享住宿和门禁社区之间的关系这一具有中国特色的议题。

事实上，中国真正意义上的门禁社区虽然同样是在20世纪80年代中后期才发展起来的，但却呈现出了异常迅猛的发展态势，并被全国各地广泛接受。有学者指出，"我国城市化的历史在一定程度上可以说是封闭住区的开发建设史"（袁野, 2010）。本文认为，中国门禁社区发展过程和现状呈现出的这种特殊性，是我国特定社会历史文化背景下的产物。首先，从历史上看，封闭的物理形式和管理方式在我国已经具有上千年的历史，门禁社区具有历史延续性。西周至唐代的"里""坊"是典型的用围墙封闭、严格控制大门的城市居民聚居单位，而宋代及以后虽然街巷制取代了里坊制，但更微观的居住单位——"院落"继承了里坊式的结构，内向型的、高墙围合的形制更臻成熟（徐苗, 2015）。新中国成立以后，随着计划经济体制的发展，单位组织一度成为中国城市最小的空间单元，以苏联式居住小区为雏形构建起的高墙围合的单一式单位社区占据了主导地位（张纯、柴彦威，2009）。其次，从文化上看，我国仍然具有浓厚的儒家文化传统以及农耕文明中的乡土本性。费孝通在《乡土中国》中指出，以农为业的结果是人在空间上的不流动以及聚村而居，"从人和人在空间的排列的关系上说就是孤立和隔膜。孤立和隔膜并不是以个人为单位的，而是以住在一处的集团为单位的"（费孝通，1998：8）。即使身处快速变化流动着的现代社会，我们在文化上仍然习惯于以居处为单位的相对孤立以及单位内部的整体稳定。最后，从法律上看，我国保护私人财产的法律措施落实得不够充分（李钟书，2004；范利平，2004；莫于川，2005），人们形成了自我保护私有财产的意识和行为，包括以户为单位在家加装防盗网、以小区为单位设置门禁和聘请保安等。尤其在改革开放后社会转型的大背景下，门禁社区为试图隔绝充满危险与不确定的外部世界的人们提供了相应的途径。

基于上述介绍，我们可以初步了解到中国普遍存在着的门禁社区的特征及其土壤，并窥知其与共享住宿内在的矛盾之处。共享住宿作为一种新兴事物，在某种程度上侵入了具有历史延续性与文化共识性的中国门禁社区。一方面，共享住宿涉及对门禁社区里的楼道、电梯等公共空间和物业管理等社区资源这些"业主共有"权益的隐性分享（王宁，2021a）；另一方面，共享住宿打破了门禁社区这一居住单位的相对孤立状态以及内部的稳定性，挑战了居民共同认可的文化习惯，具体而言即削弱了门禁社区带给居民的安全感。换句话说，共享住宿将商业逻辑引入了人们的居住空间这一私人领域，在这一过程中共享住宿面临着制度上和文化上的张力，而门禁社区就是这种张力的具象表现。

（三）"再嵌"过程：消费全球化视野下的共享住宿与门禁社区

根据上文，我们了解到共享经济尤其是本文所研究的共享住宿都发源于美国等西方国家，进而在全球范围内扩散，这是一种消费全球化现象

(Trentmann, 2013)。值得注意的是，没有纯粹的经济领域，经济活动、制度和过程都是在特定的历史中的，受到社会关系情境的塑造并与之密不可分(Scott and Marshall, 2005)，共享住宿也是如此。在这里，我们将引入"嵌入性"这一概念进行分析。对"嵌入性"的一个共识性的论述是：经济活动嵌入在更广泛的社会结构、制度和文化中并受其影响（Turner, 2006）。与"嵌入"相对的概念是"脱嵌"，当社会关系被从纯粹的、赋予了其意义的社会环境中剥离出来时，我们就可以称其"脱嵌"了（Abercrombie et al., 2000）。共享住宿所诞生并流行的欧美社会，都以开放的社区居住模式为主导。因此，当共享住宿脱离了原有的社会语境（"脱嵌"），作为一种西方消费品和消费方式向发展中国家扩散时，可能面临"水土不服"的问题。

关于消费全球化，学者们提出了三种不同的命题，分别是全球同质化命题、文化混合化命题（Hannerz, 1992; Robertson, 1994）和不均衡全球化命题（Usunier, 1993; Quelch and Hoff, 1993）。王宁（2012）对此进行了整合，指出这三个命题论述的是同一过程的不同方面，分别对应的是消费全球化的"脱嵌"过程、"再嵌"过程和"嵌体"。概括来说，产品之所以能够扩散到发源地以外的国家和地区，是因为产品的脱嵌性；当外来产品、生活方式要素或消费符号进入本地社会时，本地社会往往将其整合到本地的生活方式系统中，即消费"再嵌"；而外来产品和生活方式要素在"再嵌"到某地社会内的过程中面对的当地文化与生活方式环境，就是"嵌体"。

具体而言，脱嵌性是现代工业革命后产生的创新技术产品的特征，这些产品脱离了传统的生活模式、文化、生产模式和消费模式的约束（即"脱嵌"），凭借其前所未有的功能和效率而进入人们的生活。也正是因为"脱嵌"，它们能脱离发源地而在全球范围内扩散，尤其是在它们能够填补产品进口地的功能空白或者是以更好的性能替代本地产品时。本文所讨论的共享住宿就是通过在线网络平台这一技术，创新性地对私人的闲置住房空间进行商业化和社会化利用的一种创新技术产品。作为外来产品，它提供了新的住宿方式的选择和更本真性的旅游体验（胡姗等，2020；陈瑶等，2020），填补了中国市场的功能空白，因此得以兴起和流行。然而，这并不意味着本地社会都对外来产品采取"无条件接受"的态度，外来产品往往会在进入本地社会时与本地社会相互影响进而被整合到本地社会中，这个过程就是"再嵌"过程。这一外来产品被整合到本地社会中的过程主要通过两种方式完成，一是功能上的"延长性对接"，即外来产品因其新功能或更高效能而提升了本地生活质量；二是文化上的"延长性对接"，即外来产品所代表的文化含义与本地文化互为补充。值得注意的是，外来产品进入本地社会的"再嵌"过程实质上是一个双向嵌入的过程，外来产品"再嵌"到本地社会中的同时，本地社会也因整合进了新鲜元素而发生改变，从而嵌入全球化过程和消费现代化进程中。

在具体深入的、以实证研究为基础的讨论中，外来产品是一项具体的事物，相应地，"再嵌"过程中所说的本土社会也是一个具体的环境，笔者称之为"嵌体"。所谓"嵌体"，就是外来产品在"再嵌"到某地社会内的过程中面对的当地文化与生活方式环境。王宁（2012）进一步按照对外来文化与生活方式要素的接纳程度或拒绝程度把"嵌体"分成了"弹性嵌体"和"刚性嵌体"。他指出，"效率逻辑"（按照效率的原则来采取行动）占据支配地位的文化与生活方式环境部分，构成"弹性嵌体"；而"认同逻辑"（按照族群习俗与族群认同来采取行动）占据支配地位的文化与生活方式环境部分，则构成"刚性嵌体"。笔者注意到，门禁社区就是共享住宿"再嵌"进我国社会过程中的"嵌体"。显而易见的是，具有历史延续性与文化共识性的门禁社区是一个"认同逻辑"占主导的生活方式环境部分，属于外来产品和生活方式要素比较难以进入的"刚性嵌体"。引起笔者好奇的是共享住宿是如何被接受并"再嵌"到中国社会中的，以及面对门禁社区这一"刚性嵌体"，共享住宿的"再嵌"过程是怎样的。具体而言，笔者将分析在这一过程中，共享住宿面临了什么障碍，又是如何应对的，其应对策略对相关的行动者又产生了什么样的影响。

三 研究方法

本文研究中,笔者于 2021 年 12 月至 2022 年 6 月针对共享住宿与门禁社区展开了以观察法和访谈法为主的定性研究。本文主要通过滚雪球抽样的方式选取了 27 位房客和 3 位房东,并对他们进行了半结构式深度访谈。其中,所有房客均曾通过共享住宿平台(Airbnb、小猪短租、途客等)选择和体验住房,所有房东均曾在专门网络平台发布自己闲置的住房资源信息并找到承租的对象(经匿名化处理的受访者信息见表 1)。根据《中国共享住宿发展报告 2018》[①],18~30 岁的房客占全部房客的比例超过 70%。因此,笔者主要选取了"00 后"的青年学生作为访谈对象。

访谈采用了线上语音访谈和线下面对面访谈两种方式,并在征得受访者同意的情况下进行录音。访谈的时长基本在 0.5~1 小时。访谈内容主要包括三个方面:一是受访者的基本信息和选择共享住宿的动机;二是受访者关于共享住宿和门禁社区的体验;三是受访者对于共享住宿与门禁社区的态度与应对策略。通过半结构式深度访谈,笔者可以更直接、更细致、更深入地了解房东与房客在共享住宿过程中的具体体验和感受。

同时,通过亲身体验的方式,笔者对共享住宿从挑选、预订、入住到退房的全过程进行了参与式观察,以更好地了解房客在共享住宿体验期间可能面临的门禁问题等。此外,笔者还搜集并参考了现有的各类文献资料,包括中英文期刊文献、媒体报道、政府政策等,尤其关注媒体对共享住宿的报道和各级政府在共享住宿方面推行的规定,以增进笔者对共享住宿所处的结构性环境的理解。

---

① 《中国共享住宿发展报告 2018》,国家信息中心网,http://www.sic.gov.cn/News/557/9325.htm。

表 1 受访者信息

序号	姓名	性别	年龄(岁)	房源数量(套)/体验次数(次)	身份
1	孟婉	女	28	1	
2	钟玥	女	>40	1	房东
3	方倩	女	>35	3	
4	温晴	女	20	5	
5	王璇	女	20	3	
6	苏玲	女	21	9	
7	叶澜	女	21	3	
8	李蕾	女	21	4	
9	吴非	男	20	7	
10	郭力	男	20	3	
11	林欣	女	20	3	
12	朱宇	男	20	4	
13	赵曼	女	20	8	
14	黄林	男	21	6	
15	吕磊	男	22	1	
16	周伟	男	21	4	
17	吴羽	女	21	2	房客
18	付波	男	20	2	
19	林飞	男	21	3	
20	陈明	女	21	6	
21	徐嘉	女	22	6	
22	沈悦	女	21	3	
23	程心	女	21	5	
24	杜威	男	20	5	
25	郑迪	男	20	15	
26	刘宇	男	20	5	
27	肖宁	女	21	30+	
28	杨晨	女	20	15	
29	宋轩	男	21	2	
30	许浩	男	22	1	

四 "再嵌"于门禁社区中的共享住宿

(一) 共享住宿何以流行

随着互联网等新技术飞速发展和个性化消费理念盛行,共享住宿作为起源于美国的外来产品成为越来越多人的选择。不同于传统的酒店,共享住宿提供了价格更低的住宿场所的同时,还满足了房客对于真实的"家"的体验需求(李力、苏俊仪,2019)。此外,Airbnb、小猪短租等平台上提供的风格多样的住宿环境能增强房客体验的多样性,这是共享住宿区别于酒店所提供的标准化的居住空间的重要特点。在笔者的访谈中,不少房客也提到了这些:

> 民宿(共享住宿)它一个是价格低一点,酒店的风格相对单一一些,感觉民宿因为居住环境比较多样,所以它的民宿的风格会多样一些,所以这样的情况下一个价格低廉,一个是风格多样,所以就选择了Airbnb。(黄林,男)

> 如果(和酒店)价钱相同的话,我会比较喜欢住民宿。酒店的话,本身会觉得它是比较重资产的一个运营模式,需要回本,需要很精细的商业运作,所以整个是标准化的东西。但是民宿我就经常可以住到那种性价比很高、很舒适的,然后房间大的、采光好的那种房间,我会比较喜欢住民宿。(付波,男)

> 因为酒店怎么说,你感觉你并没有真正地住在一个地方,你只是去睡个觉,就是没有一种你真的在很舒适地去度过时间的感觉。酒店就只是一个很功能性的东西。(肖宁,女)

> 民宿优势就是适合大家一群人去玩,酒店就是安全。(宋轩,男)

"家的感觉"是共享住宿独有的重要特质,这种特质与以家文化为核心的中国传统文化相契合（李亦园，2006）。与此同时，提供了个性化和多元化住宿资源的共享住宿为人们的住宿方式增加了新的选择，进一步提升了人们的生活质量。这反映出共享住宿作为外来消费方式与中国本土的生活方式发生了功能上的"延长性对接"（王宁，2012）。

除此之外，区别于传统酒店单间对于人数的限制，共享住宿能够容纳家人或多个好友同行，这种居住上的多人模式也是不少住客选择它的理由。而酒店分布的区位过于集中，房客很难在一些特定的区域找到自己想要的位置的酒店，因而他们也倾向于选择区域分布更广的共享住宿房源。温晴的经历正是个很好的例子，她"去的地方比较偏，那个地方酒店不太方便，但是共享住宿的话可以找到附近小区的房子，就还挺好用的"。不仅如此，一些受访者还将这种居住方式视为代表"年轻人"的一种生活方式。例如，赵曼就提到"这几年兴起的共享住宿我觉得是比较年轻人的一种方式，可能更多年轻人可以接受去跟别人共享一个空间"。这些都反映出共享住宿起到了为中国本土社会增加新的类型的居住功能的作用（王宁，2012），成为许多人新的居住选择。

因此，共享住宿虽然是西方的外来产品，但它一方面在文化上与中国强调"家"的精神价值相符合，提升了住客的居住质量和体验，另一方面又在功能上与本土的居住方式发生了"延长性对接"，提供了多人共享的住宿选择，填补了中国市场的功能空白，因此得以兴起和流行。在此过程中，共享住宿与中国的本土文化相互影响和交融，且被整合到了本土文化之中，尤其受到了年轻、收入偏低、注重"家"的属性和追求风格化体验的青年群体的欢迎，他们往往在综合考虑价格、区位、居住体验、空间功能等属性后基于最佳性价比的"效率逻辑"而选择了共享住宿。

（二）门禁社区中的共享住宿

尽管共享住宿满足了许多中国青年住客的需求并得以流行，但共享住宿在本土化的过程中仍遇到了不少困难。其中，房客在入住过程中不可避免地遇到一些特殊的，甚至有些棘手的情境则是最明显的表现。而中国特殊的门禁制度正是制造这些困难的主要因素。

在我国，封闭的物理形式和管理方式已经具有上千年的历史，门禁社区数量多、规模大且具有普遍性（缪朴，2004）。因此，大部分的共享住宿都位于具有排他性的门禁社区内。而房客在入住预订的房源前，需要通过一道道门禁才能到达最后的房门。

1. 寻：寻找门禁卡

首先，房客们需要面临的第一处门禁正是小区门口。对于部分房客来说，这是唯一一处门禁，但也是最大的一个阻碍。他们需要面临的是门禁卡领取的问题：

> 房东会专门将门禁卡放在寄存柜里。厦门的那一次是在地下停车场的寄存柜，我们需要走汽车进出的门下去，在别人看来应该是很奇怪的事情。（叶澜，女）

> 门禁卡藏在了一个小区那种花坛，然后靠墙的那种水表还是什么的地方，你要掀开一个盖子，它就藏在盖子里面。（林欣，女）

> 比较隐蔽，有一些你需要打开或者翻一下，有次找了半天，当时几个人堆在信箱旁边找，然后旁边的路人就投来怀疑的眼神，就觉得好像在偷东西一样，我们也想赶快把它拿出来，因为好像做贼心虚，一堆人围在那，不知道在干什么。（杜威，男）

> 离小区大门有300米的一个便利店的外墙上挂着一个盒子，盒子它是有一个密码的，房东会把那个盒子密码告诉你，你把那个密码打开之后，你在箱子里面拿到门禁卡和钥匙。（肖宁，女）

房东会通过五花八门的方式（包括"专门放在寄存柜""藏在花坛水表里""放在信箱""放在便利店外墙上的密码盒"等）去寄存门禁卡，以方便房客在进入小区门口前拿到门禁卡。但是在这过程中，房客不免需要做出一些在小区居民看来奇怪的举动，会产生"好像偷东西一样"的异样感受。而且有个别房客如吴非甚至有如同"在搞密室逃脱"的找寻门禁卡的经历。当然，为了让房客能顺利找到，房东们会提前准备好入住指引，画好领取门禁卡的路线图或拍摄领取门禁卡的视频。也有不少房东会选择当面交接门禁卡以减少不必要的麻烦。

对于许多受访者来说，这种方式是可以接受的，叶澜谈到她认为"把门禁卡寄存在柜子里的方式确实可以"，但不可避免的是"寻找门禁卡"需要花费一定的时间，会拉低房客的入住效率。而且正如受访者杜威所说的，房客需要"额外负担进去的这种成本"。也就是说，门禁社区无形中给共享住宿增加了交易成本，房客需要通过复杂的手续流程来完成进门这一必需的步骤。

2. 隐：隐藏身份

如果说门禁卡的领取是其中较为简单的一环，那么房客与门禁系统中的保安进行互动以获取入门的机会则是更为棘手的部分。保安作为门禁系统的一部分，往往承担着保障居民安全的责任，需要为小区居民隔绝不确定的因素，如身份是陌生人的房客等。

即使成功通过第一处门禁并领取到了门禁卡，房客也要在保安面前隐藏自己陌生人的身份，主动扮演小区居民的角色，假装自己十分熟悉小区。在访谈中，肖宁这样描述自己扮演居民、刷门禁卡的过程：

> 你拿着一个门禁卡，但是你对小区又非常陌生，你又不知道往哪里去，很慌张。你就表面保持镇定，包括让你的肢体幅度减小，尽量不要显得自己太寻找的那种感觉，有时候装作从包里掏个东西，然后判断一下可能是门禁卡的位置，去刷一下，假装淡定地去把大门打开。

房客在隐藏自己真实身份的过程中会不自觉地调整自己的肢体动作和表情，以使自身符合保安眼中的居民形象。而一旦没有找对位置，保安对房客错误的指出则会令房客陷入尴尬的境地。

当门禁卡放置在房东的私人住宿空间内时，房客就需要采取各种方式以"骗过"保安的目光。房客不得不成为"想象的居民"，装作自己一直居住在小区内，淡定地与保安进行沟通以获得进门的机会。杜威在这方面颇有经验并分享了自己的应对方式：

只要你气势上不输，你摆出一副我就是这里的居民、我是带着我的同学来玩（的架势就能成功）……首先要有一个打头阵，打头真的挺关键的，他一定要表现出来"我在这住的"，跟保安说："我只是今天忘带钥匙，给我开一下门。"

另一种常见的方式则是尾随居民进入小区，从而避免与保安的直接交流，降低房客无法进入小区或与保安产生冲突的风险。尽管这种方式相对容易成功，但倘若是在特殊的深夜时刻，房客的行动很容易受到是否有居民出入的限制。对于此，沈悦向笔者分享了她的深夜经历："有次大半夜好不容易才等来一个人跟他进去。"

有趣的是，在一些门禁较松的小区，保安并不会起到阻拦的作用，甚至会掩护房客的进入。肖宁的经历就是个很好的例子，其中保安一方面保证履行自己的保卫职责，另一方面掩护房客的进入：

保安问我来干吗。我男朋友他喝醉了，说了一句"我们是来入住的"。我就不知道该怎么办，保安就问"你们哪一栋"，我就跟保安说是哪一栋，让我男朋友不要说话……保安也很有意思，他听到我们说是来入住的，他可能知道我们其实是房客，但是他依旧一边给我们开门，一边跟我们说"你们是这边有亲戚是吧"。保安他会给个台阶，来帮你找回话术，就是很神奇。（肖宁，女）

当然，也有受访者未能成功"骗过"保安，需要进行相关信息的登记。登记的过程难免会让房客们产生忐忑或紧张的心理，这会对入住体验产生负面影响：

那次就有被楼下保安问到，还做了登记。反正很紧张，问你多少岁以后还要看我们身份证，然后还要填表，就填你的姓名，什么身份证（号）、几岁、电话那种东西。（沈悦，女）

· 89 ·

与门禁系统中的保安的互动给房客蒙上了一层"想象性居民"的虚假身份。尽管这种身份能使房客减少与保安的直接接触或赢得保安的信任继而顺利进入小区,但是无法否认的是它会给房客们带来不适的体验。

3. 迷:迷失小区

随着房客们以各种特殊的方式进入小区,他们面临的最后一个障碍是找到自己预订的房源所在的楼栋。作为小区的外来者,房客们对于小区的构造和楼栋十分陌生,即使有房东提前制作的入住指引,他们仍可能会找寻不到自己入住的楼栋。尤其是许多共享住宿房源处于老旧小区中,小区里没有专门的指路标识,这也进一步加大了寻找楼栋的难度。

> Airbnb 主要是那种老旧小区改造房,所以比较难找。(周伟,男)
>
> 在一个封闭式的小区里面,每栋楼它的构造都非常相似,在我们入住的时候,对小区的一些基本情况并不是特别了解,有时候我们找到了准确的那栋楼,但是并不知道它图片上指引的那一道门到底是哪个方向。这也就间接会影响到我们乘坐电梯上到相应的楼层,但是找不到我们要入住的房间。这方面确实会存在一些麻烦。(叶澜,女)

在参与式观察中,笔者也发现了自己作为房客很容易迷失在小区,尤其是在晚上,这时楼栋的标识会更加不清晰。笔者当时绕着小区转了好几圈,多次以为自己找对了楼栋,但是走进去就会发现并不是自己所住的楼栋。最后,笔者与房东进行视频通话,在房东的远程指导下才最终找到自己所住的楼栋。

4. 入:"居民"还是"住客"

经历了种种复杂的入住手续后,房客们顺利进入房门,这意味着他们正式入住了共享住宿。而入住后,房客们对自己身份的定位却存在着不同的看法。部分房客会选择继续扮演社区居民,试图融入这个门禁社区。尽管在他们看来"自己看起来是外面的陌生人",但是"出于自保心理"或者"为了避免不必要的麻烦",他们仍会坚持装作自己是社区里的一员。当然,也有受访者如肖宁将民宿视为"家",希望能更有融入感:

住民宿就是希望和住家里一样舒服,这个是和酒店不一样的,酒店虽然方便,但不是那种融入居民的,所以也会想和普通居民一样,就会更有融入感。

相反的是,还有不少受访者倾向于认为自己是住客或游客。对于此,王璇提到,"我觉得（居民身份）不太能装出来,毕竟如果在公共场合碰到真正居民的时候他们很容易识别出来,所以还是会把自己当作是住客"。他们会认为自己对于居民而言是外人,持续隐藏身份的意义并不大,不如直接将自己视为游客。杜威也表示,自己会"有种闯入别人的生活世界的感觉,会有一点期待但又觉得自己是外来者不希望打扰的复杂情感",而带着这种情感,不同的房客产生了不一致的角色认同。

总之,在房客从领取门禁卡、进入小区大门、与保安互动到顺利入住的过程中,复杂的入住手续大大增加了共享住宿的交易成本。而房客由于要掩饰自己的原有身份,他们需要进行居民角色的扮演,心理上承受了一定的压力,入住体验也随之受到了负面的影响。这一过程恰恰反映出共享住宿与门禁社区之间存在的内在矛盾。共享住宿作为一种新型的外来事物,侵入了具有历史延续性与文化共识性的门禁社区。门禁社区是一种试图隔绝充满危险与不确定性的外部世界的居住方式,是一个典型的以传统"认同逻辑"为主导的、消极引入甚至是抵制外来生活要素的"刚性嵌体"。由此,我们发现在门禁社区中的行动者们的行动是按照传统习惯进行的,即遵从于"认同逻辑",而门禁社区这种强大的"认同逻辑"也影响了房客们,使得他们不得不通过扮演居民的角色来试图进入这一情境。在这一过程中,门禁社区的"认同逻辑"对共享住宿的"效率逻辑"产生了负面影响,房客所付出的时间精力和承担的心理压力都成为额外的交易成本,这导致共享住宿的"效率逻辑"在"再嵌"到门禁社区中之后受到了削弱。

(三) 房东与房客的调适策略

对于门禁社区的入住流程,房客们除了认为它是障碍,也会将其视为安全的保障,增加了他们体验共享住宿期间的安全性。因此,虽然入住流程烦琐,并且可能会令人感到无所适从或麻烦,但他们仍可以接受这种流程:

  只要保证是比较安全的话,这种需要做的这些动作,我还是会配合的。(王璇,女)

  我觉得很烦琐,但是反正就有点烦,但是也没办法感觉,因为他总要保证安全的……而且难免会有一点无所适从的感觉。(吴非,男)

  实际上,房客们对于门禁社区的态度也与共享住宿的消费群体的特征有密切联系。正如前文所言,青年学生是消费的主体,多样化的体验和"家"的属性是他们的主要需求。此外,考虑到酒店更高的收费,收入的限制使得他们更能接受这种复杂的流程。

  而对于门禁社区内的居民而言,共享住宿是对居民所处的社区空间的侵入。一方面,它隐性分享了门禁社区里的楼道、电梯等公共空间和物业管理等资源这些"业主共有"权益(王宁,2021a);另一方面,共享住宿也打破了门禁社区内部的稳定,削弱了居民的安全感。一场低烈度冲突暗藏在房东、房客与居民之间的关系中。因此,在房客们坚持选择共享住宿的情况下,房东与房客发展出了一系列的措施来应对这种冲突。

  首先是隐瞒房客的身份。房东会让房客谎称自己是其朋友或亲戚,以隐藏住房的商业因素,进而消除邻里的不安全感。不少受访者都提到了有些房东会主动嘱咐他们就说是"朋友过来玩"或"过来找亲戚",个别房东会特别强调"千万不要告诉别人你们是住民宿的"。大多数情况下,由于房客逗留的时间不长,房客与邻居直接见面的机会并不多。而身处陌生人社会,邻居即使知道受访者是共享住宿的房客,也会持"看破了,就是不说破"的想法,并不会主动去询问房客的身份。但也有房客如沈悦在电梯里遇到了居民的搭话,会以敷衍回答的方式去避免暴露自己的真实身份。这种方式也是基于房客设身处地的考量的,房客将自己代入了邻居的角色,认为自己也会对此感到不舒服:

> 我们走过去的时候还很担心，就是会担心被那边住的人认出来，不是这个小区的，然后被赶出来……真的在电梯里面遇到有一个人跟我们搭话，就很害怕。就问你住哪里，然后看着我们比较小，就问这些东西。我们敷衍了两句，不太敢讲（住民宿），一点都不敢讲。我就感觉如果有人比如说我邻居把他的房子用来做民宿的话，我心里也会觉得有点不舒服。

与此同时，隐瞒房客身份会使得房客产生害怕或无所适从的心理，并且会让房客怀疑自己所在的住房是否是正规的。叶澜告诉笔者，她就会担心住房"之前是不是被人投诉过，或者说这个共享住宿是不是不被它所在那个小区所许可"。

其次是错开公共资源的使用时间。以电梯为例，房客由于多是外出旅游，他们的电梯使用时间与居民的上下班时间恰好错开，这样在一定程度上减少了资源的冲突。但一旦在电梯里碰上，房客主要会采取回避的方式，减少与居民的正面接触，如苏玲表示只是与邻居碰面没有交流，"简单的碰面就过了，自己也不会说什么"。

最后是保证居民的安静权。房东会在住房前提醒房客相关注意事项，其中一条是提醒房客注意安静。比如，宋轩有提到房东会叮嘱他们"不要惊动别的居民"。大多数受访者也表示自己会根据房东的要求尽量减少噪声的产生，以免影响周围的居民。

总之，房东与房客采取了隐蔽掩护的应对策略，通过隐藏住客的真实身份、错开公共资源使用的时间和保证居民的安静权，提前预防冲突的发生。但是，低烈度的冲突仍潜藏在房东、房客与社区之间的关系中，而这种关系是发展共享住宿无法避开的。

（四）不可持续的"再嵌"

通过以上种种应对策略，房客突破重重阻碍得以成功入住，房东也能够在封闭的门禁社区中隐蔽地经营共享住宿。然而，平静的海面下潜藏着难以摆脱的暗流。

在大多数时候，中国人的陌生人社会的属性掩盖了社区中人员的流动以及共享住宿的存在：

> 我不清楚，因为我跟我们家邻居的交道不是很多，我自己因为我之前自己一直在那住，我觉得他们也是有见过我，我的邻居就是对门，有一个精神有问题的人，所以我觉得他可能也不知道。我（也）不是很清楚邻居们是怎么想的。（孟婉，女）

> 其实，虽然客人来来往往，你又没有（被）发现，大家碰不到的。（方倩，女）

即使是房东孟婉本人，也表示"跟我们家邻居的交道不是很多"，在经营共享住宿后，也"不是很清楚邻居们是怎么想的"。而房东方倩则认为在大多数情况下，邻居并不会发现，"大家碰不到的"。在这种情况下，共享住宿在门禁社区中生存的紧张状态并未被提到台面上来，也未引发行动者之间正面的冲突，因此保持着表面的、暂时的和谐。

然而，这并不代表问题不存在。有时，房客需要直面房东转嫁到自己身上的压力，成为那个邻居不满的对象：

> 一群人一起玩，声音有点大，邻居他肯定之前知道，因为他一点都不惊讶，他肯定知道这个可能他就是租出去做一个民宿，他反正就敲门过来跟我们说，家里有孩子有老人又要睡觉，你们就不要这么吵……但是那次还挺生气的，因为房东说这个房子隔音很好，你们不要担心随便吵，但实际上，我们那次就觉得是和他描述的不太一样。（杜威，男）

杜威提前明确向房东说明了自己可能会吵闹，询问是否能保证满足自己的需求，并且得到了房东"这个房子隔音很好，你们不要担心随便吵"的承诺。但邻居敲门的事实说明实际上房客的侵入损害了邻居的安静权，这个责任转嫁到了房客身上，使得房客不仅体验不佳而且背上了影响他人的"罪名"。尽管这次安静权引发的冲突仅是低烈度的敲门协商，但掩藏在房东、房客与邻居三者关系下的冲突是颗"不定时炸弹"，随时有可能爆发。实质上，房东把一部分社区责任转移给了房客，即房客在这个过程中承担了这部分的成本和隐性的压力。

对于房东而言，他们则通常认为自己的收入完全来自对私人财产的分享，而没有考虑到自己对社区公共空间和资源的利用甚至滥用。对于一些冲突，房东更多会归因于房客的素质问题或者邻居的性格和思想上的问题。

> 我跟你讲要碰运气的，他们有的民宿房东就会碰到一些年龄大的好事的，好多管闲事的，也有这样子的，然后就开门去看，听到门的声音就看，然后投诉的……所以说民宿是这样子的，民宿的话其实不影响别人的话都没有关系，有些个别的就是你也知道什么人都有嘛，其实主要是看顾客什么（样）。因为租客的话都很安静，也跟平常一样住，又影响不到他。只是说一些个别的人，他们的各个方面……（比如）有一些老人家性格也很奇怪的一些人，总会有这样的人……邻居有些本身比较好事或者比较计较一点，但碰上就没办法。还有的他就把人家想得很坏去做坏事什么的，也是他们不懂社会的一些行情这样。（方倩，女）

这段话集中地表达了部分房东的真实想法，即共享住宿中的邻里冲突是房客或邻居的个人特性导致的，如房客里"什么人都有"，如邻居"年龄大"、"好事"、"性格很奇怪"、"比较计较"以及"把人家想得很坏"、"不懂社会的一些行情"，而没有意识到一部分原因在于自己将共享住宿未经告知和同意引入社区。

然而，一旦共享住宿在社区中引发了正面的、公开的冲突，房东往往只能放弃该模式，转而回到传统的租赁模式中：

有这种情况，就是说有的他就（投诉）说来往人太多了，因为我们民宿其实也是很低调的，如果是有投诉就不太方便了，可能就会变成长租这样，短租就不方便了。（方倩，女）

事实上，这也意味着共享住宿在当地的生活方式系统中被拒斥而不得不遗憾退场。

至此，我们发现，共享住宿虽然以一种隐蔽的形式进入了门禁社区，但在"再嵌"进门禁社区这一"刚性嵌体"的过程中，并没有真正实现与本地生活方式系统的整合，而是通过种种策略规避了障碍，本质上是一种未完成的"再嵌"。正如前文所述，外来产品进入本地社会的"再嵌"过程实质上是一个双向嵌入的过程，外来产品"再嵌"到本地社会中的同时，本地社会也会因整合进了新鲜元素而发生变化，从而在更广的意义上嵌入全球化过程和消费现代化进程中。我们可以看到，共享住宿"再嵌"进门禁社区的过程是自外而内的，其并没有受到门禁社区真正意义上的接纳和整合，共享住宿只是试图隐身于门禁社区中。然而，这种表面的和谐是难以持续的，勉强实现的、未完成的"再嵌"遗留的问题一旦被触发，共享住宿将面临完全的、强烈的来自门禁社区的拒斥，走向退出的结局。该结局也再次表明了门禁社区是一个"认同逻辑"占据支配地位、远胜于"效率逻辑"的"刚性嵌体"，共享住宿要与门禁社区达成最终的整合仍有很长的路要走。

五　结论与讨论

本文聚焦于中国门禁社区中的共享住宿，在消费全球化的视野下，探讨了共享住宿"再嵌"到中国本土的生活方式系统——门禁社区中的过程。研究发现，作为外来消费方式的共享住宿提供了个性化和多元化住宿资源，与中国本土社会发生了功能上的"延长性对接"。然而，在共享住宿"再嵌"进中国门禁社区的过程中存在着复杂的张力。一方面，门禁社区无形中给共享住宿增加了交易成本，对房客的入住体验产生了负面影响；另一方面，共享住宿对门禁社区的侵入利用了社区的公共空间和资源，也打破了门禁社区内部的稳定，削弱了居民的安全感。

值得探讨的是，共享住宿虽然通过种种策略规避了障碍，以一种隐蔽的形式进入了门禁社区，但在"再嵌"进门禁社区这一"刚性嵌体"的过程中，并没有真正实现与本地生活方式系统的整合，因此是不可持续的。该结果也让我们认识到，在居住模式这一生活方式领域中，我国民众的"认同逻辑"仍然强于"效率逻辑"。在"效率逻辑"下，房东有意愿将共享住宿引入社区以充分利用闲置资源，房客基于文化体验和功能满足的需求选择入住共享住宿；在"认同逻辑"下，门禁社区成为我国主要的居住模式，而门禁社区中的居民为了维持原有的生活方式，排斥了共享住宿的进入。以Airbnb退出中国市场为代表的共享住宿的结局，充分展示了在居住方式这一领域中，外来消费模式所面对的斥力可能远远胜过其对于本土社会的吸引力，从而导致了"再嵌"的失败。

参考文献

陈思羽，2019，《封闭 Vs 开放：城市空间结构变迁中的中国式门禁社区》，《内蒙古大学学报》（哲学社会科学版）第 4 期。
陈瑶、刘培学、张建新、向长昭、唐璐，2020，《远方的家——中国游客共享型住宿的入住选择与体验研究》，《世界地理研究》第 1 期。
范利平，2004，《私有财产保护制度的宪法历程》，《河北法学》第 8 期。
费孝通，1998，《乡土中国　生育制度》，北京大学出版社。
封丹、Bart Wissink、Werner Breitung，2010，《社会文化制度对门禁社区发展的影响——中国和荷兰的对比研究》，《世界地理研究》第 4 期。
何琳，2016，《在线短租企业商业模式分析——以小猪短租为例》，《现代商业》第 9 期。
胡姗、杨兴柱、王群，2020，《国内外共享住宿研究述评》，《旅游科学》第 2 期。
李力、苏俊仪，2019，《共享住宿：主客关系的变化与影响》，《旅游论坛》第 3 期。
李培，2008，《国外封闭社区发展的特征描述》，《国际城市规划》第 4 期。
李亦园，2006，《中国人的家庭与家的文化》，载文崇一、萧新煌主编《中国人：观念与行为》，江苏教育出版社。

李钟书，2004，《论私有财产权保护在我国的实现》，《青海社会科学》第 4 期。
梁洁、吴新玲，2018，《国内共享民宿的商业模式分析及发展建议——以小猪短租和途家为例》，《金融经济》第 18 期。
刘为军，2018，《论共享住宿业的安全风险及监管思路》，《政法学刊》第 6 期。
缪朴，2004，《城市生活的癌症——封闭式小区的问题及对策》，《时代建筑》第 5 期。
莫于川，2005，《私有财产权的保护与行政补偿法制的完善》，《浙江工商大学学报》第 2 期。
王宁，2021a，《分享经济的社会建构》，《中国社会科学》第 11 期。
王宁，2021b，《共享经济是"伪共享"吗？——共享经济的社会学探析》，《学术月刊》第 4 期。
王宁、莎拉，2020，《共享的分化与共享的逻辑——共享层级、共享单位与共享经济》，《学术研究》第 4 期。
王宁，2012，《消费全球化：视野分歧与理论重构》，《学术研究》第 8 期。
王骞，2016，《德国门禁社区的案例研究和启示》，《住区》第 4 期。
肖岳，2015，《在线短租如何破解"水土不服"》，《法人》第 8 期。
徐苗，2015，《从门禁社区看中国"围"城史：传承与嬗变》，《建筑学报》第 2 期。
于凤霞，2019，《共享经济在中国的发展节点、影响评价及未来趋势》，《新经济导刊》第 3 期。
袁野，2010，《城市住区的边界问题研究：以北京为例》，博士学位论文，清华大学。
张纯、柴彦威，2009，《中国城市单位社区的空间演化：空间形态与土地利用》，《国际城市规划》第 5 期。
赵建欣、朱阁、宋玲玉，2017，《在线短租平台用户住宿决策影响因素研究》，《北京邮电大学学报》（社会科学版）第 5 期。
郑成思，2004，《私权、知识产权与物权的权利限制》，《法学》第 9 期。
郑志来，2016，《共享经济的成因、内涵与商业模式研究》，《现代经济探讨》第 3 期。
Abercrombie, Nicholas, Bryan S. Turner, and Stephen Hill. 2000. *The Penguin Dictionary of Sociology*. 4th ed. Penguin.
Atkinson, Rowland, and Sarah Blandy. 2005. "Introduction: International Perspectives on the New Enclavism and the Rise of Gated Communities." *Housing Studies* 20 (2): 177–186.
Belk, Russel W. 2010. "Sharing." *Journal of Consumer Research* 36: 715–734.
Blakely, Edward J., and Mary G. Snyder. 1997. *Fortress America: Gated Communities in the United States*. Brookings Institution Press.
Bokyeong, Kim, and Yoon C. Cho. 2016. "Investigating the Impact of Justice Dimension and Perceived Value on Customer Satisfaction for Sharing Economy of Accommodation." *Journal of Business and Economics Research* 14 (4): 153–170.
Dogru, Tarik, Makarand Mody, and Courtney Suess. 2019. "Adding Evidence to the Debate: Quantifying Airbnb's Disruptive Impact on Ten Key Hotel Markets." *Tourism Management* 72: 27–38.
Fang, Bin, Qiang Ye, and Rob Law. 2016. "Effect of Sharing Economy on Tourism Industry

Employment." *Annals of Tourism Research* 57: 264-267.

Hannerz, Ulf. 1992. *Cultural Complexity: Studies in the Social Organization of Meaning*. Columbia University Press.

Jordan, Evan, and Jocelyn Moore. 2018. "An In-depth Exploration of Residents' Perceived Impacts of Transient Vacation Rentals." *Journal of Travel and Tourism Marketing* 35 (1), 90-101.

Judd, Dennis R. 1995. "The Rise of New Walled Cities." In *Spatial Practice*, edited by Helen Ligget and David Perry. Thousand Oaks, CA: Sage Publications.

Low, Setha. 2004. *Behind the Gates: Life, Security, and the Pursuit of Happiness in Fortress America*. Routledge.

Lutz, Christoph, and Gemma Newlands. 2018. "Consumer Segmentation within the Sharing Economy: The Case of Airbnb." *Journal of Business Research* 88: 187-196.

Martin, Chris J. 2016. "The Sharing Economy: A Pathway to Sustainability or a Nightmarish Form of Neoliberal Capitalism?" *Ecological Economics* 121: 149-159.

Miao, Pu. 2003. "Deserted Streets in a Jammed Town: The Gated Community in Chinese Cities and Its Solution." *Journal of Urban Design* 8 (1): 45-66.

Quelch, John A., and Edward J. Hoff. 1993. "10 Customizing Global Marketing." In *Readings in International Business: A Decision Approach*, edited by Robert Z. Aliber and Reid W. Click, p. 267. MIT Press.

Ranchordas, Sofia. 2015. "Innovation Experimentalism in the Age of the Sharing Economy." *Lewis and Clark Law Review* 19: 871.

Robertson, Roland. 1994. "Globalisation or Glocalisation?" *Journal of International Communication* 1 (1): 33-52.

Scott, John, and Gordon Marshall. 2005. *A Dictionary of Sociology*. 3rd ed. Oxford University Press.

Stergiou, Dimitrios P., and Anna Farmaki. 2019. "Resident Perceptions of the Impacts of P2P Accommodation: Implications for Neighbourhoods." *International Journal of Hospitality Management* 91: 102411.

Trentmann, Frank. 2013. "Crossing Divides: Consumption and Globalization in History." In *The Routledge International Handbook of Globalization Studies*. Routledge.

Turner, Bryan S. 2006. *The Cambridge Dictionary of Sociology*. Cambridge University Press.

Tussyadiah, Iis P., and Juho Pesonen. 2016. "Impacts of Peer-to-peer Accommodation Use on Travel Patterns." *Journal of Travel Research* 55 (8): 1022-1040.

Usunier, Jean Claude. 1993. *International Marketing: A Cultural Approach*. Philip Allan.

Vesselinov, Elena, Matthew Cazessus, and William Falk. 2007. "Gated Communities and Spatial Inequality." *Journal of Urban Affairs* 29 (2): 109-127.

坐月子的去传统化与市场化：
产后照料服务消费的兴起

朱婷燕[*]

摘　要：本文在广深地区两家月子中心进行为期3个月的田野调查，深度访谈25名产妇，通过观察当代社会中坐月子方式的转变，探讨生育、产后照料的去传统化与市场化的双重过程是如何在月子中心这一微观情境中进行的。随着社会的转型，传统上由家庭内部提供的月子照料逐渐失效，月子照料开始转向市场机构，这一现象在城市中等收入群体中体现得尤为明显。具体而言，伴随着工业化与城市化带来的传统家庭网络解体，传统上在家庭内部完成的产后照料在核心家庭中难以为继，同时人口政策带来了晚婚晚育，中等收入群体生育观念改变、收入水平提高，这一系列因素共同加速了产后照料去传统化的转型。在国家医疗资源与社会制度支持不足的宏观背景之下，有一定经济资本与文化资本的家庭试图以市场化的方式来解决月子照料问题，商业化的产后照料服务机构——月子中心应运而生。月子中心联合中等收入群体，利用科学话语逐步解构传统的生育权威，一同建构出当代新的生育标准——科学育儿的高育儿标准与科学坐月子的高身体复原标准，它们进一步加剧生育焦虑，而月子中心宣称解决生育焦虑的方式即是消费主义。

关键词：坐月子　月子中心　产妇　产后照料　市场化

---

[*]　朱婷燕，中山大学社会学与人类学学院硕士研究生，935749542@qq.com。

一 问题的提出

在中国，坐月子这一传统历史悠久，被认为是孕妇产后恢复的重要过程，已有两千多年历史。怀孕和分娩是所有文化与社会中的女性共有的经历，其受到社会习俗、社会价值观和文化传统的高度影响（Holroyd，2011），在不同社会有着不一样的传统与习俗。中国的坐月子就是一项不同于西方社会中产后实践的重要仪式，这一仪式体现了新生儿及产妇在生理与社会层面发生的变化，也反映了整个家庭网络结构的转型与过渡。

在传统上，坐月子是汉人妇女产后必经的一种形式性行为，从孩子呱呱坠地开始到满月礼为止，为期整整一个月，因而称之为"坐月子"（翁玲玲，1993）。有关月子的起源，最早可以追溯至西汉时期的《礼记·内则》，其中围绕生育这一事件形成了一套系统与理论化的礼仪规则（Dinara，2020）。宋代的产科专著《妇人良方大全》第一次较为系统与全面地介绍了产妇在行为方面的注意事项与禁忌（章梅芳等，2009）。在两千多年的历史漫漫长河中，坐月子习俗代代相传，形成了中国独特的月子文化。总而言之，坐月子是一套关于产妇产后康复的思想观念，旨在帮助产妇在生理、心理以及社会层面进行母职初体验的实践，它不仅是重要的家庭事件，同时也具有深刻的社会学意义。

在中国，月子中心正蓬勃发展，2020年，中国月子中心已超过4000家。根据艾媒咨询《2019年中国月子中心市场需求调研分析》可知，月子中心市场主要集中在一二线城市及部分其他发达城市，城市中越来越多消费者开始考虑选择在月子中心坐月子。一部分女性越来越反对传统坐月子的禁忌与弊端，认为应该用一种"科学坐月子"的方式来改变传统习俗中不合理之处，同时她们也有一定经济与文化资本进行"科学坐月子"。艾媒咨询调研结果显示，2019年，在已有生育经验的消费者之中，仅有7.14%选择在月子中心坐月子；9.34%选择月嫂服务；绝大部分（83.52%）人群倾向于花更少的钱选择由家人帮忙坐月子。虽然选择月子中心的人数从总体上来看仍较少，但这种新型的坐月子方式背后反映了更深层次的社会原因，因此颇具研究价值。

随着现代社会的转型与发展，与城市化与工业化进程相伴而来的是传统家庭网络的逐渐分散，这一系列社会变化使得传统上在家庭内部进行的月子照料（坐月子期间的产后照料）在现代社会中难以为继。人们生活水平不断提高，生活方式趋于现代化，越来越多的人认为传统坐月子是不科学的、是亟须运用科学话语大加"改造"的。在"科学坐月子"话语的力量之下，现代市场中的商业化坐月子机构开始兴起，传统上由家庭所供给的月子照料开始转向由商业市场供给，这也带来了月嫂、催乳师、产后康复师等职业的兴起与发展。原本坐月子是有关女性身体的经验，属于日常生活世界领域，如今逐渐被商业化，月子中心所宣称的"科学坐月子"与"科学育儿"，似乎顺应了新一代产妇的高要求。

本文试图发现月子中心这一相当晚近才出现的新兴现象背后究竟有何种社会力量在起作用，并探究以下问题。首先，在微观层面上，选择到月子中心坐月子的产妇究竟出于何种原因这样做？尤其是当产妇有家人能够帮忙坐月子或者能请月嫂时，其为什么仍主动选择进入月子中心坐月子？其次，在宏观层面上，坐月子是中国特有的文化仪式，其间在传统上应由家庭成员运用生活知识技能提供产后照料服务，在现代社会中为什么月子照料逐步转向了市场部门的商业化机构？最后，产后照料服务所发生的变化背后反映的是生育标准所发生的变化，在社会转型过程之中，这二者是如何发生相互作用的？

二 文献回顾

（一）照料服务及其市场化

照料不仅能反映出宏观的社会结构变迁，还能反映出私人家庭中的日常生活安排的变化，是社会再生产中很重要的阶段。然而在很长一段时间里，照料仅仅被认为是家庭内部的事务，甚至仅仅是一个女性议题，并未被纳入公领域之中（吴心越，2021）。随着现代化进程的加快、社会的转型，人口与家庭结构也在发生巨大的变化，无论是在宏观层面的人口再生产领域，还是在微观层面的家庭生活领域，学者都开始逐渐关注到照料服务所具有的特性——公共物品属性以及照料供给的稀缺性。照料活动逐渐被认为是家庭和社会发展与进步的基础性活动，也是实现家庭、社会以及人类自身再生产的重要途径（张奇林、刘二鹏，2019）。坐月子是产妇哺育子女、调养身体、恢复身心的重要阶段（闫臻，2018），女性在此期间身心虚弱，需要来自他人的照顾以恢复身心健康，同时作为母亲在他人的协助下抚育新生儿以完成母职，因而月子照料也属于照料服务的范畴，而在现有照料服务研究中，月子照料受到的关注度相对较低。

美国学者泽利泽在《亲密关系的购买》一书中认为照料关系提供的是可以增加被照料者福利的、持续且密切的个人照料，并确定了这种"持续且密切的照料"的边界。她将不同的照料关系置于一个连续统中，其中一端是完全发生在家庭之内的家庭成员之间的照料关系，如祖辈照料孙辈、子女照料老人等；另一端是在家庭之外的市场空间的非家庭成员之间的照料关系；而位于该连续统中间的则是非家庭成员在被照料者家庭中提供照料的照料关系（泽利泽，2009）。本文所使用的"照料服务"的概念借鉴了泽利泽关于照料关系的定义，将月子照料视为一个连续统（如图1所示）：其中一端是传统的发生在家庭内的月子照料，主要由产妇家庭成员（以婆婆为代表）提供；连续统中央的是以月嫂为代表的非家庭成员在家庭内提供的月子照料；另一端则是在月子中心这一市场空间由非家庭成员提供的月子照料。

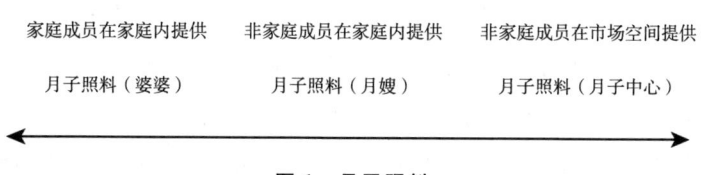

图1 月子照料

照料服务市场化是一个重要的发展趋势。为解决儿童照料问题,"照料转包"开始出现(吴心越,2019),主要包括:第一,代际转包,指的是由祖父母辈而不是父母辈负责孙辈的日常照顾,也就是"隔代抚育";第二,市场转包,指的是由市场中的机构或个人承担有酬的照料劳动(Wheelock and Jones,2002)。早在20世纪20年代,西方国家便开始将儿童照料支持纳入其社会福利制度体系之中(吴帆、王琳,2017),经历了20世纪70~80年代的改革,西方经历了从家庭照料到社会照料(social care)的过渡:一方面,这与西方的"照料赤字"(caring deficit)有关,即随着人均寿命的增长、婚姻和家庭模式的变迁以及越来越多女性进入职场,传统中主要由家庭承担的照料劳动已无法满足日益增长的照料需求,因而需要更多社会资源的支持与补充来解决照料供给乏力的问题;另一方面,这也与女性主义关注和批判照料的性别化背后所隐含的不平等有很大的关系,其进一步促进了社会对照料的公共化在观念与制度层面的支持(吴小英,2020)。

在中国,随着人口老龄化程度的加深、生育政策的放开、城市化水平的提高等变化的产生,家庭照料的成本也在增加(吴小英,2020)。在家庭照料劳动中,对子女的抚育与照料尤其是一种时间与劳力密集型的活动,更是需要家庭付出较多照料成本的场域。目前中国社会正处于转型阶段,集体主义时期的照料体系逐渐式微,照料责任带来的负担逐渐转移到个体家庭身上(梅笑、涂炯,2021)。以往通常是由家庭成员承担无偿照料劳动,但随着城市化进程加快,人口流动变得愈来愈频繁,传统大家庭逐渐分裂,核心家庭增多,不同世代成员的分离已是一种常态,传统的由大家庭承担照料服务变得难以实现。在这种原有集体主义之下的照料体系逐步消解的过程中,符合当前时代的新的公共照料体系仍亟待完善(吴心越,2019),目前照料的社会政策并非惠普性的,大多数只是针对特殊家庭或弱势群体的残补式政策,而占绝大多数的普通城乡居民的照料需求远无法满足(吴小英,2020)。部分家庭对育儿的标准与要求不断提高,同时受限于客观因素难以在家庭内部完成照料,因而其选择用市场化的方式解决照料困难问题。

近年来,托育、养老、医疗照护等公共服务逐渐商品化,原来在家庭内部即可完成的照料工作越来越成为需要用金钱来购买的商品（吴心越，2021），"照料外包"逐渐成为部分家庭——尤其是具有一定消费能力的中上阶层家庭——的选择，即通过雇佣家庭成员关系以外的陌生人，以购买照料服务的方式来解决家庭照料困难的问题（张荣瑾，2020）。但中国目前的照料市场良莠不齐，缺乏政府部门相应的监督与管理，同时市场照料也只局限在有一定经济资本的家庭，存在一定的准入门槛，而无力承担市场化照料支出的家庭在某种程度上被排除在外。总而言之，照料服务呈现出了不同于以往的新特点，跨越了"公"与"私"，将"市场"直接带入"家庭"之中（肖索未、简逸伦，2020）。

在月子照料领域，也出现了从家庭领域向市场领域的转向，传统中国的坐月子习俗往往有大家庭的介入，通常是由以婆婆、妈妈为代表的祖父母辈承担月子中对产妇及新生儿的照料工作，而现今月子照料逐渐市场化，以月嫂为代表的个人主体与以月子中心为代表的机构主体开始提供有酬的月子照料服务。部分产妇脱离家庭而到月子中心购买月子所需的照料服务，以解决月子期间的产妇以及婴儿的照顾问题（吕木兰，1999）。通过购买市场所提供的产后照料服务来用其代替传统坐月子中来自家庭成员的照料，既可以照顾到年迈的父母，还可以解决代际冲突的潜在危机，将家庭关系简单化，达到轻松省麻烦的目的（赵芮，2016）。

（二）月子中心

目前，学界对月子中心的研究主要在民俗学领域（黄季平，2006；翁玲玲，1993）、医护领域（Yeh et al.，2014；Ko et al.，2008；汪锡文、彭学鸣，2005）、经管领域（张晨韵等，2021）和社会学与人类学领域展开。

具体而言，民俗学领域研究多从月子仪式与月子禁忌出发来讨论月子中心，黄季平（2006）从传统的民俗禁忌及食补概念出发，提出月子中心是一种源自旧民俗的新产业，是对坐月子的异化与创新，尤其是引进现代医学知识以及现代企业的经营方式，创新了月子餐的食补方法，满足了现代社会产妇的月子需求。医护领域的研究多集中讨论坐月子仪式对产后妇女健康状况的影响，中国台湾地区学者 Yeh 等（2014）从医疗保健的角度，探讨了台湾妇女的坐月子仪式的场域从家庭转移到了产后护理中心的现象，认为护士取代了传统上由家庭成员所扮演的角色。高月林（2017）认为月子中心所进行的科学与专业的产褥期护理，有利于促进产妇产后的身体康复、降低产褥期并发症的发生概率。经管领域的研究主要集中在对月子中心行业状况（安征，2019）、营销策略（刘东丽，2020；张斌，2019）、市场监管（张晨韵等，2021）等方面的分析。

在社会学与人类学领域，学者则主要从传统与现代的关系、消费主义话语这两个方面对月子中心进行研究。在传统与现代关系方面，有学者认为"坐月子"被科学理性与市场商业逻辑所改造和利用，因此这项传统习俗开始出现传统与现代的杂糅（戴望云，2019）。传统到现代的变迁主要体现在以下几处。第一，家庭关系。赵芮（2016）认为月子中心的出现冲击了家庭权威，同时也减少了代际矛盾与冲突。Lin 等（2021）通过对广州三家月子中心的数据进行分析发现，传统的坐月子加剧了现代中国家庭中的代际冲突和地区性的习俗冲突，而月子中心的出现能够避免上述冲突从而加强核心家庭的纽带。还有学者从不同家庭成员关系的角度进行切入，分析如婆媳关系、夫妻关系、母婴关系等在月子中心中所发生的变化（Chmielowska and Shih，2015；孙亚山，2015）。第二，现代性的话语。启蒙以理性为起点，洗刷旧时代传统，推动现代社会的发展。启蒙运动将个人与社会从传统社会中的宗教教义中解放出来，打破了人类生活维持传统、习惯、封闭的蒙昧状态，引入了新的思想观念，使得人们开始遵从理性与科学的话语，自然科学与社会科学逐渐成为真理的知识化身，获得了话语权力（杨敏、杨筱明，2016）。启蒙无疑造就了现代性，使得"现代-传统"这一二元结构成为描述当下社会存在最为经典的叙述类型之一（傅永军，2008）。在这种启蒙话语之下，当今社会中的地方性文化的意义似乎逐渐被忽略了（武志伟，2022）。安东尼·吉登斯在其《失控的世界》中说："认识到社会需要传统，这是完全理性和合理的。我们不应该接受世界应该废弃传统的启蒙思想。传统是必需的，而且总是应该坚持，因为它们给生活以连续性并形成生活。"（吉登斯，2001：33）章梅芳等（2009）认为坐月子具有作为地方性知识的当代价值，不能用现代科学知识来贬低地方性知识与传统文化的价值，从而让女性丧失对其日常生活事件的解释权与选择权。坐月子作为颇具文化意义的实践，在现代化过程中并没有完全被城市中产阶层所抛弃，反而呈现出传统与现代的融合，现代女性对传统坐月子也有了不同的诠释。

在消费主义话语方面，有学者认为月子中心是一种新的身体消费空间形态，迎合了年轻人对科学、专业、时尚的需求，使得传统上以家庭代际情感交换为基础的关系，转变为现代以契约为基础的身体消费体验（闫臻，2018），从而改变了传统的在家式月子护理方式。第一，通过照料工作的市场外包，一部分女性得以争取独立于父系家庭的自主身体空间，运用自身经济上的优势来避免与婆婆之间的冲突，增强和提升自我意识与自我认同（孙亚山，2015）；第二，女性的自主性也受到了很大的冲击，因为这部分女性希望通过来月子中心进行消费摆脱父权社会体制，不料却被推入一个更庞大的被商品化、医疗化、父权体制所联合宰制的陷阱之中（吕木兰，1999）。月子中心这种新型坐月子方式并非追求绝对的传统习俗或现代科学，而是市场化利用传统与现代的组合来追求市场盈利（赵芮，2016；戴望云，2019）。

此外，对月子中心的研究大多集中在韩国（Kang，2014）、中国台湾地区（吕木兰，1999；Yeh，2012），较之中国大陆，其月子中心发展较早，目前市场较成熟、市场占有率高，同时也将产妇的月子消费纳入政府医疗保健系统之中，由公共财政补贴支持。韩国与中国台湾地区月子中心的发展状况及发展原因具有一定借鉴意义，但仍与中国大陆存在诸多不同。具体而言，韩国由于受到1997年亚洲金融危机的影响，很多受过高等教育的中产阶级家庭需要大量来自父母的经济上的接济，由于经济资本的限制，尽管商品和服务市场的快速增长和分层促进了中产阶级生活方式的形成，但很少有年轻的中产阶级夫妇能够在没有外界帮助的情况下实现他们的中产阶级理想和愿望，这使得小家庭在产后开销上需要寻求大家庭的资助（Kang，

2014），因而韩国月子中心的出现，不但没有使新手父母减少对父辈的依赖，反而加重了这种依赖。中国台湾地区月子中心兴起的原因则和中国大陆比较接近，主要是20世纪80年代中国台湾地区经济快速增长，人民生活水准与消费能力有了大幅提高，服务业的水平也相应提升。此外，在加拿大、美国、苏格兰和澳大利亚等西方国家，有大型华人社区，为了满足当地华人坐月子习俗的需要，也有月子中心的存在（Yeh et al., 2014）。

综合以上研究，可以看到，学界对照料的界定清晰，但主要是从育儿照料方面出发，较少提到对产妇的照料。月子照料同样属于照料的一种，是东方社会中特有的文化实践，包含对产妇的照料与对新生儿的照料。目前关于儿童照料的文献，仅关注更大范围的0~3岁婴幼儿托育照料服务方面，而较少专门研究月子期间对新生儿的照料。新生儿与产妇在月子期间所面临的更脆弱的生理处境，具有一定特殊性，他们需要更多的家庭以及社会资源的支持；此外，韩国、中国台湾地区学者对月子中心的研究较深，而中国大陆相关研究则较少。在中国大陆，月子中心这一现象兴起、发展的时间相对较晚，月子中心产生及发展所具有的独特的、深层次的原因尚有待深入挖掘。此外，现有关于中国大陆月子中心的研究，较少考虑产妇这一主体真正的心理活动，其主体性被更庞大的体制所忽视，而看不到产妇所具有的复杂且生动的画像。

三 研究方法与研究框架

（一）研究方法

笔者于2021年3~6月，在广州G与深圳S两家月子中心进行田野调查，这两所月子中心均借鉴境外具有成熟经验的月子中心，并根据实际情况进行调整以适应本土环境。同时笔者还访问了其余3家不同类型的月子中心。

2021年3~4月，笔者通过被招聘的方式得以进入G月子中心运作的后台，主要负责 G 月子中心市场营销业务。G 月子中心坐落在广州主城区星级酒店高层，28 天基础月子套餐价格在 6 万~14 万元不等，主要面向的客户是广东本地人，客户大多定居在广州。笔者通过在 G 月子中心的实习经历增进了对月子中心后台的了解，但碍于身份限制，难以与客户进行深入访谈，在此阶段主要采用参与观察法。

2021 年 5~6 月，笔者通过朋友介绍，以研究者的身份进入深圳 S 月子中心，S 月子中心坐落在深圳主城区（其中一家分店靠近口岸）星级酒店，28 天基础月子套餐价格在 4 万~10 万元不等，主要面向的客户群体是深圳人。凭研究者的身份更易于与产妇进行深入访谈，因此在此阶段笔者主要采用半结构访谈法，获得了大量珍贵的一手访谈资料。

本文的研究遵循知情同意原则，一共整理 16 万余字的访谈逐字稿。本文共访谈 25 名广深地区的产妇，其平均年龄在 30.92 岁，其中 64%（16 人）育有 1 胎、32%（8 人）育有 2 胎、4%（1 人）育有 3 胎。在受教育程度上，96% 拥有大专及以上学历。其丈夫的平均年龄在 35.24 岁，92% 拥有大专及以上学历。其中，20 名产妇在月子中心坐月子，月子套餐的平均价格为 5.33 万元；3 名在家坐月子；2 名请月嫂。同时还补充访谈了产妇丈夫 2 名、产妇母亲 3 名、公司员工 10 名（包括公司管理层人员 5 名、工作人员 5 名），因而一共访谈 40 人。

此外，笔者于 2018 年 2~3 月曾以陪护者的身份入住月子中心，其间的感受与体验也被部分运用到本文的写作中。虽然笔者并非以产妇的消费者身份完整体验月子中心的服务，但近距离地吃、穿、住于月子中心，也对月子中心的产妇及成员间的互动有更直观与全面的观察和理解。由于笔者是未婚未育的，正是这一段入住月子中心的亲身经历启发了笔者开展本文的研究，也使得笔者在研究过程中展现出更多的共情与理解，并为本文对质性材料的分析和理解提供了补充的视角。

（二）研究框架

本文研究框架如图 2 所示。

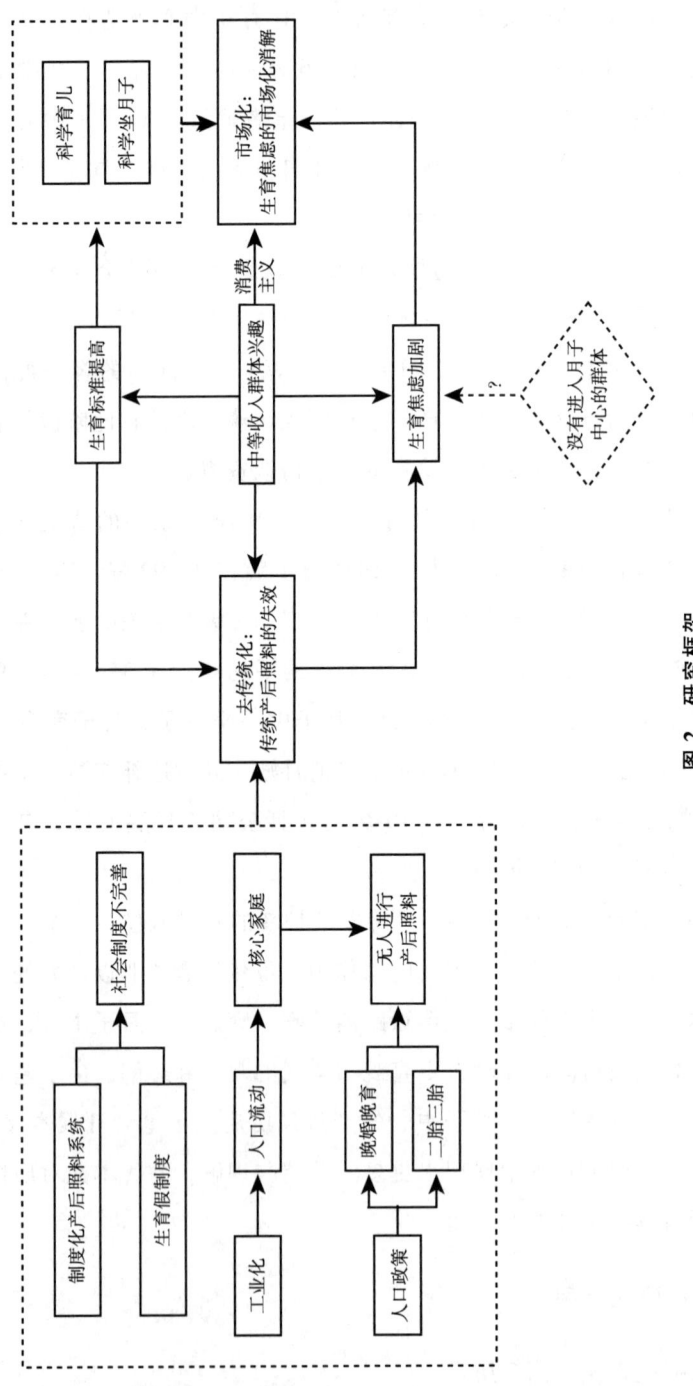

图 2 研究框架

四 坐月子的去传统化与市场化

(一) 高消费门槛与中等收入群体兴起

在传统的坐月子中，家庭成员的社会网络支持对产后妇女而言非常重要。传统的坐月子往往由婆婆主导，帮助产妇恢复身体、抚育婴儿，因为传统上认为月子期间照顾产妇与新生儿是婆婆的社会义务，这有利于培养婆媳间的亲属关系（Yeh et al.，2014）。按照传统习俗，产妇在长达一个月的月子期间，存在许多规范与禁忌：第一，饮食方面，月子期间不能吃蔬菜、水果及生冷食物，要吃老母鸡进行滋补；第二，行为方面，不能洗澡、不能洗头、不能刷牙、不可吹风、不可碰生水、不能劳动、不能步行等；第三，环境方面，房间不能进风，月子期间产妇不能外出，必须卧床，还要穿长衣、长袜，头戴帽子。

月子习俗经历了从传统上由家庭主导到由现代市场介入的转变。在各种新旧因素碰撞之下，传统上由家庭承担的月子照料工作开始逐渐转向市场外包。月子中心主要提供的产品与服务通常包括四大类：新生儿护理、产妇护理、月子房、月子餐。在月子中心内部，传统的月子习俗与禁忌也被瓦解了：第一，饮食方面，月子中心讲求营养均衡搭配，同时遵循一定的食补原则，并不一味大补，甚至还会严格控制卡路里，帮助产妇尽快恢复身材；第二，行为方面，月子中心提倡月子期间洗澡、洗头、刷牙，同时，还有一系列产后操、产后瑜伽等运动帮助产妇恢复身体；第三，环境方面，月子中心也有空调及室内恒温系统、新风系统，使得室内空气循环畅通。

去月子中心是一种具有较高消费门槛的坐月子方式，并非所有家庭都可以随心所欲地选择进入月子中心坐月子，消费方式的选择在一定程度上受限于家庭经济资本。2019年，全国居民人均可支配收入为30733元，其中城镇居民人均可支配收入为42359元（中华人民共和国国家统计局，2022）。

东北证券股份有限公司行业调研报告①显示,2019年6月,深圳月子中心人均消费价格为55263元,广州月子中心人均消费价格为40696元(见图3)。也就是说,在深圳、广州等地的月子中心享受28天的月子服务的价格与全国城镇居民一年的人均可支配收入差不多。因为月子中心具有较高的消费门槛,只有小部分能负担得起高昂费用的消费者才得以进入其中。

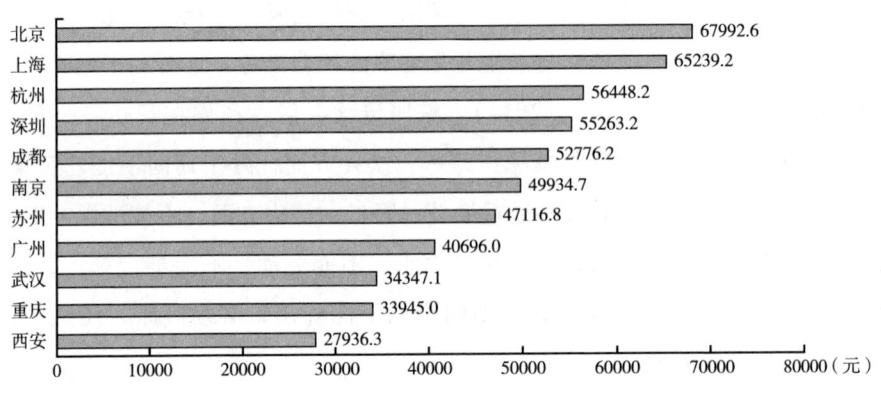

图3 2019年6月中国部分城市月子中心人均消费价格

从数据中可知,价格是决定是否选择月子中心的重要因素。而月子中心的价格跨度也非常大,2022年3月(笔者调研期间)广深地区月子中心28天的套餐价格在3万~20万元不等,甚至有上海存在一个月需要100万元的天价月子中心的新闻爆出。明码标价的套餐价格通常只是28天的基础消费价格,根据月子中心所在区域、月子房房型、提供的服务而有差异,如果考虑到月子期间购买的增值服务以及月子天数的延长,那么月子套餐的价格会更高。

伴随着中国中等收入群体的兴起,越来越多中等收入群体选择进入商业化月子中心进行产后照料服务的消费。中等收入群体以收入为维度来划分,是指收入"居中"的那个群体(何昀、曾波,2019),相较于基于社会结构性位置来定义的"中产阶层"而言,"中等收入群体"这一概念对于消费领

---

① 《月子中心产业研究:母婴市场空间广阔,月子中心渗透提速》,"未来智库"百家号,https://baijiahao.baidu.com/s?id=1713120981846006574&wfr=spider&for=pc。

域中出现的新型现象具有更强的解释力（李春玲，2016）。月子中心由市场部门的服务业来提供产后照料服务，具有较高的消费门槛，所提供的产后照料服务属于享受型消费。有一定经济资本进入月子中心进行消费的中等收入群体，在某种程度上通过消费进行自我赋权，获得了在家庭关系中的一定主动权与自由。

此外，社会制度也促进了产后照料消费方式的转型。相比于西方发达国家完善的孕产妇社区健康管理体系，中国制度化的产后照料系统有待完善。城市医院妇产科中存在床位不足、护理人员不足等医疗资源紧张的问题。而中国的产妇有坐月子的需求，由于制度化的产后照料系统的不完善，仅能照顾到产前与生产的阶段，而对产后康复阶段无暇顾及，所以产妇无法在公立医院之内完成坐月子；同时中国也并未建立起完备的产后随访制度。此外，在产假制度上，以本文田野点所在的广东为例，女职工的产假为顺产178天、剖宫产208天，与此相对的男性陪产假仅有15天，① 这不利于男性参与婴幼儿照料、承担相应家庭责任。在上一代人无法提供月子照料的前提之下，男性陪产假过少，核心家庭内部也缺乏人力负责月子照料。在宏观制度结构的作用机制之下，月子照料从家庭场域转向市场场域就成为必然，部分产妇开始向月子中心寻求月子照料服务。

（二）坐月子的去传统化：传统产后照料的失效

中国改革开放40余年以来，伴随着工业化、城市化，扩展家庭逐渐被现代的核心家庭所取代，中国家庭结构出现了家庭形成日益延迟、家庭规模走向微型化、家庭关系日趋民主化和平等化等变化（林晓珊，2018）。在宏观层面所发生的变迁，在一定程度上也影响到了生育这一微观层面。

1. 家庭结构的变化对月子变迁的影响

目前坐月子期间的产后照料开始出现去传统化的特征，这主要是由家庭结构变化所导致的。随着工业化带来的人口流动，人口逐渐从农村迁往城

---

① 此处产假长度均包含了奖励假。

市，造成传统家庭网络分解、核心家庭增多，使得传统上由家庭承担月子照料工作的模式变得难以为继，从而推动了月子照料从家庭转向市场。同时受到中国人口政策的影响，在大城市中，中等收入群体受教育程度以及经济收入水平的提高，使晚婚晚育这一现象变得普遍。在种种原因的共同作用下，坐月子开始由传统模式走向市场化模式。

具体而言，家庭结构的变化对月子变迁的影响，主要体现在以下两方面。

(1) 工业化、人口流动与家庭规模微型化的影响

经典的家庭现代化理论假定，从传统到现代，扩大家庭或者联合家庭向夫妇式家庭或者核心家庭转变，大家庭向小家庭转变（马春华等，2013：3）。改革开放以来，中国传统社会中的家庭网络逐渐开始分解，在城市中，家庭规模逐渐微型化，核心家庭成为目前最主要的家庭类型。根据国家统计局公布的第七次全国人口普查数据，中国家庭户均规模为 2.62 人，比 2010 年减少 0.48 人（石金群，2016）。人口从农村流向城市，这种地理空间上的流动使得传统家庭网络分散开来，扩大家庭开始解体，越来越多核心家庭出现，这也更适合工业化的需要。

传统家庭网络中，往往由大家庭中的祖辈以及妯娌提供月子照料；但随着工业化与城市化的进程推进，核心家庭逐渐增多，而子辈多生活在城市，祖辈生活在老家，使得后者难以便捷地提供月子照料，前者开始借助商业化坐月子方式满足产后调养的需要（陈滢琦，2020）。一部分祖辈仍希望为子辈提供月子照料，但当祖辈有意提供月子照料时，不再像以前一样在家内关系之下即可提供便捷月子照料，往往需要祖辈迁移流动至子辈所在的城市，在一定程度上造成了不便。奥奥妈说自己的爸爸妈妈在老家，不太方便赶来广州帮忙坐月子："我自己的爸爸妈妈很喜欢我去月子中心，因为他们在老家。"（奥奥妈，27 岁，一胎，广东东莞人，定居广州）实际上，子代与祖代分居已经是非常普遍的现象，并非只有这一个个例。

后来笔者了解到其岳父岳母的老家在东莞，与广州不过一小时的车程，看似是地理位置的限制，但相比起其他人仍有很大的协调空间，不过奥奥妈还是选择了来月子中心。深究原因，其实是住房空间限制使其选择月子中

心。核心小家庭大多数居住在城市的小区楼房,面积与传统农业社会中的屋子相差甚远。目前中国房价上涨和住房面积缩小在一定程度上加速了家庭结构的核心化,尤其是在一线城市中这种情况就更加明显。住房支出作为家庭相应需求弹性较小的一项消费支出,会影响家庭的生活成本,成为主导家庭生育决策进而影响家庭规模的重要因素之一(王广州、周玉娇,2021)。大城市家庭住房空间有限,会影响到个体生育孩子的数量,进而也会影响到坐月子的决策。在城市住房空间限制之下,产妇不得不选择在月子中心坐月子。

也就是说,工业化加速了人口流动,在坐月子事件的安排上同样有着重要的影响,因为坐月子也涉及地理空间的安排,包括:宏观上地理距离的远近,即祖辈与子辈地理距离的远近,这决定了长辈帮忙坐月子的可能性;微观上地理空间的大小,即所居住的房子是否有足够面积来容纳长辈或是月嫂来照料月子。无论是老一辈住家还是月嫂到家,都会使得人们在大城市本就狭窄的居住空间变得更狭窄,同时也会存在隐私方面的顾虑。因此,月子中心便成为一个不错的坐月子选择。

(2)人口政策、晚婚晚育与家庭建立延迟化的影响

伴随着全球共同的工业化进程推进,女性初婚年龄、生育年龄不断提高,这一特征在我国亦有所表现(姚远、程诚,2019)。一般认为,晚婚是在法定最低婚龄(男22周岁、女20周岁)的基础上推迟实际3年结婚,即男性25周岁、女性23周岁及以上结婚;晚育则是适当推迟妇女婚后的初育时间,一般妇女在24周岁以上生育者,即为晚育。目前中国晚婚晚育已经成为一种普遍的现象,尤其是在大城市。根据国家统计局社会科技和文化产业统计司数据,中国出现育龄妇女平均初婚、初育年龄提高的趋势。1990~2017年,中国育龄妇女平均初婚年龄提高4岁多,从21.4岁提高到25.7岁,并呈现继续走高的趋势。育龄妇女的平均初育年龄从1990年的23.4岁提高到2017年的26.8岁。① 实际上,结婚率的下降以及初婚年龄的提高,

---

① 《67年中国人口之变:家庭成员"缩圈"》,新华网,http://www.xinhuanet.com/politics/2021-05/12/c_1127434743.htm。

在一定程度上反映了社会经济的发展，不仅仅在中国，在全球这都是一个普遍的现象（林晓珊，2018）。

中等收入群体晚婚晚育现象尤为普遍，使得坐月子时的年龄较高，身心需要更多的时间来恢复；同时，受教育程度的提高会带来经济收入的提高，因而通过市场购买产后照料服务具备了客观上的经济条件；此外，子辈晚婚晚育，生育时祖辈年龄也大了，很难有充足体力来照顾月子。

多多妈生一胎时26岁，丈夫已经36岁了，而婆婆年岁已长，身体不便，无法提供月子照料。受到婆婆身体以及地理等因素的限制，多多妈只能选择来月子中心：" 我婆婆她腰不好，婆婆她也想帮忙，但是实在帮不上，她的腰都没办法走，可能走几步路，她就得坐下来。所以你这样带小孩又要换尿布、泡奶粉，搞这搞那的，洗衣服，还要做饭给我吃，哪里搞得来？所以婆婆也说，'要么就请月嫂，要么就月子中心'。"（多多妈，27岁，一胎，广东东莞人，定居东莞）

2. 坐月子去传统化的具体表现

目前产后照料模式存在诸多困境，其进一步推动坐月子逐渐去传统化。更确切地说，这是一种对传统产后照料模式的再造，因为坐月子本身就是儒家文化圈中的独特传统，在不推翻传统习俗的大前提之下，可以运用现代医疗的科学话语来对月子习俗进行改造。坐月子的去传统化体现在去家庭化与去习俗化两方面。

（1）去家庭化：传统家庭产后照料模式的式微

由于计划生育政策的放开，一些家庭开始生育二胎、三胎，在目前中国公共照料资源供给相对不足的情况下，中国家庭往往通过隔代抚养等途径解决一部分照料困难（张荣瑾，2020），生育二胎后，家中一部分人力要用于照顾大宝，很难腾出手来照顾产妇与新生儿，这在客观上使得由传统家庭网络提供月子照料变得非常困难。

定居在深圳的涵涵妈与婆婆共同居住，夫妻白天上班，婆婆负责照顾大宝，而二胎的月子里也急需人力来照顾产妇和新生儿，婆婆腾不出手来帮忙坐月子。若是请月嫂，房子并不大，家里还住着大宝和婆婆，根本没有多余的空间，因而二胎在家坐月子，便显得不那么合适了："婆婆要照顾大宝。如果你请月嫂来家里，家里要有条件，比如房子大小（足够）。然后在家里还有一个大宝，如果是在家坐月子，根本就坐不好。如果你是头胎，家里地方又大又住得下，那就无所谓了。"（涵涵妈，35 岁，二胎，江苏人，定居深圳）

同时，延迟退休政策也使得一部分祖辈无法提供月子照料。而且从经济上考量，来月子中心与请月嫂其实价格上相差无几，更重要的是，月子中心是一个规避婆媳矛盾的好地方。种种变化都使得坐月子从传统家庭场域撤出，开始转移到现代市场场域。在本文的受访对象中，一些人的祖辈没有退休，或是在退休后仍在经营着其他生意。比如丁丁妈 29 岁生第一胎，目前在自家工厂做财务，而她的妈妈负责工厂事务的运营，因而没有时间来帮忙坐月子。涵涵妈的妈妈虽然已经退休了，但也在经营自己的生意，虽然时间上较自由，但也没有更多精力来照顾月子，因而选择以陪护方式来到月子中心，减少了体力与精神上的损耗。

（2）去习俗化：新老两代生育观念的差异与代际矛盾

随着女性受教育程度的提高，越来越多女性加入劳动力市场，有了一定经济收入，在坐月子决策上也越来越以自我为考量。同时，新一代产妇受其教育水平的影响，会更愿意相信现代西方的科学话语尤其是医学话语，她们不再接受传统坐月子的方式而提倡用一种新的科学方式来坐月子。关于坐月子是否去月子中心这一问题的决策，其实是集体家庭的决策，可以划分为核心家庭决策与扩展家庭决策。在家庭决策过程中，新老两代人对月子习俗以及生育的观念存在诸多不同，这也是造成代际矛盾的重要原因。但并非所有老一辈都反对来月子中心，一部分祖辈非常支持子辈来月子中心，不仅出钱还出力，认为这是更专业的坐月子方式。

丁丁妈的公婆担心老一辈的照料手法并不专业，认为来月子中心是更专业的选择，同时也是他们对子孙爱的体现："公婆觉得我好就好了，挺好，很开明的。公公说什么要确保我们母子用到最好的东西。婆婆还能来照顾月子，公公又帮不上忙，只能出钱。"（丁丁妈，29 岁，一胎，四川人，定居深圳）

而且来月子中心也能帮助祖辈实现其晚年生活的个体自由。涵涵的外婆自从涵涵妈生二胎后，从老家赶过来，一直在月子中心陪护涵涵妈，她认为来了月子中心，自己也轻松多了："轻松了。最起码我不用给他们换尿布、洗澡，还要煮吃的什么的呀。带她（涵涵妈）的时候每天要洗澡、换尿布，大人的饭啊要做啊，洗啊（做家务），是不是？"（涵涵外婆，江苏人，定居江苏）

另一部分祖辈则是默认子辈的选择，不做过多干涉，或者年纪太大已经不太了解何为月子中心了。"我们当时定这个（月子中心），也是没有跟家里人商量，是我老公偷偷定的，然后再跟爸妈说的。他爸爸七十几岁了，不太能理解（月子中心）这个东西……"（丽娜妈，29岁，一胎，广东汕头人，定居深圳）

还有一部分祖辈则是在探访过月子中心后，了解到月子中心的具体情况，因而赞同来月子中心。欣欣妈入住后，婆婆在探访后渐渐认识到月子中心照料服务的专业与省心，一改之前的反对态度，转而支持子代来到月子中心坐月子，甚至推荐自己的亲朋好友有需要也要去月子中心："家婆后来隔三岔五带人来参观，又说还好来了，说月子中心怎么怎么好的，喊她亲戚朋友到时候一定要去月子中心。"（欣欣妈，27岁，一胎，广东广州人，定居广州）

当然，在两代人之间也存在诸多生育观念上的差异，使得其在坐月子决策上有诸多矛盾。一部分祖辈是因为难以接受月子中心的高昂价格而拒绝子代来月子中心，另一部分祖辈则主要是由于代际存在观念的不一致而反对子辈来月子中心。这也是大多数产妇选择来月子中心时所强调的重点所在。图图妈表示本来婆婆一开始很反对她来月子中心，认为在自己可以帮忙坐月子的情况之下，不应让媳妇来月子中心坐月子。但婆婆反对的原因并非经济上的考量："一开始婆婆就不同意来，她就是说反正贵也不对、不贵也不对。不贵的话，她就是说你有什么住头呢，不贵一定说明它的服务跟不上；那贵的话也不好，你花那么多钱有必要吗？反正都有各种不好。"（图图妈，30岁，一胎，江西人，定居深圳）

图图妈的婆婆认为她所代表的传统坐月子习俗与月子中心提供服务的方式不一致，担心月子中心不能按自己眼中正确的方式来坐月子。"婆婆就认为（月子中心）食材不好，没家里的好。当时我刚怀孕的时候，她提前一年请人家养土鸡，酒也是提前好久去酿的，还有姜，她就是叫人专门去弄的，就所有材料、所有的草药，都按照她那边的习俗走的。一套的坐月子的所有的要备的东西，她全部备好了。老一辈认为就按照她所认为的坐月子去做，才是最应该的，就是她同时在家里（可以帮忙坐月子），她开始是不同意来住月子中心的。"（图图妈）

在月子期间，婆婆也经常送东西到月子中心，"除了药渣水可以拿过来给我擦身以外，其他全部被我以月子中心的名义拒绝了。像月子中心的工作人员 X 老师（产后康复师），那天就是因为我乳房还没通的问题，我把 X 老师找进去了，让产康师帮我去演戏，就让她跟我婆婆去解释，说我现在奶水不通，如果现在就给我下酒追奶的话，我堵着了，然后再不挤的话，可能就涨得难受。然后说不能喝那种姜酒鸡（汤）。"（图图妈）

此外，婆婆还担心月子中心对宝宝疏于照顾，不如在家坐月子那么令人安心："她觉得月子中心，宝宝这种托管式的不太安全。之前她朋友的小孩住月子中心，可能她去看过，然后说那边有些宝宝屁股烂了什么的，就觉得说这边有点疏于照顾，月子中心的一些护士什么的。她总觉得说宝宝放在眼皮底下就是最安全的。"（图图妈）

这部分产妇希望通过市场化购买的方式来规避可能发生的婆媳矛盾，借助中介——月子中心——之手来规避可能存在的婆媳问题，这并非意味着婆媳矛盾只有在月子期间才会产生，但月子期间可能积攒的各种矛盾，会成为之后相处的一个导火索。即便只有短短一个月，如若有条件，也应该想尽办法用市场化购买的方式来避免婆媳间之后可能发生的更大的矛盾与冲突。这就是为什么明明婆婆可以帮忙，产妇还是选择来月子中心。

（三）生育标准提高与中等收入群体的生育焦虑

科学话语在现代化的过程中逐渐侵入人们的日常生活世界，在生育这一领域同样不能例外，以往被认为仅关于生活经验的问题也逐渐被认为需要一种专家话语来进行解决。在科学话语的影响之下，生育标准全方面提高，中等收入群体的生育焦虑进一步被加剧了。这主要体现在两个方面，即对育儿的要求以及对女性身体尤其是身材与外貌复原的要求之上。一方面，月子中心将传统所提供的照料问题化，不断强调其是通过市场化的方式采用具有医疗背景的医生与护士进行新生儿与产妇的照料，因而其服务是更科学与专业的；另一方面，中等收入群体能体会到现代医学知识与传统权威之间存在的张力，其所受的高等教育使其更愿意相信现代西方的科学话语而质疑传统的做法。

随着现代社会中生育标准的提高，当代的生育焦虑被前所未有地加剧了，这主要体现在以下两个方面。

首先，有关科学育儿的焦虑被加剧了。在专业技术主义时代，以及受儿童观念变迁的影响，母亲被建构为不懂得儿童内心世界、不会处理亲子关系的无助与无能的母亲，面对育儿实践中的大小事务几乎都需要向专家求助，否则就可能处理失当，并影响孩子某些方面的发展，甚至可能影响他的一生（陶艳兰，2016）。自从科学育儿观念兴起，依靠曾经口耳相传的传统育儿知识已经无法培养出一个"好"的、"成功"的孩子了。而这种科学话语逐渐侵蚀到新生儿这一阶段，一个生命似乎成了一种可以被操作化甚至量化的物件——什么时间要做什么早教运动、频率如何、效果如何等问题均有科学的标准答案，似乎一定要严格训练才能培养一个"合格的"孩子。这种通过传统知识便可以解决的简单照料问题被上升为复杂的教育学问题，父母养成了依赖"专家"进行育儿的习惯，而丧失了原本的基本生活技能与知识。这种科学育儿知识将自身界定为科学，而其所不赞同的知识则被认为是传统的，是需要摒弃与改造的。实际上，专家与消费社会的双重话语共同建构出了表面上"专业"、"科学"甚至"理所当然"的科学育儿知识，它宣称只有遵循专家指导，投入密集的劳动、情感及大量金钱，理想的孩子才可能被再造出来（陶艳兰，2016）。这种科学育儿话语的影响已经蔓延到月子时期的产妇与新生儿了。

月子中心的工作人员不断强调科学育儿的重要性，强调新生儿在此阶段应该进行智能与体能的双重潜力开发，主要通过黑白早教卡、抚触操、新生儿游泳等方式促进孩子的成长、发育，同时还强调此阶段的孩子的安全感、情绪的训练同样也是重要的。月子中心的 L 总，在国外修习幼儿教育，借鉴国外幼教的优秀经验，认为科学育儿应从月子期间就开始："宝宝到 14 天以后，单纯的护理已经满足不了他了，是需要一定的早教的介入了，比如说他的听觉视觉等五感……有个五感统合训练；还有一些脊柱训练，（训练他）抬头，包括他的一些肌肉都是需要有一定的运动，才能更好地生长发育。我们给宝宝游泳就是促进他的机体（发育），整个肌肉组织会长得更结实一点。还有抚触按摩，对于他的骨骼以及他的五感统合的这种灵敏度都是有帮助的。每天做黑白早教卡（训练），也是很重要的。所以说在月子里 0~3 岁其实是孩子最好抓住他人生黄金期的一个阶段。黄金期在月子里如果做好了的话，宝宝人生的第一步会走得很好。"（L 总）同时 L 总强调，在家中的传统坐月子，很难如此专业且周全地考虑到早教问题，因而在一定程度上会影响孩子的智力发育："我们在家里面坐月子，可能你不去跟他进行表情互动，也不进行五感统合训练，然后也不进行黑白早教卡（训练），再不进行游泳，那会出现一个问题，就是宝宝的脑神经元与神经元之间的链接网络的密集程度就会低一点。如果是做这些早教运动的宝宝的话，神经元连接就会更多，那么触感更多的话，他就会更敏感更聪明，所以说跟他未来的智力发展是有绝对关系的，那么我们（月子中心）在 14 天后就要介入了，因为要住到 28 天。"（L 总）

在科学主义的背景之下，新一代父母也赞同这种高标准的育儿要求，因为他们认为老一辈的照料方式是传统、老旧甚至是迷信的，是不符合"科学育儿"标准的，因而是需要被摒除的："老一辈是没有科学依据，拿那种老一辈的土方子搞一搞。我奶奶之前倒很想过来帮我坐月子，她扒着我宝宝翻过去，背上用勺子就刮。她说我孕期就是吃了什么牛肉、羊肉这种东西，如果刮宝宝的后背，就可以刮出很多牛毛羊毛，我不知道从哪里冒出来这些毛，反正我觉得如果她要刮我宝宝，我是打死不会同意的。她说我以前就被她刮出来过，我不信，我不相信这些迷信的。包括我孕期他们都不让我吃这样，他们说吃了这些肉，出来宝宝长得很黑，我从来没有禁（忌），我的天！我孕期，牛肉、牛排什么的是没有少吃的，宝宝生出来白白净净的、连个胎记什么的他都没有，那些肉都是蛋白质啊！"（丁丁妈，29 岁，一胎，四川人，定居深圳）

其次，有关产妇身材与容貌的焦虑被加剧了。市场通过大众传媒打造出"生育偶像"，并将这种偶像话语传播到现代社会中的产妇之中，普通产妇也必须像产后迅速瘦身的明星一般。因此，新一代的产妇会对自己产后的身材与身体产生很大的焦虑，并希望快速恢复到生育前的样子，达到一种理想的女性身体状况，以使自己即便在生儿育女之后，仍能具有女性魅力，从而在亲密关系和职场中"获胜"（戴望云，2019）。新一代的产妇更关注身材与容貌的恢复，受访者强调出月子后在体重方面的降低以及肚腩的减小："身体的健康与身材的恢复相比，我会更关注身材一些。我感觉我是相对来说比较慢一点，因为我现在都快出月子了嘛，瘦也瘦了，但是肚子还没有消，体重是轻了一点，但是可能没那么快。因为我毕竟怀孕的时候胖得还挺多的，胖了将近 30 斤。所以我现在也瘦了，但是还需要再瘦一点。"（杜杜妈，31 岁，一胎，江西九江人，定居深圳）

在身体健康恢复上，月子中心有一套不同于传统习俗的话语，提高了在坐月子中对科学的标准与要求。比如传统坐月子认为整个月子期间都不能洗头洗澡，但科学坐月子却认为可以洗头洗澡，甚至也应该洗头洗澡："老一辈人认为坐月子不要洗澡，但是我们自己科学地有去了解过，其实我们可以洗澡，比如半个月后、一个星期后，或者说伤口好了以后我们可以去洗澡。这就是观念的不一样。"（奥奥妈，27 岁，一胎，广东东莞人，定居广州）从科学坐月子的角度来说，坐月子不洗头容易导致产后脱发，如果坚持这一传统习俗，就会在出月子之后造成许多生理上的问题："以前说传统坐月子不洗头。我们曾经也遇到有些妈妈，她来了以后坚决不洗头，后来出月子的时候头发掉了一半。其实这个是不对的、不科学的。因为你好多天不洗头发，然后毛囊被堵了、油进去了，然后毛囊坏死了，你自然就会脱发,但是如果你这块保养得好的话,就不会产后脱发。其实正常的人体,她生完小孩,她脱发是因为我们自己造成的,你害怕着凉,所以不敢洗头。正常人我们不洗头,你试一下,一个星期不洗头你肯定也掉头发,所以它这是一个知识的诅咒,是个误区。"(L 总)许多月子中心推出了"中药水洗头擦身"的产品及服务,被认为是一种更科学的方式,更有利于产妇的生理健康:"我们这里有专门的中药洗头,头不是不能洗,是可以洗的,你一生完就能洗,但是你不能用生冷的水洗,就是生水洗。我们是把防风、当归、艾叶等等这些中药材熬制成中药水,然后把一般的自来水烧热,烧沸腾,然后晾至温凉以后跟中药水兑在一起。我们就是用煮沸了、煮熟了的水去慢慢洗头发。这样子的话,洗完了头发以后,不仅不会产生产后脱发,反而让毛囊更巩固,然后让油脂这些都排掉,以后反而不会脱发。"(L 总)

在身材恢复方面,月子中心通过美容、瘦身、瘦脸、阴道紧致等方法,企图生产出迷人的"辣妈"形象——凹凸有致、纤细动人、皮肤光滑细腻,进一步加剧了产妇对于"辣妈"形象的偏执与焦虑。面对有生育经验的女性,社会大众对其最高的评价往往是"你看起来一点都不像已经生过孩子了"。这种论调听起来有些刺耳,表面上是夸赞"辣妈",实际上是贬低生育在女性生理、心理及社会层面所造成的影响。生育过的女性,就不再有吸引力,而变得有吸引力的方式只有一个——尽快回到生产前的状态。以月子餐为例,以往的饮食总是强调大补,经常是每天吃一只鸡,认为这样才是营养充足,但月子中心的餐食会严格控制卡路里的摄入,来保证出月子之后产妇在体重、腰围上有很大的改变。"S 月子中心中,有专门的营养师与厨师来进行月子餐的配比,让产妇每日摄入的卡路里严格控制在 2400~2600 大卡的热量,既保证营养,又可以保持身材,不至于在出月子之后发胖。每一次餐食的配送,都会在餐盘上标注出卡路里数据,看不见的热量被消费者真实地看见了。"(2021 年 5 月 25 日田野笔记)。

同时,对于科学坐月子的高标准严要求还体现在产后康复项目中,月子中心有一系列的仪器与设备来帮助产妇进行身体与身材的恢复。月子中心强调其不同于传统坐月子,提供许多产后康复项目,既包括产后操、产后瑜伽等运动上的恢复,还包括促进身体肌群活力恢复的项目,比如腹直肌修复、盆底肌修复,而这在传统坐月子中是不存在的:"很多像我们妈妈那一年代的妇女,她们生完小孩肯定没这样康复了,那么她们到了50岁、60岁的时候,一咳嗽就漏尿就这种情况很多,那就是因为盆底肌出了问题,盆底肌修复是生小孩之后、恶露排清之后要马上干的事情。"(毅毅妈,33岁,二胎,陕西人,定居深圳)

总而言之,月子中心将原本可以用传统解决的事情问题化,不断解构以往月子的仪式行为,在月子中心的大肆鼓吹之下,中等收入群体渐渐赞同,无论是在育儿还是产后康复中,都需要专业技能乃至专业设备的介入,这背后体现的是科学化与专业化的泛滥,将过去"不是问题"的生活照料,当成一种需要专业人员协助解决的医疗性问题,同时也将在过去坐月子中被认为是生理自然现象的过程问题化,认为需要专业设备与手法进行介入。这些高生育标准都进一步加剧了新一代父母的生育焦虑。

(四)坐月子的市场化:生育焦虑的市场化消解

月子中心所宣称的科学、专业,以及其所具有的医疗化背景,都受到中等收入群体女性更多的青睐。西方现代科学尤其是医学的观念对中国人的生活与生产方式有巨大的影响,涉及生育问题的坐月子也在新旧观念的碰撞下不断革新。一方面,现代受过教育的女性,其价值观是被科学主义观念所高度形塑的,她们更容易被科学观点所影响(Yeh, 2012),也更愿意相信月子中心宣称科学与专业的话语。另一方面,中国女性的受教育程度大幅度提高(吴愈晓,2010),越来越多妇女从私领域走向公领域,开始成为职业女性。为平衡工作与家庭生活,在月子中心坐月子是一个对她们而言相对经济的选择,而且她们也有一定经济资本可以负担月子中心的消费价格。

月子中心与中等收入群体联合,消解当代生育焦虑的方式最终指向了消费主义,月子中心采用市场化的方式,用科学与专业的话语进行包装,提供一整套产后照料服务。为缓解中等收入群体母亲在科学育儿与科学坐月子方面的焦虑，月子中心宣称其提供的是医疗化的新生儿照料服务，并会采用科学与专业的方式来打造"辣妈"形象。广告商不断向消费者宣称去月子中心是代表"科学"与"专业"的新型坐月子方式，只有用这种"科学坐月子"的方式，才能坐一个"好月子"。

具体而言，S月子中心有三甲医院儿科医生定期巡诊查房，同时有持证护士团队24小时观察记录新生儿的健康状况以及进行日常护理，整个团队中包括妇产科、儿科医生和营养师、产后康复师等人员。几乎所有受访对象都会强调，在护士的照料下，全家人都能休息好；同时产妇也认为月子中心提供的照料服务是科学与专业的，是与老一辈所代表的传统照料方式截然相反的。"我基本上都会问护士他们，因为他们也是更专业，因为毕竟现在他们都是那种比较科学、更科学的育儿，老一辈的可能还是不很科学，所以我基本上都会直接问护士。"（杜杜妈，31岁，一胎，江西九江人，定居深圳）

此外，为了迎合社会对于产妇"辣妈"形象的期待——既要是好妈妈，也要是好女人，月子中心从新生儿抚育、产后康复两方面进行介入。对于缺乏抚育经验因而面临诸多生育焦虑与不确定性的一胎产妇而言，科学抚育知识非常重要；同时，纠正以往"不科学"的抚育经验对于二胎甚至多胎产妇而言也同等重要。月子中心在这方面有足够多的资源支持。而且，产后康复是月子中心重点强调的部分，月子中心引入了瘦身、瑜伽、健身等活动，注重母亲作为"社会人"对于健康与美丽的需求。同时，可以通过补充家庭所缺少的瘦身美容条件，提供产后美容塑身服务，如产后操、绑腹带、中医调理、中医按摩、美容、桑拿等，满足现代女性对自我形象管理的需求。产妇以消费者的身份提出个性化的要求，建构自我满意的月子体验，通过消费展现女性主体的自我认同，希冀达到社会期待的形象（赵芮，2016）。

月子中心力图提供医疗康复、社会关怀、心理咨询等方面的服务，打造出一种"酒店+医院+家"的消费品，使得产妇的月子更科学、专业也更享受，从而化解中等收入群体所形成的新的生育焦虑。在消费月子中心所提供的产品与服务时，大部分消费者欣然接受月子中心所宣传的"科学"话语，但仍有小部分消费者并没有全然信任以市场化消解生育焦虑的方式，她们在知识或情感层面仍对商业化坐月子存有一些疑虑，因而也逐渐发展出自己的抵抗方式。

五　总结与讨论

坐月子是东亚社会中独有的文化建构，其他社会尤其是西方社会并不存在这种仪式性的文化建构。坐月子虽是独特的仪式类型，但在儒家文化圈中具有类型普遍性。在中国社会中，坐月子不仅是对产妇与新生儿的生理照料，更具有文化层面上的意义。

中国传统社会中，在家庭内部成员的协助下完成坐月子仪式，在一定程度上可以缓解新手妈妈在生育上的焦虑——既包括婴幼儿抚育方面的焦虑，也包括产妇身体恢复方面的焦虑。随着社会现代化的不断发展，坐月子这一在家庭内部完成的传统习俗活动也逐渐出现了现代市场化的新特征。在社会转型的今天，传统上由家庭内部提供的月子照料开始逐渐失效并转向市场机构，这一现象在城市中产家庭中已经出现。部分有一定经济资本与文化资本的中等收入群体，不再依靠过去的传统家庭网络与传统照料技能，而希望以市场化的方式来解决月子照料问题。

本文在广深地区两家月子中心进行田野调查，深度访谈了25名广深地区的产妇。通过观察当代社会中坐月子方式的转变，探讨坐月子的去传统化与市场化的双重过程是如何在月子中心这一微观情境中进行的。本文分析了宏观上月子中心产生的原因，并通过研究在月子中心坐月子的产妇，发现在大城市中坐月子逐渐出现去传统化与市场化的新特征，这一特征在月子照料上体现得尤为明显。

首先，月子中心的出现，在宏观层面上，主要有以下两个原因。第一，国家对产妇产后的医疗资源支持不足，且并没有建立起完备的产妇社区管理、围产期随访制度。因此，在社会支持不足的情况之下，传统上有产后康复需求的女性需要寻求家庭支持，但随着传统方式的失效，产妇需要寻求市场的帮助。第二，亲职假的性别不平等也体现了在一定程度上的制度性缺位,广东女职工的产假为顺产 178 天、剖宫产 208 天,与此相对,男性陪产假仅有 15 天。对女性而言,充足的亲职假有利于其坐月子的完成。而在大家庭无法提供月子照料的前提之下,男性因陪产假过少而无法在核心家庭内部提供月子照料、承担相应家庭责任。

其次,坐月子出现去传统化的特征,很大一部分是受工业化、城市化的发展所带来的家庭变迁影响。在这一过程中,传统家庭网络趋于分解,由家庭内部提供月子照料变得难以为继,对于一部分年轻人尤其是大城市中的年轻人而言,以传统坐月子缓解生育焦虑这一方式开始失效。工业化与城市化促进了人口从农村流入城市,核心家庭成为城市家庭结构的主流,祖辈与子辈普遍分居,因而需要一定的地理流动才能提供月子照料,这造成了不便。而且,大城市住房空间有限,客观上也限制了祖辈来帮忙坐月子。此外,由于人口政策的影响,大城市中晚婚晚育成为普遍现象,这部分晚婚晚育中等收入群体无论出于生育观念还是经济收入的考虑,都倾向于市场化的产后照料服务。计划生育政策放开后,不少家庭开始生育二胎、三胎,目前中国家庭中多是隔代抚养,祖辈需要照料家中其他小孩,难以为产妇及新生儿提供月子照料。更重要的是,通过来月子中心消费的形式,产妇在一定程度上也能规避与婆婆之间在坐月子中可能存在的矛盾与摩擦。子辈选择来月子中心,不仅对于子辈而言是个体化的体现,对祖辈而言也有助于追求晚年生活的个体自由。

传统产后照料模式存在诸多困境的情况,在一定程度上也推动了坐月子去传统化的转型。新一代中等收入群体产妇的生育观念普遍不同于以往,受到其教育水平的影响,她们更希望用一种科学化的方式坐月子。坐月子是一个集体家庭决策,包含核心家庭决策与扩展家庭决策,在决策过程中存在许多传统与现代的张力,因而代际容易产生矛盾。一部分祖辈能够与子辈达成一致,另一部分祖辈则反对子辈进入月子中心,但出于规避婆媳矛盾的考虑,有经济能力的产妇仍选择进入月子中心。

再次,生育标准的提高加剧了中等收入群体的生育焦虑。随着科学话语的全面"入侵",月子中心这一商业化的市场机构利用科学话语进一步解构传统的产后照料方式，在文化建构的基础之上提高生育标准、夸大生育焦虑。第一，高育儿标准使育儿焦虑进一步加剧。科学话语进一步蔓延，刚出生的新生儿也被纳入这套科学育儿的话语体系之中，小孩在摇篮中就需要接受智力以及体力潜能的开发，不能输在起跑线上。同时父母还要在这一阶段与新生儿建立起亲密的亲子关系，使得孩子未来在情绪方面是可控的、有安全感的。第二，高身体复原标准使产妇身材与容貌焦虑进一步加剧。女性产后的身体以及身材的复原变得比以前更重要了，大部分女性需要迎合社会、职场乃至家庭对其在身体与外貌上的期待，希望生产后能尽快恢复到苗条如少女的体态，从而在产假结束后尽快投入职场中，同时也能更好处理夫妻关系。商业化的月子中心面对产妇的焦虑，让医疗话语介入产后阶段，从用产后束腹带消灭小肚子到以医疗器械恢复盆底肌、腹直肌等肌群活力，甚至是用高端设备进行脂肪粉碎……这些方式的介入都是为了生产出一个符合社会期待的"辣妈"形象。生育标准这些前所未有的提高都加剧了新一代父母的生育焦虑。

最后，坐月子呈现出了市场化的新特征，月子中心作为市场化的照料问题解决方式在一定程度上能够化解生育焦虑。在消费主义话语的包装之下，为了保证产妇的身体和身份被社会规范所接受，产妇必须通过购买"科学"的技术、实施干预措施，才能消解生育带来的焦虑。但在这一过程中，她们充分发挥了自主性，无论是在育儿还是身体身材的恢复上都展现出她们的能动性。可来到月子中心就一定实现了消费主义所许诺的自由吗？也许这只是消费主义试图从产妇身上获得经济利益的新方法。新手妈妈在月子中心消费极为短暂的产后照料服务后，回到家中又该如何面对烦琐的育儿事务呢？月子中心或许并非解决生育问题的"万灵药"。同样地，有时产妇们相信月子中心对于"辣妈"形象的再造，似乎只有身材与样貌姣好，最好是根本看不出生过孩子，才是新时代妈妈应该有的样子，某种意义上这是将产妇的身体客体化与物化，迎合了月子中心营利的目的。进入月子中心就一定能在育儿事务、女性对身体的掌控之上有更大的自由吗？或许她们只是掉入了一个父权制与消费主义共同打造的陷阱之中。

值得一提的是，本文认为对产后照料的分析应包含以下维度。第一，习俗-科学维度：坐月子的去传统化主要代表的是照料行为的习俗与科学的维度。第二，家庭-市场维度：坐月子的市场化主要代表的是照料行为的家庭与市场的维度。类型学的划分也并非那么绝对，在习俗、科学、家庭、市场这四个元素中，存在多种组合的可能性，而并非只有单一与绝对的组合关系，比如有的产妇在月子中心中仍然严格遵守传统的坐月子习俗，三十天不洗头不洗澡，这就是习俗维度与市场维度的结合；再比如有的产妇在家也不再拘泥于传统，而选择用更科学的方式坐月子，这就是科学维度与家庭维度的结合。在之后的研究中，也可以进一步深化相关维度的讨论与分析。

参考文献

安征，2019，《母婴产业入口行业研究——基于月子中心发展的视角》，《中国市场》第14期。

陈滢琦，2020，《影响孕产妇选择月子中心因素之研究——以台北市松山区的月子中心为例》，硕士学位论文，台湾开南大学。

代乐乐，2014，《月子习俗的仪式分析与禁忌解读》，《牡丹江大学学报》第8期。

戴望云，2019，《改造"坐月子"：传统、科学与市场的角力》，《广西民族大学学报》（哲学社会科学版）第5期。

傅永军，2008，《现代性与传统——西方视域及其启示》，《山东大学学报》（哲学社会科学版）第2期。

高月林，2017，《月子中心实施产褥期护理的效果观察》，《护理研究》第7期。

顾志娟，2021，《67年中国人口之变：家庭成员"缩圈"》，新华网，5月12日，http：//www.xinhuanet.com/politics/2021-05/12/c_1127434743.htm。

何昀、曾波，2019，《我国中等收入群体消费研究框架：一个文献梳理》，《消费经济》第4期。

黄季平，2006，《做月内与坐月子中心——旧民俗转为新产业》，《民俗曲艺》第6期。

吉登斯，安东尼，2001，《失控的世界——全球化如何重塑我们的生活》，周红云译，江西人民出版社。

李春玲，2016，《中等收入群体与中间阶层的概念定义——社会学与经济学取向的比较》，《国家行政学院学报》第6期。

林晓珊, 2018,《改革开放四十年来的中国家庭变迁：轨迹、逻辑与趋势》,《妇女研究论丛》第 5 期。

刘东丽, 2020,《广州敦南真爱月子会所服务营销策略研究》, 硕士学位论文, 吉林大学。

吕木兰, 1999,《现代坐月子的女性观点——以坐月子中心的产妇为例》, 硕士学位论文, 台湾清华大学。

马春华、李银河、唐灿、王震宇、石金群, 2013,《转型期中国城市家庭变迁——基于五城市的调查》, 社会科学文献出版社。

梅笑、涂炯, 2021,《效率与温情：大病照护中的情感劳动何以可能》,《妇女研究论丛》第 3 期。

石金群, 2016,《转型期家庭代际关系流变：机制、逻辑与张力》,《社会学研究》第 6 期。

孙亚山, 2015,《坐月子, "做身体"：产后经验、母职叙事与性别不平等》, 硕士学位论文, 上海大学。

陶艳兰, 2016,《培育理想儿童：变迁社会中育儿知识的建构（1980—2014）》, 博士学位论文, 南京大学。

汪锡文、彭学鸣, 2005,《月子中心实施产褥期保健的实践》,《中国护理管理》第 5 期。

王广州、周玉娇, 2021,《中国家庭规模的变动趋势、影响因素及社会内涵》,《青年探索》第 4 期。

翁玲玲, 1993,《作月子的人类学探讨：医疗功能与文化诠释的关系》,《妇女与两性学刊》第 4 期。

吴帆、王琳, 2017,《中国学龄前儿童家庭照料安排及政策需求——基于多源数据的分析》,《人口研究》第 6 期。

吴小英, 2020,《照料的问题化及其政策选择——一个家庭变迁视角的探讨》,《杭州师范大学学报》（社会科学版）第 6 期。

吴心越, 2019,《市场化的照顾工作：性别、阶层与亲密关系劳动》,《社会学评论》第 1 期。

吴心越, 2021,《照料劳动与年龄困境：基于养老机构护理员的研究》,《妇女研究论丛》第 4 期。

吴愈晓, 2010,《影响城镇女性就业的微观因素及其变化：1995 年与 2002 年比较》,《社会》第 6 期。

武志伟, 2022,《地方性与现代性的和解路径探析》,《济南大学学报》（社会科学版）第 1 期。

肖索未、简逸伦, 2020,《照料劳动与社会不平等：女性主义研究及其启示》,《妇女研究论丛》第 5 期。

闫臻, 2018,《月子中心消费叙事：从"代际情感交换"到"经济消费认同"的女性身体建构》,《中国青年研究》第 7 期。

杨敏、杨筱明, 2016,《"传统—现代"关系的本体论与方法论意涵》,《甘肃社会科学》第 6 期。

姚远、程诚，2019，《晚育有利于子代的发展吗？——基于CEPS数据的多维度考察》，《青年研究》第5期。

泽利泽，薇薇安娜·A.，2009，《亲密关系的购买》，姚伟、刘永强译，上海人民出版社。

张斌，2019，《成都市AB月子中心营销策略研究》，硕士学位论文，西南财经大学。

张晨韵、陈钰琪、李跃平、张雪晖、陈玉菁，2021，《月子中心监管对策研究——基于母婴权益保障视角》，《南京医科大学学报》（社会科学版）第3期。

张奇林、刘二鹏，2019，《面向家庭的照料社会政策建构：范式、因应与路径》，《青海社会科学》第2期。

张荣瑾，2020，《"外包的自我"：市场化照料与非正式劳动者的生产——基于20位家政女工的访谈》，硕士学位论文，华东师范大学。

章梅芳、刘兵、卢卫红，2009，《"坐月子"的性别文化研究》，《广西民族大学学报》（哲学社会科学版）第6期。

赵芮，2016，《新老博弈：商业化坐月子与家长权威的式微》，《思想战线》第4期。

中华人民共和国国家统计局编，2022，《中国统计年鉴2022》，中国统计出版社。

Chmielowska, Ewa, and Fu-Sheng Shih. 2015. "Reshaping the Tradition: Postpartum Care in Modern Taiwan." *Acta Asiatica Varsoviensia* 28: 123-136.

Kang, Yoonjung. 2014. "Love and Money: Commercial Postpartum Care and the Reinscription of Patriarchy in Contemporary South Korea." *Journal of Korean Studies* 19 (2): 379-397.

Ko, Yi-Li, Chi-Li Yang, and Li-Chi Chiang. 2008. "Effects of Postpartum Exercise Program on Fatigue and Depression during 'Doing-the-Month' Period." *Journal of Nursing Research* 16 (3): 177-186.

Lin, Yuancheng, Min Wang, Xiaoxin Chen and Canwen Chen. 2021. "Understanding Home in the Chinese Cultural Context: Insights from Postnatal Women's 'Doing the Month'." *Tijdschrift voor Economische en Sociale Geografie* 112 (5): 536-548.

Wheelock, Jane and Katharine Jones. 2002. "'Grandparents Are the Next Best Thing': Informal Childcare for Working Parents in Urban Britain." *Journal of Social Policy* 31: 441-463.

Yeh, Yueh-Chen. 2012. "Tso Yueh Tzu in a Taiwanese Maternity Care Centre: New Interpretations of an Old Postnatal Ritual." Ph.D Doctorate Thesis, Griffith University.

Yeh, Yueh-Chen, Winsome St. John and Lorraine Venturato. 2014. "Doing the Month in a Taiwanese Postpartum Nursing Center: An Ethnographic Study." *Nursing & Health Sciences* 16 (3): 343-451.

代际社会流动会影响消费观念吗?

——基于 CGSS 2010 数据的实证研究*

李 明**

摘 要：已有的社会分层视角下的消费研究多关注消费的阶层区隔，在一定程度上忽视了对消费主观属性的研究。消费观念是一种消费主观属性，是影响个体消费行为和模式的重要主观因素。基于 CGSS 2010 数据，本文首先使用因子分析方法将中国民众的消费观念分为消费主义消费观念和节俭主义消费观念两种，然后采用对角参照模型分析了个体代际社会流动经历对两种消费观念的影响。研究发现，中国民众的消费主义和节俭主义消费观念同时受到阶层出身和当前阶层的影响。消费主义消费观念受阶层出身的影响更大，体现出较强的继承性特征；节俭主义消费观念受到当前阶层的影响更大，主要取决于目前的消费能力。代际社会流动对消费主义消费观念没有显著影响，但对节俭主义消费观念存在一定的影响。一方面，作为社会主流价值的节俭主义消费观念为那些经历代际社会流动的个体提供了重要的价值参照；另一方面，与稳定不流动群体相比，代际向上流动的个体拥有更强的节俭主义消费观念。

关键词：代际社会流动 消费观念 社会阶层 对角参照模型

---

* 本文初稿曾在中国社会学会 2022 年学术年会"社会分层与流动"分论坛上报告，感谢同济大学王甫勤老师及匿名评审专家的宝贵建议。文责自负。

** 李明，清华大学社会科学学院博士研究生，liming20@mails.tsinghua.edu.cn。

一 研究问题

改革开放以来，中国经历着一场深刻的消费转型，而消费观念的变迁正是这场转型的重要组成部分。消费观念对民众的消费行为和消费模式存在重要的影响，其变迁也是整个社会消费结构转型的重要助推力。个体消费观念的形成受到多种因素的影响。一方面，消费观念不仅与社会生产力发展水平相适应（董雅丽等，2010），也是整个社会的消费文化在观念层面的表现；另一方面，消费观念是社会化的结果，其形成有赖于个体所处的社会阶层位置、家庭文化氛围和生活经历（布尔迪厄，2015）。改革开放以来，中国民众的欲望形态和消费观念总体上处于从节俭主义向消费主义转型的过程中（王宁，2011；郑红娥，2006）。与此同时，中国也在经历着一场深刻的社会结构转型——阶层结构日益朝着多元化方向发展，代际社会流动率也在逐步提升（李路路、朱斌，2015）。那么，消费转型与社会结构转型是否有关？社会流动的增加能否促进整个社会消费观念的转型？回顾已有文献，对以上问题的研究并不充分。

社会流动是社会转型的重要机制（刘祖云，1998）。作为一种社会体验的异质性来源，社会流动对社会成员的态度和行为具有重要的影响，经历代际流动的个体可能面临着互相冲突的社会规范和截然不同的社会期望、处事原则与价值观（Daenekindt and Roose，2013）。20 世纪中叶以来，西方社会分层与流动领域围绕社会流动后果议题开展了大量的实证研究，相关议题涵盖身心健康、主观幸福感、政治态度和文化消费等多个方面。近年来，国内的学者也开展了大量类似的实证研究（边燕杰、芦强，2017；李姚军、王杰，2021；芦强，2021；聂伟，2017；盛智明，2013；石磊，2020；王甫勤，2011；王甫勤，2017）。遗憾的是，目前为止还没有实证研究涉及代际社会流动和消费观念之间关系的探讨。基于此，本文的研究问题是：代际社会流动对个体的消费观念存在怎样的影响？

本文的贡献主要体现在以下两个方面：其一，结合已有研究对消费观念的理论认识，从消费主义和节俭主义两个维度对消费观念进行操作化，并将这一操作化方式其运用到了实证研究当中；其二，基于定量研究方法，研究了代际社会流动对个体消费观念的影响，丰富了我们对转型时期中国民众消费观念形成机制的认识。

二 文献回顾

（一）消费观念的概念界定

国内关于消费观念的系统性研究始于改革开放初期，不同的学者对消费观念给出了不同的定义。雷定安和金平的研究将消费观念定义为人们关于消费水平和消费方式等问题的总的态度和看法，包括节俭消费观、侈靡消费观和适度消费观三种类型（雷定安、金平，1996）。郑红娥较早地开展关于城市居民消费观念的系统性研究，她将消费观念界定为"人们对消费生活的基本看法"，认为消费观念主要可以从传统消费观和西方消费主义两个维度来定义（郑红娥，2006：31）。王宁认为，消费观念是消费主观属性的重要组成部分，是个体在社会化过程中形成的关于消费的态度与意识，是构成消费决策和消费选择的主观形态（王宁，1999，2011）。消费主观属性主要包括消费观念、消费心理和消费决策的主观形态三个方面（王宁，2011：11~12），分别从属于消费社会学、消费心理学和消费经济学三个消费研究的分支领域。国内关于消费主观属性的研究长期局限在消费心理学和消费经济学领域，消费社会学的相关研究工作相对滞后。与消费心理学和消费经济学的视角不同，消费社会学从社会总体结构和条件的角度整体把握消费的主观性（王宁，2011：12），将消费观念视为个体社会化、社会文化和社会结构的产物，分析消费观念的影响因素和变迁机制。

在本文中，我们借用已有的定义（雷定安、金平，1996；郑红娥，2006），从节俭主义和消费主义两个维度来定义消费观念。所谓节俭主义，是一种对消费欲望实行严格约束、抑制和节制的欲望形态（王宁，2010）。

作为一种理性的消费观念,节俭主义消费观念的核心特征是实用主义,主张量入为出、满足基本生存需要的适度消费,在消费实践中讲求精打细算、细水长流(王宁,2009)。而消费主义消费观念是一种形成于现代社会的消费观念,其典型的特征包括超前消费、追求享乐和及时的欲望满足、讲究商品的符号价值、注重商品的品牌和格调等。消费主义兴起存在着深厚的社会背景。20世纪,伴随着资本主义发展进入新的阶段,福特生产线的推广、现代市场营销的发展以及分期付款等消费方式的大规模运用将人类社会由一个生产社会推向了消费社会。改革开放以来,商品市场的丰富为民众消费创造了客观条件,官方层面提倡节俭的消费意识形态逐步让位于刺激消费的意识形态,并形成了广告、大众传媒和信用卡等一系列消费社会的制度安排(王宁,2007),使得消费主义消费观念在中国城镇地区逐渐蔓延开来。

(二) 社会流动对消费观念的影响

社会学家开展有关消费的研究时,将消费的社会属性置于中心位置,认为消费不仅是一种经济活动,也是一种文化活动。消费选择是一种对生活方式的选择(王宁,2011:74),消费行为体现着个体的阶层惯习、品位和生活方式。社会学意义上的消费"既是用于建构认同的'原材料',又是认同表达的符号和象征"(王宁,2001),而继承性和获得性是认同的两个重要的特征。消费观念同样体现着一定的继承性和获得性,受到阶层出身(origin class)和当前阶层(destination class)双重因素的影响。那么,社会阶层位置的变动会对消费观念产生怎样的影响?已有的文献围绕社会流动的位置效应和流动效应给出了不同的理论解释。

1. 位置效应(position effects)

阶层出身和当前阶层对消费观念影响的相对大小在一定程度上反映的是初级社会化和再社会化的相对影响(Coulangeon,2015)。早期社会化决定论和文化再生产理论认为,阶层出身对个体价值观念和行为方式具有根本性和持久性的影响。早期社会化决定论认为,原生家庭对子代价值观念的形成具有根本性的影响,初级社会化比之后的教育的影响更大(Nagel,2010)。

由于个体获得职业之前是在原生家庭的文化环境中长大的，童年时期的价值观念一旦形成，便延续到生命历程的后期（Glenn，1980）。布尔迪厄的文化再生产理论从家庭文化资本和阶层惯习的角度给出了类似的判断。布尔迪厄认为，家庭是文化资本代际传递的主要场所，阶层出身在很大程度上决定着一个人的文化品位、生活方式和价值理念（布尔迪厄，2015：135）。个体在生命历程的早期阶段形成的惯习将会在其一生中产生持续性的影响。消费生活表征着个体的生活方式，消费观念也是生活方式的重要体现。根据这一理论，个体童年时期的生活经历所塑造的消费观念将在随后的生命历程中产生持久而稳固的影响。消费观念一旦形成，即使是在生命历程的后期阶段也很难发生变化。如果早期社会化决定论和文化再生产理论观点成立，我们将在经验资料中观察到阶层出身对个体消费观念具有决定性的影响。基于此，我们提出本文的第一个假设。

假设1（阶层出身决定论假设）：阶层出身对个体的消费观念起决定性作用。与当前阶层相比，阶层出身的影响更大。

假设1a：阶层出身对消费主义消费观念的影响比当前阶层的影响更大。

假设1b：阶层出身对节俭主义消费观念的影响比当前阶层的影响更大。

早期社会化决定论和文化再生产理论的共同点在于都强调童年时期的社会化经历的决定性影响，文化适应理论和文化流动模型对此提出了质疑。布劳的文化适应理论强调"再社会化"（re-socialization）过程的影响，将社会流动视为对当前阶层的典型价值观和生活方式的文化适应过程（Blau，1956）。尽管阶层出身对一个人的消费观念产生一定的影响，但当前阶层所拥有的物质资源条件、社会文化氛围和生活圈子对消费观念的影响可能会更大。文化流动模型挑战了布尔迪厄的文化再生产理论，认为家庭背景和童年时期的经历只能够部分地决定一个人的文化资本存量，文化资本还可以在家庭之外的场所获取（Aschaffenburg and Maas，1997；Dimaggio，1982）。尽管早期的社会化发挥重要作用，但个体面临新的社会环境时，其行为、态度和观念也将随之发生改变。当前阶层决定论在文化消费领域的相关研究中得到了许多实证研究的支持。经历过社会流动的个体，其文化消费品位兼具社会出身社会化和当前阶层社会化的特征（Deeming，2014）。一项关于社会流动对音乐品位影响的研究表明，初级社会化虽然影响人们的品位，但总体而言它的影响无法抵消当前阶层的再社会化所带来的文化影响（Coulangeon，2015）。基于此，本文提出假设2，与假设1构成一组竞争性假设。

假设2（社会位置决定论假设）：个体当前阶层对个体的消费观念具有决定性作用。与阶层出身相比，当前阶层的影响更大。

假设2a：当前阶层对消费主义消费观念的影响比阶层出身的影响更大。

假设2b：当前阶层对节俭主义消费观念的影响比阶层出身的影响更大。

2. 流动效应（mobility effects）

经历社会流动的个体的消费观念会发生怎样的变化？西方有关社会流动对消费影响的研究主要围绕文化消费展开，已有大量的实证研究分析社会流动对文化消费的影响，考察个体的文化品位如何随着阶层位置的流动而发生变化（Chan and Turner，2017；Coulangeon，2015；Daenekindt and Roose，2013，2014；Paulson，2018；Van Eijck，1999）。主流价值支配论（social attitudes dominance thesis）将阶层文化氛围因素纳入考虑。该理论认为，流动的社会成员的态度和价值观不是以阶层地位，而是以态度或价值观念本身是否符合社会主流作为参照标准。个体的价值观念和行为方式受到群体内其他成员的共同价值观带来的社会压力的影响（Blau，1960；Tolsma et al.，2009）。节俭主义是中国传统农业社会传承下来、建立在匮乏经济基础上的一种主流的消费观念（王宁，2010），一直具有深厚的传统伦理基础，是人们日常生活中的行为规范和道德准则（雷定安、金平，1996）。中国传统文化中，铺张浪费、一掷千金将会面临来自社会的道德谴责。而消费主义是一种发端于西方工业社会和后工业社会、与现代社会相适应的消费心理机制和欲望形态。消费主义在中国社会中存在的历史并不长，并不像节俭主义那样有着深厚的伦理道德基础。我们认为，即便中国民众的消费观念正在经历着从节俭主义向消费主义转型的过程，但作为中国传统文化的重要组成部分，节俭主义仍然作为当代社会的主流消费价值理念发挥价值引领作用，这是由于中国传统消费伦理和消费习惯根深蒂固的影响。结合主流价值支配论的观点，我们提出如下假设。

假设3（主流价值看齐假设）：社会成员流动到一个新的社会阶层，如果这个阶层对应的稳定不流动群体的消费观念比流动社会成员阶层出身对应的稳定不流动群体的消费观念更加符合社会主流价值期待，那么这些社会成员的消费观念受当前阶层的影响更大。

关于社会流动对文化品位和文化消费影响的实证研究发现，品位上的折中主义是社会流动尤其是向上社会流动的结果，经历向上流动的个体在文化消费品位上表现出一定的"杂食性"特征（Friedman, 2012; Van Eijck, 1999）。我们预期，向上流动可能会促进个体的消费观念转型。一方面，向上流动的个体实现了经济地位的相对提升，其消费能力得到了增强，与那些未经历向上流动的个体相比，经济地位的相对优势可能会弱化他们继续维持节俭消费生活习惯的动机。另一方面，社会流动也会改变个体的社会交往边界和范围。经历向上社会流动的个体更容易被当前阶层所同化，融入当前阶层的社会网络和文化当中（Clifford and Heath, 1993）。向上流入一个新的社会阶层以后，与高阶层社会互动的增加可能会促进个体消费观念的转型。在社会模仿机制的作用下，向上流动的个体更愿意学习高阶层的消费生活方式，接受新的消费观念和消费方式。已有实证研究发现，社会流动对个体的文化品位和生活方式的影响总体上呈现适应地位最高的阶层位置的特征（Daenekindt and Roose, 2013, 2014; Daenekindt, 2017; Nieuwbeerta et al., 2000）。基于此，我们提出下列假设。

假设4（社会流动效应假设）：代际向上流动有助于促进个体消费观念转型。

假设4a：经历代际向上流动可能会增强个体的消费主义消费观念。

假设4b：经历代际向上流动可能会弱化个体的节俭主义消费观念。

三 研究设计

（一）数据

本文使用的数据是中国综合社会调查（Chinese General Social Survey,

CGSS)2010 年数据。使用该数据的理由在于,目前国内数据公开的大型抽样调查中仅有 2010 年 CGSS 调查设计了较为全面的消费观念量表,可满足本文分析需要。剔除了在任意分析变量上存在缺失值的个案以后,得到包含 8692 个受调查者的样本。统计分析中我们对数据进行了加权处理。

(二) 变量

1. 因变量

本文选取消费观念量表中的五个问题进行主成分因子分析构建消费观念因子,将其作为因变量(见表1)。五个问题采用李克特五分制量表计分,从"完全不同意"到"完全同意"分别赋值 1~5 分,然后对其进行主成分因子分析。在进行因子旋转时,我们使用 Promax 斜交旋转法以保留因子之间的相关性(Costello and Osborne,2005)。因子分析结果显示,特征值大于 1 的因子可以提取 2 个,我们可以将其命名为消费主义消费观念和节俭主义消费观念。为了解释便利,我们对提取的 2 个因子进行了 0~1 离差标准化处理后再将其乘以 10,使因子得分取值范围为 0~10。

表 1 中国居民消费观念的主成分因子分析结果

项目	均值 (标准差)	消费主义 消费观念	节俭主义 消费观念
有了多余的钱我首先考虑存起来	4.0(1.05)	0.1557	0.8234
买东西应该讲求实用,是不是名牌不重要	3.9(1.06)	-0.2121	0.6859
我周围的人有的名牌货,我也得有	1.9(0.98)	0.6963	-0.1780
日常吃饭可以简朴点,但是穿着得讲究	2.4(1.15)	0.7525	0.1606
花明天的钱,圆今天的梦,透支消费很正常	2.4(1.23)	0.7551	0.0252
特征值	—	1.7253	1.2550
解释方差(%)	—	34.50	25.10

2. 自变量

本文的核心自变量是代际社会流动,以代际职业流动测量。构建代际社会流动变量之前,需要首先定义当前阶层和阶层出身变量。当前阶层变量以受访者在接受调查时的职业(当前无工作者以上一份职业代替)测量,阶层出身变量以14岁时父亲阶层来测量。本文在EGP11类别阶层分类图式基础上进行合并,得到一个4类别的阶层分类图式(Erikson and Goldthorpe, 1992;Erikson et al., 1979;侯利明、秦广强,2019)(见表2)。阶层地位从农民阶层到高级非体力阶层依次提升。通过对比父亲的阶层地位和本人的阶层地位,即可定义代际社会流动变量,其取值分为向上流动、向下流动和不流动三种。

表2 EGP11类别阶层分类图式与其合并后得到的四分类图式的对应关系

EGP11类别阶层分类图式	合并后的4类别阶层分类图式
Ⅰ:大业主,高级专业人员和经理	Ⅰ:高级非体力阶层
Ⅱ:较低级别的专业人员和管理人员	
Ⅳa:有雇员的小企业主	
Ⅲa:常规非体力	Ⅱ:一般非体力阶层
Ⅲb:低级服务人员	
Ⅳb:没有雇员的自雇佣者	
Ⅴ:低级技术人员和体力雇员主管	
Ⅵ:熟练技术型体力工人	Ⅲ:体力工人阶层
Ⅶa:半技术和非技术的体力工人	
Ⅶb:农业劳动者	Ⅳ:农民阶层
Ⅳc:自营农民	

控制变量包括性别、年龄、受教育程度、婚姻状况、就业状况、上一年个人总收入(取自然对数)①、居住地城乡属性、户籍属性和居住地的地理区位。变量描述分析结果见表3。

---

① 对收入中的0值加上一个极小值(0.1)后再取对数。

表 3　相关变量的描述性分析（$N=8692$）

变量/变量取值	百分比/均值（标准差）	变量/变量取值	百分比/均值（标准差）
消费主义消费观念	3.4(1.8)	男性	53.6%
节俭主义消费观念	7.1(1.7)	年龄	46.3(14.4)
阶层出身		居住地为城镇	53.4%
高级非体力阶层	10.6%	城镇户籍	40.1%
一般非体力阶层	10.2%	未婚	12.8%
体力工人阶层	16.0%	目前有工作	74.4%
农民阶层	63.2%	上一年个人总收入（取自然对数）	8.1(3.6)
当前阶层		受教育程度	
高级非体力阶层	20.2%	小学及以下	37.0%
一般非体力阶层	17.4%	初中	32.3%
体力工人阶层	22.1%	高中	18.1%
农民阶层	40.2%	大专及以上	12.6%
代际社会流动		居住地地理区位	
向上流动	40.3%	东部	39.1%
不流动	48.1%	中部	36.3%
向下流动	11.7%	西部	24.7%

（三）模型设定

难以排除社会流动变量与阶层出身、当前阶层之间的线性依赖关系的影响一直是社会流动后果相关研究面临的一个方法上的困境。传统回归分析模型无法将流动效应和位置效应区分开来。针对这一问题，Sobel 提出的对角参照模型（Diagonal Reference Model，DRM）可以有效地弥补传统回归方法的不足（Sobel，1981，1985）。对角参照模型的基本假定是，一个社会阶层中的不流动群体是该阶层的"核心成员"，这一群体的态度是该阶层群体的典型态度，而经历社会流动群体（流动表中非对角线单元格）在因变量上的取值则是对角线单元格因变量取值的函数。对角参照模型的基本形式如下：

$$Y_{ijk} = p\mu_{ii} + (1-p)\mu_{jj} + e_{ijk} \quad (0 \leq p \leq 1) \qquad （模型0）$$

在模型0中，Y_{ijk}指代的是指第k个受调查者在第ij单元格即阶层出身为i、当前阶层为j的单元格中因变量的估计均值。μ_{ii}指的是对角单元格ii中因变量的估计均值，即阶层出身对应的不流动群体因变量的均值，代表的是阶层出身的位置效应。μ_{jj}是对角单元格jj中因变量的估计均值，代表的是当前阶层位置效应。p系数估计的是阶层出身位置效应相对于当前阶层的影响强度，表示阶层出身的相对重要性，取值范围限定为[0, 1]。$(1-p)$是当前阶层位置效应的相对影响强度。若$p>0.5$，则表示阶层出身对于因变量的位置效应要强于当前阶层的位置效应；$p<0.5$则表明阶层出身的影响不如当前阶层。在模型0的模型的基础上加入协变量后得到模型1。协变量由不同的x_{ijl}来表示，对应的协变量参数用β_l来表示。模型1是本文的基准模型。

$$Y_{ijk} = p\mu_{ii} + (1-p)\mu_{jj} + \sum \beta_l x_{ijl} + e_{ijk} \quad (0 \leq p \leq 1) \qquad （模型1）$$

在模型1的基础上构建模型2可验证本文提出的"主流价值看齐假设"（秦广强，2011）：

$$Y_{ijk} = (p + bx_{tij})\mu_{ii} + [1-(p+bx_{tij})]\mu_{jj} + \sum \beta_l x_{ijl} + e_{ijk} \quad (0 \leq p \leq 1) \qquad （模型2）$$

模型2引入了一个新的变量x_{tij}来对比当前阶层对应的不流动群体和阶层出身对应的不流动群体的消费观念。以以节俭主义消费观念为因变量的模型为例，如果当前阶层对应的不流动群体的节俭主义消费观念得分比那些阶层出身所对应的不流动群体的节俭主义消费观念得分更高，那么x_{tij}赋值为1，否则赋值为0。此时，我们可以将经历流动的群体划分为"向节俭主义观念阶层流动的群体"和"向非节俭主义观念阶层流动的群体"。如果假设3成立，那么阶层出身在"向节俭主义消费观念阶层流动的群体"中对应的权重（$p+b$）应小于在"向非节俭主义消费观念阶层流动的群体"中的权重（p），即$b<0$。

在模型1的基础上我们进一步引入向上流动虚拟变量x_{uij}和向下流动虚

拟变量 x_{dij} ，考察代际社会流动是否对消费观念存在独立影响：

$$Y_{ijk} = p\mu_{ii} + (1-p)\mu_{jj} + \sum \beta_l x_{ijl} + \eta x_{uij} + \theta x_{dij} + e_{ijk} \quad (0 \leqslant p \leqslant 1) \quad （模型3）$$

四 结果分析

（一）描述性分析结果

根据阶层出身和当前阶层属性，我们确定了16种不同的代际社会流动情况，并计算了其各自对应群体的消费观念得分，结果报告于表4。表4中对角线上阴影单元格中的数字表示不流动群体的消费观念得分，非对角线单元格中的是经历代际社会流动成员的消费观念得分。由表4的上半部分可以看到，不流动的群体在消费主义消费观念得分上并未呈现出明显的阶层梯度。稳定不流动的农民阶层在消费主义消费观念得分上最高（3.5），其次是高级非体力阶层和一般非体力阶层（均为3.4），消费主义消费观念得分最低的是体力工人阶层（3.1）。在节俭主义消费观念因子得分方面，农民阶层的节俭主义消费观念得分最高（7.5），高级非体力阶层节俭主义消费观念得分最低（6.6）。对角线单元格呈现出明显的阶层梯度，阶层地位越低的个体越可能存在较强的节俭主义消费观念。

表4 代际社会流动情况不同的群体的消费观念得分 （$N=8692$）

阶层出身	消费主义消费观念得分				
	当前阶层				
	Ⅰ	Ⅱ	Ⅲ	Ⅳ	小计
Ⅰ：高级非体力阶层	3.4(42.9)	3.3(23.5)	3.7(16.8)	3.7(16.8)	3.5(100)
Ⅱ：一般非体力阶层	3.1(36.0)	3.4(27.5)	2.9(24.5)	3.5(11.9)	3.2(100)
Ⅲ：体力工人阶层	3.1(27.0)	3.2(27.8)	3.1(33.5)	3.6(11.7)	3.2(100)
Ⅳ：农民阶层	3.5(12.1)	3.5(12.2)	3.4(19.7)	3.5(56.0)	3.5(100)
小计	3.3(20.2)	3.4(17.4)	3.3(22.1)	3.5(40.2)	3.4(100)

续表

阶层出身	消费主义消费观念得分				
	当前阶层				
	Ⅰ	Ⅱ	Ⅲ	Ⅳ	小计
Ⅰ：高级非体力阶层	6.6(42.9)	6.9(23.5)	7.3(16.8)	7.4(16.8)	6.9(100)
Ⅱ：一般非体力阶层	6.7(36.0)	6.9(27.5)	7.4(24.5)	7.2(11.9)	7.0(100)
Ⅲ：体力工人阶层	7.0(27.0)	7.3(27.8)	7.3(33.5)	7.3(11.7)	7.2(100)
Ⅳ：农民阶层	6.9(12.1)	7.3(12.2)	7.5(19.7)	7.5(56.0)	7.4(100)
小计	6.8(20.2)	7.1(17.4)	7.4(22.1)	7.4(40.2)	7.2(100)

注：括号内为单元格样本量的行百分比。

（二）对角参照模型分析结果

表5报告的是代际社会流动对消费观念影响的对角参照模型结果。模型1结果显示，消费主义消费观念同时受到阶层出身和当前阶层的影响，这表明消费主义观念的继承性和获得性并存。由模型1可见，阶层出身权重 p 为0.828，而当前阶层的权重仅为0.172（1−0.828），这说明阶层出身对消费主义消费观念的影响要比当前阶层更加重要。也就是说，消费主义消费观念存在较强的阶层继承性，主要受到初级社会化的影响，受到后天的再社会化经历的影响较小，这支持了本文提出的假设1a，同时证伪了假设2a。

根据对角参照模型的假定，未经历代际社会流动的群体的消费观念可以作为其所处阶层消费观念的代表。从不流动群体的平均分来看，高级非体力阶层的消费主义消费观念最强，其次是农民阶层。以上的结果表明，消费主义消费观念并不存在严格的阶层梯度，并不是地位越高的阶层消费主义消费观念越盛行。一般非体力阶层和体力工人阶层的消费主义消费观念反而弱于农民阶层。我们认为，这可能与一般非体力阶层和体力工人阶层面临的消费能力约束与消费结构的特殊性有关。中国社会的消费主义与西方社会的消费主义有着不同的含义。中国的消费主义更多的是一种"两栖消费"的结果——通过在某些领域的"省吃俭用"来支持购房等耐用消费品的消费

（王宁，2020）。一般非体力阶层和体力工人阶层大多生活在城市地区。近年来，大中城市快速攀升的房价在一定程度上挤占了一般非体力阶层和体力工人阶层的日常消费资源，加上子女教育压力的增大，使得他们的劳动薪资收入更加倾向于用于储蓄而非即时消费。与高级非体力阶层相比，一般非体力阶层和体力工人阶层面临的更强的消费预算约束进一步要求他们必须具备更强的节俭主义消费观念，抑制了消费主义消费观念在这两个阶层中的兴起。

模型 2 在模型 1 的基础上加入了一个虚拟变量以指示个体是否流动到一个更符合社会价值规范的阶层当中。如果个体流入了一个消费主义观念较弱的阶层（即更符合主流消费价值观的阶层），则该变量赋值为 1，否则赋值为 0。b 为该变量对应的系数。结果显示，b 系数为 0.241 且并未通过显著性检验，不满足 $b<0$ 的假设条件。因此，"主流价值看齐假设"（假设 3）在这里没有得到数据的支持。模型 3 在模型 1 的基础上引入了社会流动变量，以不流动群体作为参照。结果显示，代际向上流动不会对个体的消费主义观念产生显著的影响，即对于那些实现向上流动的社会成员来说，阶层境遇的改善并不能激励他们在消费观念方面表现出更强的消费主义特征。本文的假设 4a 没有得到数据的支持。

表 5 代际社会流动对消费观念影响的对角参照模型结果

	消费主义消费观念			节俭主义消费观念		
	模型 1	模型 2	模型 3	模型 4	模型 5	模型 6
阶层出身权重(p)	0.828***	0.716**	0.801***	0.367***	0.646***	0.292*
	(0.153)	(0.244)	(0.152)	(0.093)	(0.141)	(0.124)
当前阶层权重($1-p$)	0.172	0.284	0.199	0.633***	0.354*	0.708***
	(0.153)	(0.244)	(0.152)	(0.093)	(0.141)	(0.124)
不流动群体平均分						
高级非体力阶层	4.157***	4.150***	4.135***	6.743***	6.678***	6.680***
	(0.141)	(0.142)	(0.150)	(0.134)	(0.145)	(0.139)
一般非体力阶层	3.863***	3.847***	3.836***	6.970***	6.890***	6.900***
	(0.137)	(0.138)	(0.145)	(0.126)	(0.130)	(0.132)
体力工人阶层	3.832***	3.832***	3.807***	7.288***	7.225***	7.204***

续表

	消费主义消费观念			节俭主义消费观念		
	模型1	模型2	模型3	模型4	模型5	模型6
	(0.126)	(0.130)	(0.130)	(0.117)	(0.115)	(0.124)
农民阶层	4.027***	4.013***	4.015***	7.027***	7.017***	7.010***
	(0.119)	(0.120)	(0.121)	(0.112)	(0.111)	(0.112)
系数 b		0.241			−0.602*	
		(0.391)			(0.279)	
代际社会流动（参照组：不流动）						
向上流动			0.033			0.104*
			(0.047)			(0.050)
向下流动			0.049			0.017
			(0.078)			(0.068)
男性	0.088*	0.088*	0.087*	−0.270***	−0.273***	−0.274***
	(0.041)	(0.041)	(0.041)	(0.038)	(0.038)	(0.038)
年龄	−0.012***	−0.012***	−0.012***	0.012***	0.012***	0.012***
	(0.002)	(0.002)	(0.002)	(0.002)	(0.002)	(0.002)
城镇样本	−0.081	−0.087	−0.086	−0.106*	−0.108*	−0.116*
	(0.055)	(0.055)	(0.057)	(0.053)	(0.052)	(0.053)
城镇户籍	−0.200**	−0.204***	−0.199**	−0.045	−0.042	−0.031
	(0.061)	(0.061)	(0.061)	(0.057)	(0.056)	(0.057)
未婚	0.119*	0.118*	0.120*	−0.207***	−0.206***	−0.202***
	(0.059)	(0.059)	(0.059)	(0.054)	(0.054)	(0.054)
受教育程度（参照组：小学及以下）						
初中	−0.199***	−0.202***	−0.202***	0.065	0.064	0.064
	(0.051)	(0.051)	(0.052)	(0.048)	(0.048)	(0.048)
高中	−0.150*	−0.153*	−0.152*	−0.156*	−0.159*	−0.151*
	(0.066)	(0.066)	(0.067)	(0.062)	(0.062)	(0.062)
大专及以上	−0.043	−0.047	−0.046	−0.445***	−0.450***	−0.443***
	(0.087)	(0.087)	(0.088)	(0.082)	(0.082)	(0.082)
目前有工作	0.224***	0.227***	0.227***	−0.035	−0.030	−0.028
	(0.054)	(0.054)	(0.054)	(0.050)	(0.050)	(0.050)
上一年个人总收入（取自然对数）	−0.007	−0.007	−0.007	−0.001	−0.002	−0.002
	(0.006)	(0.006)	(0.006)	(0.006)	(0.006)	(0.006)

续表

	消费主义消费观念			节俭主义消费观念		
	模型1	模型2	模型3	模型4	模型5	模型6
地理区位(参照组:东部)						
中部	0.117*	0.120*	0.119*	-0.050	-0.047	-0.050
	(0.047)	(0.047)	(0.047)	(0.044)	(0.044)	(0.044)
西部	-0.094	-0.091	-0.092	0.110*	0.113*	0.112*
	(0.052)	(0.052)	(0.053)	(0.049)	(0.049)	(0.049)
RSS	103152.30	103153.48	103154.67	464056.23	464070.46	464069.52
df	17	18	19	17	18	19
N	8692	8692	8692	8692	8692	8692

注:*** $p<0.001$,** $p<0.01$,* $p<0.05$。

模型4~6报告的是代际社会流动对节俭主义消费观念影响的对角参照模型结果。模型4是基准模型。由模型4可见,阶层出身权重 p 为0.367,小于0.5,而当前阶层的影响权重为0.633(1-0.367),阶层出身虽然对节俭主义消费观念存在一定的影响,但总体的影响不如当前阶层。这一结果表明,节俭主义消费观念更多地受到当前阶层而非阶层出身的影响。这支持了假设2b,同时也证伪了作为竞争性假设的假设1b。模型5在模型4的基础上引入了系数 b 以验证"主流价值看齐假设"。结果显示, b 系数为-0.602且在5%的水平上通过了显著性检验,系数 b 的取值满足 $b<0$,这表明经历过代际社会流动的个体,其消费观念更加倾向于向社会主流的节俭主义消费观念看齐。"主流价值看齐假设"(假设3)在这里得到了数据的支持。由此可见,节俭主义消费观念作为中国传统消费观念,为经历代际社会流动个体提供了重要的价值参考。经历代际社会流动的个体,无论流动的方向如何,只要流入一个节俭主义消费观念更为盛行的阶层当中,都会主动地与这一阶层相适应。模型6在模型4的基础上添加了社会流动变量。结果显示,相较于不流动的群体,经历过向上流动的个体其节俭主义消费观念更强。这表明阶层地位的跃升尽管弱化了消费预算约束,但并不能有效地弱化节俭主

义消费观念。经历向上流动的个体,其节俭主义消费观念反而更强,这与假设 4b 的预期正好相反。这一结果表明,那些经历向上流动的个体不仅会沿着社会阶梯向上携带节俭主义消费观念,还会在新的社会阶层中不断地对其予以巩固和强化。对这一结果,本文尚不能给出合理的解释。向上流动的个体拥有更加节俭的消费观念究竟是缘于向上流动的选择性(即节俭的人更可能实现向上流动),还是因为存在某种特殊的机制使得这部分群体的消费观念发生了系统性的改变?这些问题还有待进一步研究。

五 结论与讨论

当代中国社会正在经历一场深刻的社会变迁,消费转型则是这场宏观社会变迁的重要组成部分(王宁,2010)。作为社会转型和文化变迁的重要机制,消费是窥视社会结构的一个重要的窗口(王宁,2009)。研究社会流动对消费观念的影响对于理解不同阶层民众消费观念的形成逻辑以及中国消费转型的动力机制具有重要的理论和现实意义。本文基于 CGSS 2010 年的调查数据,使用对角参照模型分析了代际社会流动对个体消费观念的影响,得出如下结论。

第一,消费观念存在一定的阶层差异。一方面,节俭主义消费观念存在明显的阶层梯度。个体的阶层地位越低,节俭主义消费观念越强。另一方面,消费主义消费观念并未呈现明显的阶层梯度,但存在明显的阶层差异。高级非体力阶层和农民阶层的消费主义消费观念相对更强,而阶层位置位于中间层级的一般非体力阶层和体力工人阶层群体的消费主义消费观念较弱。

第二,消费观念既受当前阶层的影响,也受阶层出身的影响。个体的消费主义消费观念受到阶层出身的影响更大,有着更强的阶层继承性,这在一定程度上体现了阶层文化和生活方式的代际传递。节俭主义消费观念是资源约束的产物,受当前阶层的影响更大,即更可能受到社会成员当前物质条件的影响。此外,经历代际社会流动的个体的节俭主义消费观念更可能受到社会主导的价值观念的影响。尽管市场话语的意义供给机制正在逐步侵蚀着以节俭主义为代表的中国传统消费伦理和消费观念,但作为一种文化心理机制,中国传统的节俭主义消费观念依然存在较强的文化惯性,仍然是社会的主导消费观念,并且为那些经历向上流动的个体提供了重要的消费观念参照。

第三,代际社会流动对消费观念存在一定程度的影响,但这种影响仅体现在节俭主义消费观念上。与稳定不流动的群体相比,向上流动的社会成员更可能拥有更加节俭的消费观念。在社会转型时期的特殊阶段,向上流动带来的阶层位置的变化及随之而来的物质条件的改善可能并不会使得传统的节俭主义消费观念迅速失去市场,也并不会促进消费主义文化迅速蔓延开来。简而言之,在当前阶段,代际社会流动之于消费观念转型升级的意义是相当有限的。

消费是促进经济增长的重要引擎,也是新阶段畅通"双循环"战略的重要根基。民众消费转型的背后是消费欲望革命和消费观念变迁,而消费观念是影响消费方式选择和消费水平的重要因素(董雅丽、张强,2011;苏媛媛,2014)。在社会政策层面,推动消费观念转型也是扩大内需、促进消费的有力抓手。对消费观念的研究有助于我们解释不同阶层消费行为差异,从而有针对性地挖掘居民的消费潜力,推动民众消费方式的现代化转型。2021年3月,《中华人民共和国国民经济和社会发展第十四个五年规划和2035年远景目标纲要》明确提出要"加快培育完整内需体系"和"形成强大国内市场"、"构建新发展格局"。尽管国家出台了一系列政策扩大内需、促进消费,但应当看到,当前中国的消费领域依然面临着一系列困境。一方面,传统的节俭主义消费观念依然在深刻地影响着中国民众的消费行为;另一方面,尽管改革开放以来中国社会总体的流动率呈现上升趋势,但这种大规模的社会流动可能并不会对居民的消费观念转型起到积极作用。本文认为,消费观念转型滞后的根本原因在收入分配领域。政府部门应当进一步深化收入分配制度改革,通过完善收入分配政策,在促进民众可支配收入不断增长的同时,提高收入分配的公平性,通过收入分配领域的改革实现消费观念转型与消费水平提升的良性循环。此外,建立与新型消费观念相配套的制度体系

（如全面的社会保障制度）也是刺激消费需求和促进消费转型升级的重要抓手。

参考文献

边燕杰、芦强，2017，《跨阶层代际流动是否增加人们的社会资本——基于中国综合社会调查的分析》，《求索》第12期。
布尔迪厄，皮埃尔，2015，《区分：判断力的社会批判》，刘晖译，商务印书馆。
董雅丽、杜振涛、唐洁文，2010，《消费文化观念对消费意向的影响研究》，《经济问题探索》第9期。
董雅丽、张强，2011，《消费观念与消费行为实证研究》，《商业研究》第8期。
侯利明、秦广强，2019，《中国EGP阶层分类的操作化过程——以中国综合社会调查（CGSS）数据为例》，《社会学评论》第7期。
雷定安、金平，1996，《论三种消费观》，《西北师大学报》（社会科学版）第2期。
李路路、朱斌，2015，《当代中国的代际流动模式及其变迁》，《中国社会科学》第5期。
李姚军、王杰，2021，《社会流动与传统性别意识——以"干得好不如嫁得好"为例》，《社会学评论》第2期。
刘祖云，1998，《社会转型与社会流动：从理论到现实的探讨》，《华中师范大学学报》（人文社会科学版）第5期。
芦强，2021，《社会流动对社会交往的影响研究——基于西部社会的实证分析》，《宁夏社会科学》第2期。
聂伟，2017，《社会流动与外群体歧视——基于CGSS2005数据的实证研究》，《社会科学辑刊》第4期。
盛智明，2013，《社会流动与政治信任：基于CGSS2006数据的实证研究》，《社会》第4期。
石磊，2020，《社会阶层、代际流动与婚姻匹配》，《中央民族大学学报》（哲学社会科学版）第6期。
苏媛媛，2014，《都市白领青年的消费观念和消费行为研究——与非白领青年的比较分析》，《中国青年研究》第4期。
王甫勤，2017，《代际社会流动与精神健康》，《社会发展研究》第1期。
王甫勤，2011，《社会流动有助于降低健康不平等吗？》，《社会学研究》第2期。
王宁，2020，《从不平衡发展到平衡发展——发展中的"消费悖论"及其超越》，《社会学评论》第1期。
王宁，2010，《从节俭主义到消费主义转型的文化逻辑》，《兰州大学学报》（社会科学版）第3期。

王宁,2009,《从苦行者社会到消费者社会:中国城市消费制度、劳动激励与主体结构转型》,社会科学文献出版社。

王宁,1999,《关于消费社会学研究对象的几点思考》,《中山大学学报》(社会科学版)第5期。

王宁,2011,《消费社会学》(第二版),社会科学文献出版社。

王宁,2001,《消费与认同——对消费社会学的一个分析框架的探索》,《社会学研究》第1期。

王宁,2007,《欲望的起飞与节俭主义——社会双轨化中的欲望与消费》,《社会学家茶座》第5期。

郑红娥,2006,《社会转型与消费革命——中国城市消费观念的变迁》,北京大学出版社。

Aschaffenburg, Karen, and Ineke Maas. 1997. "Cultural and Educational Careers: The Dynamics of Social Reproduction." *American Sociological Review* 62 (4): 573-587.

Blau, Peter M. 1956. "Social Mobility and Interpersonal Relations." *American Sociological Review* 21 (3): 290-295.

Blau, Peter M. 1960. "Structural Effects." *American Sociological Review* 29 (2): 178-193.

Chan, Tak Wing, and Heather Turner. 2017. "Where Do Cultural Omnivores Come from? The Implications of Educational Mobility for Cultural Consumption." *European Sociological Review* 33 (4): 576-589.

Clifford, Peter, and Anthony Francis Heath. 1993. "The Political Consequences of Social Mobility." *Journal of the Royal Statistical Society: Series A (Statistics in Society)* 156 (1): 51.

Costello, Anna B., and Jason Osborne. 2005. "Best Practices in Exploratory Factor Analysis: Four Recommendations for Getting the Most from Your Analysis." *Practical Assessment, Research, and Evaluation* 10 (7): 1-9.

Coulangeon, Philippe. 2015. "Social Mobility and Musical Tastes: A Reappraisal of the Social Meaning of Taste Eclecticism." *Poetics* 51: 54-68.

Daenekindt, Stijn, and Henk Roose. 2013. "Cultural Chameleons: Social Mobility and Cultural Practices in the Private and the Public Sphere." *Acta Sociologica* 56 (4): 309-324.

Daenekindt, Stijn, and Henk Roose. 2014. "Social Mobility and Cultural Dissonance." *Poetics* 42: 82-97.

Daenekindt, Stijn. 2017. "The Experience of Social Mobility: Social Isolation, Utilitarian Individualism, and Social Disorientation." *Social Indicators Research* 133 (1): 15-30.

Deeming, Christopher. 2014. "The Choice of the Necessary: Class, Tastes and Lifestyles." *International Journal of Sociology and Social Policy* 34 (7/8): 438-454.

Dimaggio, Paul. 1982. "Cultural Capital and School Success: The Impact of Status Culture Participation on the Grades of U. S. High School Students." *American Sociological Review* 47 (2): 189-201.

Erikson, Robert and John H. Goldthorpe. 1992. *The Constant Flux: A Study of Class Mobility in*

Industrial Societies. Oxford, UK: Clarendon Press.

Erikson, Robert, John H. Goldthorpe, and Lucienne Portocarero. 1979. "Intergenerational Class Mobility in Three Western European Societies: England, France and Sweden." *The British Journal of Sociology* 30 (4): 415-441.

Friedman, Sam. 2012. "Cultural Omnivores or Culturally Homeless? Exploring the Shifting Cultural Identities of the Upwardly Mobile." *Poetics* 40: 467-489.

Glenn, Norval D. 1980. *Values, Attitudes and Beliefs*. Cambridge: Harvard University Press.

Nagel, Ineke. 2010. "Cultural Participation Between the Ages of 14 and 24: Intergenerational Transmission or Cultural Mobility?" *European Sociological Review* 26 (5): 541-556.

Nieuwbeerta, Paul, de Graaf Nan Dirk, and Ultee Wout. 2000. "The Effects of Class Mobility on Class Voting in Post-War Western Industrialized Countries." *European Sociological Review* 16 (4): 327-348.

Paulson, Erika L. 2018. "A Habitus Divided? The Effects of Social Mobility on the Habitus and Consumption." *European Journal of Marketing* 52 (5/6): 1060-1083.

Sobel, Michael E. 1981. "Diagonal Mobility Models: A Substantively Motivated Class of Designs for the Analysis of Mobility Effects." *American Sociological Review* 46 (6): 893-906.

Sobel, Michael E. 1985. "Social Mobility and Fertility Revisited: Some New Models for the Analysis of the Mobility Effects Hypothesis." *American Sociological Review* 50 (5): 699-712.

Tolsma, Jochem, Nan Dirk de Graaf, and Lincoln Quillian. 2009. "Does Intergenerational Social Mobility Affect Antagonistic Attitudes towards Ethnic Minorities?" *The British Journal of Sociology* 60 (2): 257-277.

Van Eijck, K. 1999. "Socialization, Education, and Lifestyle: How Social Mobility Increases the Cultural Heterogeneity of Status Groups." *Poetics* 26: 309-328.

"自我投资"的消费与"90后"农民工的主体性再造

李 颖*

摘 要： 农民工主体性和资本的关系一直是劳工领域研究的重要议题，传统的农民工研究将城乡二元矛盾以及在城乡二元维度下的农民工多重主体身份视为其被资本控制和利用的重要原因。随着中国社会结构的转型、落户限制的逐步放开，农民工的主体性和身份认同也发生了改变。本文选取东莞大型手机电子厂为田野，着重阐述了"90后"农民工群体产生的"自我投资"的新消费现象是在"城市新市民"主体性建构下，由这种新的身份认同与参照群体的置换之间的张力所导致的，他们以此弥补在新的主体性建构下资本对底层劳工控制手段的变化和影响。

关键词： "90后"农民工 消费 主体性 自我投资

一 引言

农民工是中国城乡二元结构下对外来劳工最典型的描述，其农村身份、城市打工的双重定位塑造了中国劳工独有的城乡二元特质，由于中国经济社会发展不同阶段的特殊性以及城乡、性别等社会结构性因素在过去共同塑造

---

* 李颖，云南师范大学传媒学院讲师，112970373@qq.com。

了农民工"打工仔"这种独特的主体性（subjectivity），有关农民工主体性的研究也持续备受学界关注。

20世纪90年代，中国劳工领域的研究受布洛维"生产的政体"劳动过程理论的影响，突破了过去研究中单一的阶级视角，"从性别、种族、族群、性取向、民族性等各个角度探寻工人的多元化主体性"（余晓敏、潘毅，2008：144）。由于中国社会背景和政治体制不同于西方国家，在劳工多元主体性的讨论中，学者主要是在中国特有的城乡二元结构基础上辅以性别的视角，因而中国劳工领域的多元主体性视角较多表现为"城乡+工厂+性别"的研究思路。多元主体性视角的形成，不仅加强了对"阶级意识与其他多个面向的身份认同之间存在相互影响"（Bak，2000：83）的认识，还将劳工研究的视角从阶级领域引向了文化领域，对农民工的研究也从"生产的政体"拓展到了"生活的政体"。在"生活的政体"的探讨中，学者开始关注消费对农民工主体性塑造过程所产生的作用，也是这种关注使消费成为农民工进城务工主体性建构的重要领域，农民工借助消费重新建构了自我的身份认同。对消费的关注促进了以城乡二元为主的多元主体性的分析思路的发展，且学者们从中探索了导致农民工主体性复杂、多变和流动的原因以及在这种背景下的劳动困境。至此，从消费的角度探索劳工主体性和身份认同的关系也成为研究劳工和劳动力市场的重要分析视角。

进入21世纪后，中国全球化进程深入推进，劳动力市场进一步转型，农民工这支劳动力大军从过剩走向短缺，并在劳动力成本上升和全球资本下沉的背景下面临着更为复杂的困境。伴随着快速推进的城市化发展步伐，中国从政府到社会都开始重新认识农民工这个群体。党的十九大报告提出"加快农业转移人口市民化"，这是国家层面对农村流动人口身份认识和户籍制度改革内容的重要转变，这个转变使过去对农民工以城乡二元为主的多元主体性的分析视角在理论解释上显得有所欠缺。

本文以"90后"农民工为研究对象，通过这个群体产生的"自我投资"的新消费现象来分析当下农民工在新的主体性身份构建下的劳动困境。需要讨论的是，投资这样一种现代都市话语是如何进入农民工群体并取代过去的消费与自我认同联系在一起的。也就是说，学界过去在"打工妹""打工仔"的主体性分析视角下对消费行为核心的论述是在中国城乡二元结构的背景下展开的，资本基于城乡经济发展的差距将城市和乡村的生活与消费方式分别塑造成先进和落后、发展和不发展的形象，并使所塑造出的城市生活与消费方式的形象对农民工的生活产生了示范效应。这种分析在今天户籍制度限制弱化、农民工开展"城市新市民"新身份的主体性建构的背景下显得解释力不足。本文认为，在新的身份构建下，"90后"农民工自我投资的消费行为不再由"打工仔"的主体性和城乡视觉差异产生，而是由"城市新市民"的身份认同与参照群体的置换之间的张力所致，这种张力在现实中表现为一种强烈的改变身份的主动性，或者说更大的生活匮乏和欲望，正是这种匮乏与欲望让"90后"农民工开启了不同于以往农民工的消费实践，他们把投资自我作为当代社会中生活的一个理想型和必要特征。

本文主要解释了"90后"农民工的"自我投资"型消费是如何由"城市新市民"的新身份认同和参照群体置换之间的张力产生的。其中参照群体的置换是通过欲望的生产三部曲来完成的，分别为否认隶属群体、新参照群体的建立以及参照群体的扩容（见图1）。

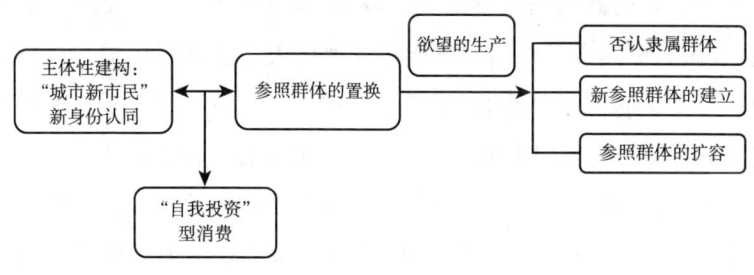

图 1　研究框架与思路

二　相关理论和文献回顾

有关农民工消费的研究主要有两种，第一种是以中国宏观的社会发展为背景，通过各代农民工的消费行为差异来分析和阐述不同时代农民工所涉及的劳动困境、社会认同、社会融合等传统社会学议题；第二种是从农民工生产和生活的微观领域，如工厂、生活区域等入手，从"工厂的政体"发展到"生活的政体"，通过对农民工的身体研究来阐述资本在不同时期对他们的剥削和控制。第一种研究能够凸显出农民工这个特殊的劳动力群体在中国大的社会背景下所面临的劳动问题，但容易忽略微观劳动领域里资本对劳动力的控制；而第二种研究刚好弥补了第一种的不足，但受劳工理论的局限，农民工的个体身份一直被放置在打工的视角中，缺乏宏观的观察。因此，针对中国劳动力市场的不断转型，笔者认为讨论农民工的问题既需要将其放置到中国不断发展的宏观社会背景下，又需要关注这种宏观环境对农民工微观生产和生活领域的影响。

第一种研究有着突出的时代特征，如李培林和田丰认为"新生代农民工与新生代城市工人在消费阶层上还不能划分为同一阶层，但较老一代农民工更为接近和习惯城市生活方式"（李培林、田丰，2011：8）。王春光提出"新生代农民工的外出动机已经发生了很大的变化，从经济型转到经济型和生活型并存或者生活型"（王春光，2001：67）。蔡禾提出新生代农民工"追求城市生活方式，有更高的利益诉求"（蔡禾，2010：39）。金晓彤和王帅认为"新生代农民工更倾向于将消费看成达成他们美好生活愿望的一种方式。因此，他们具有更强烈的消费冲动，并且消费上也呈现出了更强的多样性，甚至过度的消费冲动与他们进城务工增加收入的目标之间出现了悖论"（金晓彤、王帅，2021：4）。这一类型的研究数量众多，视角多样，呈现出了两个特点。第一，以代际需求和消费差异为分析立足点，具有非常突出的时代特征。学者们分别从制度、市场、文化等不同角度对各代农民工所产生的社会行为，包括消费行为做出了一定程度的分析，认为"新生代农民工对城市的认同程度更高，其外出务工的目标和需求也发生着变化，消费方式越来越接近城市人，受城市的影响也越来越大"（王春光，2001：72；蔡禾，2010：38；刘林平、王茁，2013：138）。第二，多从宏观的社会背景出发，并将农民工的外出就业视为一种不仅存在着"'生存理性'，而且还存在着'经济理性'和

'社会理性'"的社会行为（文军，2001：25）。

第二种研究倾向于运用"工厂民族志"的方法将农民工的消费问题放置到全球化影响下农民工的消费与身份认同的关系中，并将消费与主体性的分析结合在一起。消费使农民工这个主体变得一面是生产的消费者另一面又是消费的生产者，即"消费取代了生产的意义，成为推动现代化的动力"（Pun，2003：469）。例如，潘毅指出"消费运动从来没有减少这种分化，尽管人们经常想象消费有一种神奇的作用，使差异均质化。相反，它进一步加大了历史上的城乡差距，并在新的社会阶层的出现中赋予了它当代的形式"（Pun，2003：477）。余晓敏和潘毅指出了"'新生代打工妹'身份是如何在国家、资本与社会的合力下，在生产领域被建构成为廉价、卑微、次等的'生产主体'（producing subject），而打工妹们又是怎样在消费领域进行再造，渴望成为更自由、平等、有价值、受尊重的'消费主体'（consuming subject）"（余晓敏、潘毅，2008：143）的。王宁和严霞将身体消费的分析领域从工厂拓展到了服务业，指出"服务业打工妹在消费文化与资方形象规训的合力下，激起了身体消费的欲望。然而经济收入、日常生活程式与社会关系网络等结构性因素制约着打工妹的消费行为"（王宁、严霞，2011：90）。周贤润则从农民工消费作为主体性建构的主动性入手，认为"消费认同体现了新生代农民工在市民化进程中进行身份建构的一种主观努力以及弱阶级化的身份想象，从而具有消弭身份差异的社会意蕴"（周贤润，2021：127）。这一类研究主要是认为资本借助城乡、性别、族群等差异将农民工建构为"打工仔""打工妹""外来务工人员"等与城市人不平等的主体形象，这些形象背后是中国巨大的城乡差异和社会地位差异，农民工在这种建构中被现代、文明、时尚等词语以一种基于视觉差异的方式引导为一种次级群体（subaltern），这种次级群体所代表的是老土、落后等不平等的形象符号，农民工为了努力获得一种城市身份认可，在除了生产领域之外的消费领域积极地加入全球资本的现代化建构和消费主义浪潮中，以自己的身体为"自我技术"参与到了消费的身份建构中。这类研究的特点是从微观的工人生产和生活分析入手，发现农民工被建构为次级群体、消费成为资本控制和剥削劳工的另一种重要手段。

综上,上述两种研究虽然研究视角、研究立足点以及相应的研究方法不同,但总结起来其实都有一个共同点,即重视中国的城乡二元结构,也就是说无论采取哪种研究思路,学者都有一个共识:中国的劳工问题与长期以来的户籍制度有着根深蒂固的关联。农民工在城乡二元的制度性障碍下被建构成次级打工群体,这种主体性建构为资本提供了一种可供凝视的城乡差异,全球资本由生产向消费的转型,也将农民工卷入了消费的身体控制中。但随着中国社会经济的转型、城镇化的发展和户籍制度限制的逐步弱化,这种传统的由户籍制度造成的身份矛盾发生了变化,而影响农民工生产和生活中的具体社会行为的因素也会随之发生变化,本文在新的时代背景下,分析发现"90后"农民工群体出现的"自我投资"的消费现象不再是因户籍制度导致的身份问题而产生,而是"城市新市民"的身份认同与参照群体置换之间的张力所致。

三 研究方法和田野情况

本文讨论的是"90后"农民工新的消费行为和消费现象,以及产生这种消费行为的主要原因,并选取了位于东莞市长安镇的一家大型手机电子厂A厂作为田野,其主要原因有三点。第一,大型手机电子厂是中国东南沿海地区高新电子科技产业的代表,其最能反映出当下中国劳动力市场转型的突出特点。第二,大型手机电子厂"去技术化"程度较高,工厂设备设施较新,生活条件较老式工厂好,容易吸引"90后"农民工。第三,东莞毗邻香港、深圳和广州的特殊地理位置和"世界工厂"的历史地位,导致其是一个流动人口较多的城市,自2002年党的十六大之后,东莞陆续出台了许多围绕外来务工人员落户本地的政策和相应的公共服务政策,从这个角度来说,一方面,年轻农民工在东莞时身边都是大量流动人口,较少会因为城乡群体的差异性而感到社会排斥;另一方面,东莞户籍制度的松动和政府对外来人口在公共政策上的包容性,也容易让年轻的农民工群体在东莞获得一种来自制度的城市身份认同。

笔者主要以 A 厂的企业文化部为田野调查展开地,通过民族志研究和个案研究的方法,借助滚雪球的方式,历时半年,共对 75 人进行了访谈,访谈对象以 20 世纪 90 年代出生的青年农民工为主,访谈内容分为劳动生产制度和工人生活情况两个部分,由于本文仅涉及青年农民工消费部分的讨论,因此挑选了其中的 11 人作为分析对象,同时为了方便观察性别在消费中是否存在差异,在挑选的过程中对性别做了一定程度的平衡,其中男性工人 7 名,女性工人 3 名。为了全面了解工厂相关制度,还对 1 名工厂负责人(企业文化部总监)进行了访谈。分析对象基本情况如表 1 所示。

表 1 分析对象基本情况

单位:岁

序号	姓名	年龄	工种	婚姻状况	学历状况	性别	田野编号
1	倩茜	28	普工	已婚	高中	女	2020DPW307
2	志旭	22	普工	已婚	高中	男	2020DPM206
3	胥小丛	20	普工	未婚	初中	男	2020DPM207
4	艾舞	25	职员	未婚	大专	女	2020DPW1008
5	胡总	49	企业文化部总监	已婚	不详	男	2020DJM107
6	张投	22	普工	未婚	初中	男	2020DPM408
7	竹青	27	普工	未婚	高中	男	2020DPM808
8	大聪	28	普工	已婚	高中	男	2020DPM107
9	贺小超	26	普工	未婚	高中	男	2020DPM608
10	曾文	27	普工	未婚	高中	男	2020DPM1009
11	正凤	25	普工	未婚	高中	女	2020DPW407

四 "城市新市民"主体身份的构建:参照群体置换的前提

"自我投资"的消费行为是通过不断地催化参照群体的置换、改变和扩容而产生的,在这一系列的过程里,"城市新市民"的主体身份是一个先决条件,通过将农民工身份"个体化"和"去打工化"来赋予他们一个新身份。

(一) 城市化进城下的"个体化"

传统对农民工的研究中,学者大多认为是中国长期以来城乡二元的户籍制度导致了农民工被边缘化（李强,2004:2;项飙,1995:9),资本借助这种身份的差异在生产和消费的领域塑造了农民工的底层劳工身份与逐梦者的形象。2012年党的十八大以后,中国开始以"城镇化"作为经济和城市发展的动力。党的十八大报告中首次提出"农业转移人口市民化"的概念,自此中国开始了进一步的城镇化发展,走上了落户限制逐步放开的道路,户籍制度的松动标志着中国以户籍制度为社会屏蔽制度这一模式的衰落,同时也是农民工从农村社会家庭制度走向资本自由市场的个体身份的开端。农民工,尤其是"90后"农民工开始倾向于将自己视为一个独立的个体,这是他们脱离农村走向城市独立的最根本的标志,个体的身份生产着自由、独立和自我责任的逻辑,"'个体化'指的是,人们身份（identity）从'承受者'（given）到'责任者'（task）的转型和使行动者承担完成任务的责任,并对他们行为的后果（也就是副作用）负责"（鲍曼,2018:70)。伴随着中国城市化、现代化发展,传统的过剩流动农村劳动力已经不符合国家和社会发展的需求,一个更加独立的个体、能够参与城市社会的生产和消费的持续稳定劳动力成为2010年以来农民工在中国被赋予的新的个体身份。

2020年,一则农民工走进东莞图书馆的新闻火遍了全网,相关报道中这样写道:"走进图书馆,人们的身份、社会地位都被隐去,人人都是平等面对伟大的思想。"（彭美琪,2020）

东莞是一个流动人口聚集的城市,将农民工纳入城市公共服务范围并使其享受城市公共服务不仅是国家和政府积极接纳农村外来务工人口的措施，更是通过有效的城市公共服务弥补农民工社会保障和社会服务中的缺失，从而帮其构建"城市新市民"身份的重要表现和路径。年轻的农民工在国家政策的推动下逐步地转变了身份认知，从过去的农民、农民工转变为现在的新城市人，这种认知赋予了青年农民工一种身份的既定性，即身份转变只要通过努力都能实现。

（二）主体性建构中身份的"去打工化"

可以说农民工"城市新市民"的角色在国家城市化的快速发展中得以顺利形成，部分是因为"90 后"农民工在劳动力市场中更多地表现出对自己"打工仔"身份的否定，并且有了一套新的话语构建体系。这个体系也同步生产了一个暂时性身份，"打工"是暂时的，这也是"打工"的主体性淡化、新的主体性开始产生的阶段。通过几代农民工进城务工的生活经历和现实状况，很多青年农民工在进城之前就已经知道了打工生活的孤独与艰辛，但正是这种新的主体性的召唤和希望的出现，鼓励和支持着"90 后"农民工源源不断地涌入劳动力市场，也不断更新生产着绚丽多彩的城市人身份和现代化梦想。

> 要说打工妹其实我并不这么觉得，我的老板也是打工的啊，哪怕是这家工厂最大的老板也是打工的，区别只不过是他们为国家打工，我为他们打工而已，其实大家都是打工的，身份不同而已。（2020DPW307）

"90 后"农民工通过"全民都是打工人"的话语将自己打工者的身份进行"去打工化"，在这里他们将国家发展视为社会的最大目标，因此所有人都是在为国家发展而奋斗努力，国家成为全社会的管理者，这个管理者的下面是关系平等的打工人。"90 后"农民工在国家、社会和大众传媒的引导下意识到他们本质上和城市人是没有区别的，这就建立了一种新的个体主体性和身份认同。同时，中国户籍制度在限制弱化的过程中，受到"财产权作为社会筛选机制和技术证书权的筛选机制"（李强，2004：38）的挑战，也就是说中国社会屏蔽制度的改变使农民工对自我的认知产生了一种主体上的转变，他们不再将自己同城市人的差别看作天生的，导致这种差别产生的根本原因从"先赋"的变成了"自致"的（李强，2004：39），因此后天的学历、技术、财产等个体差别成为造成个体与个体之间社会身份不同的主要原因，这种转变也同样得到了"90后"农民工的支持。

> 我觉得户口不户口的真的不重要，最重要的就是钱啊，有钱你在哪里不行，我就不愿意转我的农村户口，现在我的户口还可以每年分钱，其实最重要的是自己的本事啦。（2020DPM206）

"城市新市民"主体身份的构建让"90后"农民工对自我的认知从过去的农民、打工仔、打工妹变成了城市人，这是一种观念上的转变和跨越。在过去，农民工想要变成一个城市人需要付出艰辛的努力，还要将自己大量的劳动所得用于储蓄才能改变自己的生活现状或个体身份。而今天他们需要的是学习城市生活技巧和生活习惯，接受城市竞争条件，用现代化的方式让自己在城市生活下去，即不断地进行自我提升和投资。"城市新市民"和"自我投资"就这样具有了合法性，并像一种弥散在空气里的化学物质，它不仅作用到"90后"农民工的生产和消费领域，更重要的是它通过主体对自我认知的改变，生产出了一种欲望。

五 欲望的生产：参照群体置换的过程

欲望的生产是参照群体置换并得以扩容的根本原因，资本通过给农民工的身体不断地制造缺陷，从而生产出消费的欲望和可能性。并且在智能手机的帮助下，参照群体可以随时更新扩容。

(一) 对隶属参照群体的否定：缺陷的生产

"欲望机器永远不会建立在'缺乏'的基础上。相反，它产生的欲望与永不衰竭的欲望中的欲望相连接。"（Deleuze and Guattari，1983：4）"城市新市民"的身份对年轻的农民工来说是一种希望，这种希望和上几代农民工不同，它是一种可能性的开端，因为在此以前农民工从来没有在国家、政府和社会的层面被公开赋予一个合法化的城市身份、一个可以享受城市资源的合法身份。资本巧妙地运用了这个希望，并通过否认既有身份、上一代的人生经历和创造欲望镜像的方式为"90后"农民工生产了一种靠自己改变命运的欲望。

虽然欲望的生产建立在"城市新市民"的基础上，但"城市新市民"只是国家给予青年农民工的一个未来的身份，资本却为他们生产了一个实实在在的缺陷。

> 我肯定不能再像我父母那样生活啊，打工干一辈子，有什么前途，我老爸现在都还在做工地工人，他干了一辈子这个事，有什么用，现在有那么多新的工作和职业可以干，我觉得我现在刚出来还年轻，我要多学习一点东西。（2020DPM207）

欲望的生产首先是通过否定上一代人的生活和现状来展开的，这是一种主体基于对过去的否定建立新的主体性的开始。笔者在调研的时候发现"90后"农民工普遍经常说打工没用，在这里他们第一次使用参照群体，而这个参照群体是他们的隶属群体。在这里，"90后"农民工选择参照群体不是过去学者指出的将"城市居民作为自己的参照体系，或者说城市生活方式对乡村移民产生了示范效应"（李强，2004：271；王宁、严霞，2011：90），他们的参照群体是自己的隶属群体，是自己的父母辈，是"在进行比较或对比时作为参照点的群体，特别是在形成对自己的判断时"（Shibutani，1955：562），也就是说参照群体并不是固定的，而是会根据主体的需求发生改变。资本生产欲望并不是首先让"90后"农民工感受到缺乏,而是通过制造话语对他们本身的主体性进行否定。"90后"农民工通过对比上一代父母辈的生活,对自我的现状和父母辈进行否定判断,认为打工没有办法改变他们的生活现状和社会身份,这使他们产生改变的欲望有了合法性。

> 我们的负责人总是和我说,不要一天到晚就想着打工,要想点别的,现在那么多人出来打工,要学会让自己和别人不一样,要敢于脱颖而出,要敢想,胆子大。我觉得特别有道理,我就是以前胆子小,不敢出来闯,才吃了那么多亏,你看现在的年轻人,他们18岁都没有就出来了。(2020DPW1008)

(二) 建立新的参照群体

新的参照群体的建立并不指向一个具体的形象,而是通过话语建立一个模糊的与上一代"打工人"截然对立的符号主体。有本事、胆子大、有冒险精神是"90后"农民工对这种形象的笼统的描述,这一形象的形成是欲望生产的第二步。欲望生产过程将这一形象与成功建立因果关系,又使其与"打工仔"的传统工厂形象产生矛盾,工厂总是要将工人规训成一个守规矩、老实、胆小的形象,而这种形象就和今天"90后"农民工心中的改变生活的成功形象发生了冲突。这个时候参照群体就发生了改变,它"指的是行为人渴望获得或保持接受的群体"(Shibutani, 1955:563),导致这个参照群体改变的根本原因是欲望的生产。

> 笔者在田野看到一个年轻工人手上有一些伤疤,便问他:"你的伤疤怎么回事?"他说:"我自己弄的,我以前有文身,后来听说工厂不招有文身的工人,所以就去洗掉了,洗的时候没洗好就留了疤。"(2020DPM206)

工厂的一位负责人向笔者解释:"我们工厂都不招那些染着五颜六色头发、有文身的工人,那些人很麻烦的,不听话,又爱惹事,上周有个工人还打了厂里的一个女职工,我给你看看照片,你看看怎么下得去手,把一个女孩子打成这样,我们报了警抓他,这样的人不仅不能好好工作,还会怂恿其他工人也不好好工作,破坏工厂纪律,我们通常只要发现是这样的人是立刻就会辞退他的。"(2020DJM107)

在工厂这个生产领域,资本会利用其工人管理者的角色强行将工人规训为听话懂事的角色,但是资本在生活的领域将这种乖巧听话的角色塑造成为胆小、没本事、只会打工的形象,这个看起来既矛盾又冲突的建构方式恰恰是农民工底层身份与现实梦想的巨大鸿沟的一种写照,因为消费人人都可以进行,但是又不是人人都可以承担,"90后"农民工要获得个体认同的社会身份就需要借助消费来改变自己,获得消费的钱的方式,就是学会大胆地改变。

工人小张告诉笔者:"我不像工厂里那些打工的,他们只知道打工,打工能有什么用,一个人要么投资脑子,要么投资身体,要么投资外表。投资脑子就是在网上学习这些金融知识啊,投资身体就是健身啊,投资外表就是打扮自己啊。"

笔者问他:"你都从哪里学来的这些?"

他不紧不慢地回答笔者,语速很慢,但表情很愉悦,也很自信:"快手啊,我还关注了很多网络大V,我和他们学习怎么投资。这么说吧,比如你一个月4000多块钱,吃喝拉撒花掉1000块,剩下的都用来投资。"(2020DPM408)

(三) 参照群体的扩容

上述案例提到的网络大V代表的是欲望生产的又一个加速器,即智能手机，它使得"90后"农民工的参照群体实现了扩容。这个时候参照群体"是指主体在构建知觉场时，作为定位点规范的群体……由于是主体知觉场的结构，因此在这种用法中，参照群体变成任何一个集体，真实的或想象的，嫉妒的或鄙视的，其观点被行为人假定"（Shibutani，1955：563）。也就是说，参照群体的这种行为人感知性，使得人们对这个群体本身是有想象空间的，而智能手机恰恰为这种想象提供了充分的信息来源。智能手机既是一个"'信息生产平台'，也是一种'劳动平台'"（迪尔-维斯福特，2020：101）。

"90后"农民工借助智能手机更换了参照群体，智能手机带来的信息的多元化和信息内容的易获得性使"90后"农民工不仅可以看到普通城市人的生活，还可以看到城市、农村精英的生活，这是一个快速地借助智能手机打开的欲望镜像，在这个欲望镜像里，"90后"农民工不仅将普通城市市民作为自己的参照群体，也将城市、农村精英作为自己的参照群体，参照群体的扩容对"90后"农民工产生显著影响，就如同杜森贝里所说的，"均衡的打破往往是由于更高水平的生活方式对消费者所产生的'示范效应'"（Duesenberry，1959：27）。这种示范效应极大地刺激着"90后"农民工改变生活欲望的产生，因为智能手机里有鲜活的形象、真人的讲解和现身说法，一切都仿佛已不再是梦想。

> 这么和你说吧，我一刷抖音，就不想打工了，打工来钱太慢了，你看现在当主播的来钱多快，你只要有特长就可以，我有个老乡就是去做主播，卖我们家乡的土特产去了，他现在还没有赚到很多钱，但是以后肯定会啊，现在先学习嘛。一定要学会挖掘和发现自己的特长，只要大家喜欢你，你就有人捧，你说马云他读了很多书吗？也没有吧，关键是要有本事。（2020DPM808）

智能手机在"90后"农民工参照群体的置换扩容中发挥了重要作用，在智能手机里他们看到了自己的同乡、自己的同事，那是他们身边的人，仿佛离他们很近。这种欲望的产生不再像过去那样是基于和遥远的城市人的比较,资本在过去通过巨大的城乡差异产生的视觉差异来构建"打工仔"的主体身份,并通过主体身份的缺陷召唤他们走进消费的场域,但这一场域是有距离的,农民工会在差异中不停地被挫败。智能手机里的参照群体仿佛是没有距离的,他们每天都和工人生活在一起,视觉的差异在这里消失了,有的只是有远有近的梦想和欲望,这些梦想和欲望借助智能手机的视频可视化和真人互动性已经变得难分真假,使"90后"农民工都认为那不是梦想,而是现实。

欲望就这样产生了,"农民工通过欲望的觉醒而被去地域化,从而作为资本积累的必要条件被插入资本主义的生产和消费体制中"(Pun,2003:482)。欲望是一种镜像,借助信息化的手段随时随地地更新着梦想实现的方式,不断地生产达成愿望的可能性。欲望也是一种文化秩序,"秩序是一种强迫性的重复,当一条规律被一劳永逸地确定下来,秩序就决定了做事的时间、地点和方式;于是相似情况下,人们就不会犹豫不决了"(弗洛伊德,2019:45)。

六 "城市新市民"的身份认同与参照群体置换的张力产生了"自我投资"型消费

"城市新市民"身份认同和参照群体的置换之间产生了一种张力,这个张力体现于底层身份的相关现实,"城市新市民"需要一种新的生活方式,代表着一个新的群体,参照群体的置换也给了他们新的目标,但现实中又确实无法提升工资收入和社会地位,于是张力变成了消费欲望,而且是一种更广泛意义上的消费,一种以改变命运为由的"自我投资"型消费。

(一)弹性用工制度下的底层身份

随着全球资本的下沉和信息化的快速发展,资本一方面由于全球产业链形成越来越趋于以项目制方式运行和灵活式发展,另一方面利用高度自动化的机器和信息化技术加速了劳动力的转型,进一步生产出更多的灵活用工岗位，加剧了底层劳动的非正式用工化。弹性用工制度意味着更少的劳动保障、更快的工人流动速度，在快速的职业更换和流动中，工人要通过单位时间内的即时性回报来抵消流动过程中的各种开销和风险成本。总而言之，灵活劳动力、弹性用工、"去技术化"的持续作用改变了"90后"农民工的劳动处境，使他们变得与上一代农民工相比生活成本更高、劳动技能更难积累、劳动力价值更低。

工厂为了降低成本，只能最大限度地将工人的工资制度设计得富有灵活性和弹性，这是工厂适应市场发展的一种技巧，工厂通常会将工资制度设计得能制造一种由工人自主决定收入的假象，即将工人的一半甚至2/3的工资都变为加班费，笔者在进行田野调查的时候发现工厂在对外宣传的时候所有的普工招聘信息都会阐述工资最少每月4000元，但实际上如果不加班或者遇到工厂订单减少，工人根本拿不到这个收入，因此工人要想持续获得每月5000元左右的收入就要保证高速的流动，即根据行业差别和工厂订单快速地在不同的工厂之间流动。

> 我跟你说啊，我在之前的那家工厂干了三个多月才拿了6000块钱，就这点钱怎么熬得下去……为什么？还不是就是因为没产线嘛，他们不开，我没加班工资，一个月就那点钱根本活不下去。(2020DPM408)
>
> 我当然更愿意做临时工啊，如果家里有个什么事我马上就可以走了，你如果做正式工，他们会找各种理由不让你走，我们出来打工的，家又不在这里，都是跑来跑去的。而且如果你做正式工，不干到他们规定的那个时间就走人，工钱很少的。我们干十年工资都是那个样子没什么变的。(2020DPM107)

"90后"农民工用自己高度的流动性适应着劳动力市场的弹性用工制，也在流动中损失了他们积累劳动技能的可能性，因此他们面临的是无法通过劳动技能和职业技能的长期提升来改变个人收入的困境。这种尴尬的现状与"城市新市民"的身份认同产生了一种巨大的矛盾，在无法改变身份又渴望改变身份的矛盾下，"90后"农民工通过消费来接近新的参照群体，通过消费来维系改变自我的希望，如果说过去的消费是巨大的城乡视觉差异造成的，那么今天的消费是一种从根本上改变自我的欲望推动的。因此，这种消费不再需要视觉的差异，它需要的是源源不断的梦想。

> 我也和我朋友学习投资，他是一家保险公司的业务员，他可厉害了，他马上就要当基金经理了，我上个月跟着他买了一些股票，现在还没赚钱，但是他们说这个很正常，一开始都要交点学费的，谁也不是生下来就会的。（2020DPM608）

（二）"自我投资"是"90后"农民工消费的另一种表现方式

"消费，作为一种欲望机器，本身不是所指，而是一个能指，在一个纯粹的幻想的社会中登记了一种富足的结构。"（Pun，2003：475）从这个意义上来说，过去学者将农民工身体的消费视为一种获取城市身份的符号活动，其目的是缩小与城市市民的差距，但"90后"农民工的消费已经不再采取上一代农民工的表现形式，他们中的很多人拼命存钱，然后去投资、创业，在他们看来这已经不是一种消费，而是一种改变命运的生活方式，是一条生活在现代社会里的人必须要掌握且真正能够致富而改变身份的途径。

> 曾文手里总是握着一个小小的笔记本，他告诉笔者："工厂的人在一起成天就是玩，我不感兴趣，我想多学一些不一样的东西，我不想一直打工，我在富士康旁边的一个学校参加培训，学费交了20000多块钱，我存了三年才存够这些钱，但是我觉得很值得，那里会教很多知识啊，比如如何做网站、做视频等等，我觉得很有用，肯定有用啊，你说这么多人在那里学，如果没用怎么会那么多人。那里的老师很厉害，他们还会教你很多做人的知识，我觉得我以前不会人际交往，现在就变得好很多。"（2020DPM1009）

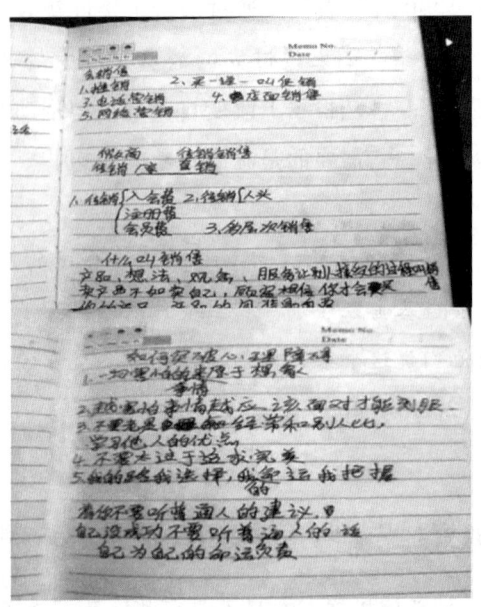

图 2　青年农民工提供的市场教育培训的上课笔记

由于无法参与到主流教育体系中,"90 后"农民工只能在市场上获取弥补性教育,这是一种市场对国家主流教育体系的补充,但是通过这种补充一般很难获得能够在劳动力市场中流通的资格证书,因此这中间很容易出现市场教育与最终兑现结果的偏差。对青年农民工来说,弥补性教育的链条会导向市场教育、证书和合法性认证的缺失与经济资本兑现的一种高度不确定性。

(三) 形象的消费也是一种"自我投资"

形象的消费在以往农民工身上也非常突出,不同的是过去农民工通过消费获得一种在外观上的身份认同,而"90 后"农民工则是期望通过形象的消费来获得改变命运的可能,因此它也被理解为一种身体的投资。笔者在田野调查中发现"90 后"女性青年农民工对城市生活的向往在一定程度上会超过男性,女性青年农民工渴望通过婚姻的方式来解决她们身份的问题,因此她们更加关注以改变形象为主的身体投资。在社会和市场的不平等结构因素下,很多青年女性农民工将婚姻视为她们解决城市落户和幸福生活问题的方式,在这个婚姻的逻辑里,让自己获得更好的婚配对象的基础中,除了学历、经济资本这些婚配因素外,在女性青年农民工看来她们最容易获得的就是年龄和外貌。而年龄上对于外出打工的女性青年农民工来说大家所持有的条件是一样的,因此唯一能变成婚配关系里决定性变量的就是外貌。"90后"女性青年农民工为了获得姣好的被人喜欢的外貌,积极地参与到打扮、购买昂贵的化妆品、整形的浪潮中,她们坚定地认为可以通过自己的外形获得未来美好的人生。

> 正凤是 A 厂的一名青年女工,今年 23 岁,她已经订婚了。第一次见到她笔者就觉得她很漂亮,问她:"你觉得你漂亮吗?"她说:"挺漂亮的吧,应该还不错吧,因为我之前是流水线上工作的,后来听说可以转岗企业文化部,我就过来了,当时那个总管说她第一眼就看到了我,我想应该是我长得还不错吧。"正凤平时为自己购买 SK-Ⅱ 的化妆品,笔者问她这么贵的化妆品她买完以后怎么生活,她说她只买试用装,很小的那种。正凤成功地找了一个在深圳工作的男朋友,在菜市场做批发生意,听她说男朋友的经济条件还不错,已经在老家买了房,现在也买了车。正凤聊到自己生活的时候总是微微地露出开心和骄傲的笑容。(2020DPW407)

在 A 厂有很多像正凤这样的青年女工,她们渴望年轻和美丽能够改变自己的命运和生活,一个月四五千元的工资她们几乎都用于对美丽的投资中,这种对美丽的投资对她们来说是一种路径。其实在今天的社会中,青年农民工会通过社会、网络等不同的方式在社会的话语中建构一种关系,即美貌与婚姻和经济的关系,在这里姑且把它叫作"外貌经济"和"婚配经济"。这里更多的是指女性青年农民工由于在学历、经济资本等方面的竞争力较城市女青年有劣势,因此她们渴望通过婚姻的方式快速获得经济方面的向上流动。在这里身体消费已经不是一种向城市人看齐的手段或途径，而是一种改变命运的方式，是一种"自我投资"。

七 结论

对"打工仔""打工妹"的主体性建构和消费的关系的研究是学者们对农民工的分析从生产领域向消费领域拓展的一个主要表现，在这种分析中学者们普遍认为资本利用农民工主体性的建构并通过城乡差异将他们拉入消费的浪潮中，从而使他们进一步受到资本的控制。本文继续在消费的领域进行研究，针对"90后"农民工从"打工仔"到"城市新市民"的主体性改变，分析发现当下农民工消费换了投资的新外衣，且产生这种消费的原因不再是视觉上的城乡差异，而是"城市新市民"这种新的身份认同与参照群体的置换之间的张力。

以"自我投资"为特征的消费的生产路径是这样的："城市新市民"这种新的身份认同与参照群体置换之间的张力不断地使农民工产生改变命运的欲望，而这种欲望是一种镜像反映，它一方面为"90后"农民工提供理想的参照群体，另一方面又使他们反观自己，不断地生产与参照群体的差距，制造改变命运的欲望和方式，从而将"90后"农民工拉入了一场以改变自我命运为由的消费实践中。

参考文献

鲍曼，齐格蒙特，2018，《流动的现代性》，欧阳景根译，中国人民大学出版社。
蔡禾，2010，《从"底线型"利益到"增长型"利益——农民工利益诉求的转变与劳资关系秩序》，《开放社会》第9期。
迪尔-维斯福特，尼克，2020，《赛博无产阶级：数字旋风中的全球劳动》，燕连福、赵莹等译，江苏人民出版社。
弗洛伊德，西格蒙德，2019，《文明及其不满》，严志军、张沫译，浙江文艺出版社。
金晓彤、王帅，2021，《营销学视角下的农民工消费行为研究——吉林大学博士生导师金晓彤教授访谈》,《社会科学家》第 4 期。
李培林、田丰,2011,《中国新生代农民工:社会态度和行为选择》,《社会》第 3 期。
李强,2004,《农民工与中国社会分层》,社会科学文献出版社。
刘林平、王茁,2013,《新生代农民工的特征及其形成机制——80 后农民工与 80 前农民工之比较》,《中山大学学报》(社会科学版)第 5 期。
彭美琪,2020,《农民工留言图书馆走红:在泥泞生活中坚守精神富足》,《新京报》6 月 27 日,第 2 版。
王春光,2001,《新生代农村流动人口的社会认同与城乡融合的关系》,《社会学研究》第 3 期。
王宁、严霞,2011,《两栖消费与两栖认同:对广州市 J 工业区服务业打工妹身体消费的质性研究》,《江苏社会科学》第 4 期。
文军,2001,《从生存理性到社会理性选择:当代中国农民外出就业动因的社会学分析》,《社会学研究》第 6 期。
项飙,1995,《现代化进程中的"悬浮群体"——一项对广东东莞市民工群体的实地调查》,《北京大学研究生学刊》第 3 期。
余晓敏、潘毅,2008,《消费社会与"新生代打工妹"主体性再造》,《社会学研究》第 3 期。
周贤润,2021,《新生代农民工的消费认同与主体建构》,《北京社会科学》第 9 期。
Bak, Joan. 2000. "Class, Ethnicity, and Gender in Brazil: The Negotiation of Workers Identities in Porto Alegre's 1906 Strike." *Latin American Research Review* 35 (3): 83-123.
Deleuze, Gilles, and Felix Guattari. 1983. *Anti-oedipus: Capitalism and Schizophrenia*. London: The Athlone Press.
Duesenberry, J. 1959. *Income, Saving and the Theory of Consumer Behavior*. Cambridge, Massachusetts: Harvard University.
Pun, Ngai. 2003. "Subsumption or Consumption? The Phantom of Consumer Revolution in Globalizing." *China, Cultural Anthropology* 18 (4): 469-492.
Shibutani, Tamotsu. 1955. "Reference Groups as Perspectives." *American Journal of Sociology* 60: 562-569.

数字经济时代背景下资本与产消者的关系：
以养成系偶像粉丝为例

陈 昕[*]

摘 要：本文通过对养成系偶像粉丝生产消费过程进行分析，来探讨数字经济时代背景下资本与产消者之间的关系。本文认为，在生产者和消费者合二为一的情况下，以往的资本剥削论和受众赋权论两种理论路径都具有其片面性，不能很好地解释资本和产消者之间的关系。在对养成系偶像粉丝的消费劳动过程、个人消费实践和集体组织方式进行深入探究的基础上，本文提出第三种理论路径：资本和产消者之间的"合作经济"关系路径。

关键词：产消者 粉丝 资本 外部性剥削

在以往的主流社会学理论中，生产和消费一直是分离的。工业革命的出现带来了生产力的提高，特别是随着福特主义的出现，社会强调生产和效率，这一时期存在的是以生产为主导的生产性社会，社会学理论也将重心放在生产主义视角上。20世纪60年代开始，随着商品的极大丰富，有关消费的因素也在不断增加，消费在西方国家逐渐变得重要。特别是到了20世纪末，各种与"消费殿堂"相关的商品、服务及消费者，在很大程度上已经取代了工厂成为美国等西方国家经济的核心。西方进入了鲍德里亚、鲍曼所

---

[*] 陈昕，广州番禺职业技术学院助理研究员，starichen@163.com。

说的"消费社会"。但是,随着数字技术革命的发展,生产和消费开始交融与合并,一个消费者也可以同时成为一个生产者。以往从马克思主义视角出发的剩余价值剥削理论及相关研究,注重的是资本和劳动之间的关系;而从受众赋权论视角出发的研究,强调的是资本和消费者的关系。生产者和消费者在以往的研究中是分离的,因此,无论从以上哪种视角出发,都具有其片面性。那么,在数字经济时代的背景下,应当怎样解释资本和产消者之间的关系?

从这样的一个理论问题出发,笔者观察到,养成系偶像粉丝的生产和消费过程或许能够作为经验性的材料,来帮助我们理解资本和产消者之间的关系。与传统的明星制造业生产的偶像相比,现阶段由粉丝参与、主打"共同成长"概念的"养成系偶像"越来越占主流。所谓的"养成系偶像",指的是粉丝能够参与、见证偶像成长过程的这一类型的偶像,他们多通过社交网络平台或是综艺选秀节目来展现成长和进步,这样的模式使得粉丝与偶像之间能够形成亲密感和陪伴感。在养成类选秀节目中,偶像能否出道、出道后的发展资源如何,在很大程度上都掌握在粉丝的手中。在养成系偶像模式下,资本将部分权力让渡给了观众,让粉丝能够主动参与到偶像的生产和制造的过程当中,粉丝在消费的同时也在进行生产。养成系偶像粉丝是典型的产消者。因此,本文想要探讨的经验性问题是:作为生产者(劳动者),养成系偶像粉丝的消费劳动过程是怎样的?作为消费者,养成系偶像粉丝的个人消费实践又是怎样的?资本在养成系偶像粉丝的生产和消费过程中,和粉丝之间的关系是怎样的?

本文通过对养成系偶像粉丝的生产消费过程的分析,发现资本在数字经济时代的剥削方式发生了根本性的变化。在本文中,将采用王宁的外部性剥削的概念来说明资本和产消者的关系。王宁(2021)指出,社交媒体用户在使用平台的产品和服务时,也创造了正外部性(表现为数据、情感和注意力等形式),而这种正外部性是具有交换价值的,并被平台资本所窃取。因此,数字平台的剥削,是对用户(产消者)所创造的正外部性的剥削。本文通过对养成系偶像粉丝产消过程的分析,发现资本对粉丝的剥削或许可成为正外部性剥削的一种体现,资本占用的实质上是粉丝在消费和劳动过程中产生的对资本有利的正外部性。

外部性本为经济学术语,指一个人或一群人的行动和决策使另一个人或一群人受损或受益的情况(受损情况为负外部性,受益情况为正外部性)。在本文中出现的主要是正外部性,其指在产消者进行生产消费活动的过程中,资本在不为产消者提供物质报酬的情况下所能够受到的益处。同时,产消者通过让渡在产消过程中产生的正外部性,来换取资本提供的免费公共产品。因此,从某种程度上说,资本和产消者形成了"合作"关系。

一 产消时代的到来

Web 2.0 技术的发展使得生产性消费出现了爆炸式的繁荣。数字技术革命的发展为生产性消费提供了必要的手段,一个消费者也可以同时成为一个生产者,人类社会进入了产消性社会。

(一)生产性消费与数字劳动

美国学者阿尔文·托夫勒最早在其著作《第三次浪潮》中明确提出"产消者"(prosumer)的概念,他指出,人类社会正在进入第三次浪潮时期,社会进步将不再以技术和物质生活来衡量,将打破工业文明"标准化"的法则,建立起更多元的文化(托夫勒,2006)。随着第三次浪潮的出现,生产者和消费者合为一体成为产消者。在托夫勒看来,那些为了自己使用或自我满足,而非销售或交换而创造产品、服务或者经验的人,就是产消者。

随着生产和消费在经济生活中的进一步融合,许多学者开始关注并研究这一现象。如普拉哈拉德和拉马斯瓦米(Prahalad and Ramaswamy, 2004)的价值共创(value co-creation)理论就认为,价值共创是生产者和消费者作为对等主体共同为自己和对方创造价值的过程,贯穿于企业与消费者的互动和消费体验中,发生于产品开发、设计、生产、消费和售后服务等任何价值形成阶段。泰普斯科特和威廉姆斯(2007)提出维基经济模型(wikinomics model），用"维基"来指代人们在互联网上进行大规模协作的行为。他们进一步指出维基经济学的四个准则为开放、对等、共享和全球运作。以上学者都关注"怎样使消费者劳动/生产"这一问题，只不过他们都没有使用"生产性消费"这一学术性概念。瑞泽尔在"产消者"概念基础上，提出了"生产性消费"（prosumption）的概念。生产性消费包括了生产和消费两个方面，而非以往的只强调生产或者只强调消费，瑞泽尔（Ritzer，2014）指出"生产-消费"是一个连续统，生产和消费只是连续统两端的极端子类型，现实生活中并不存在纯粹的生产或纯粹的消费。瑞泽尔打破了以往将生产和消费二元对立的局面，认为两者从来不是相互割裂的。

在互联网时代，生产性消费显得更为突出。产消者的互联网实践依托于数字信息技术，进一步表现为数字劳动。数字劳动被视为从达拉斯·斯迈兹（Dallas Smythe）受众商品理论发展出来的概念。斯迈兹从马克思主义劳动价值理论出发，用价值、劳动时间、生产性劳动等关键性概念阐释了受众商品理论，提出媒介只制造一种商品，即受众，所有媒介都会把受众集合、打包并出售给广告商，从中赚取利润。斯迈兹（Smythe，1977）认为，受众劳动的生产对象主要有两种，一种是劳动力，另一种是受众的需求。生产劳动力，指的是在工作时间生产用于消费和再生产的商品，工作之余生产劳动力，即工作与生活的能力；而生产受众的需求，指的是受众通过注意力的付出，在观看广告时产生商品需求。克里斯蒂安·福克斯（Fuchs，2014）进一步完善并发展了数字劳动理论，他认为，人们在互联网上的浏览、分享、点击等行为，都是一种生产数据商品的数字劳动。互联网平台企业无偿占有了用户生产出的数据商品，并售卖给广告客户，通过数据计算从而精准地对用户进行广告投放，借此获得巨额利润。因此，用户的上网娱乐休闲时间，都成了平台资本家赚取剩余价值的时间，用户受到了无限制的剥削。

（二）资本与产消者

在产消性社会中，资本与 Web 2.0 时代以来的新型产消者之间的关系完全不同于与生产者、消费者，或者是与传统产消者之间的关系。瑞泽尔和哲根森（Ritzer and Jurgenson，2010）区分了传统的产消者（如在快餐店自助点单、自己收拾餐厨垃圾的消费者）和新型的产消者（进入 Web 2.0 时代后的产消者），他们认为，新型产消者与资本的关系有以下几个特点：一是资本无法控制新型产消者，产消者在更大程度上可以抵制资本的侵入；二是剥削具有不明确性，因为产消者看起来是在做他们喜欢做的事情，并且愿意为之无偿劳动；三是在互联网上出现新的经济形式，不存在商品与钱之间的交换；四是传统的资本主义都是以稀缺性为基础的，而线上产消资本主义却是在日渐富足的世界发展起来的。

传统的产消系统如快餐店里，让顾客自己点单或者收拾的优点在于可以为资本减少雇佣薪酬，消费者做了这些事情却没有要求回报，同时在"劳动"的过程中感受到了乐趣。资本找到了一种新的剥削方式，即让消费者成为产消者。进入 web 2.0 时代后，剥削变得更加暧昧和模糊。用户是生产者，但资源或者是潜在利润的拥有者却是企业（资本）。资本需要做的只是让渡一部分生产资源给用户。消费者在消费的过程中所留下的痕迹、数据等，都会被平台无偿占有并卖给广告商，帮助其向用户推送其感兴趣的商品。因此，用户在网上留下的数据都可以成为被分析的对象，企业掌握了用户作为消费者的偏好。

那么，应该如何看待资本与产消者之间的关系呢？产消者究竟是受到了双重剥削，还是反而在产消领域缓和了资本的这种剥削？瑞泽尔（Ritzer，2014）指出，从从马克思主义的观点来看，产消者似乎是被剥削了，他们的剩余价值被资本所利用了，产消者为资本提供了无偿的劳动。从社会结构来看情况确实如此，但从社会心理的角度来看就很难定义了。现在的产消者很难认为自己是被剥削的，他们似乎也很享受他们所做的事情。马克思主义者可能会指出，在这种情况下他们是被蒙骗了，才会误以为自己没有受到剥削。但瑞泽尔认为，更为可能的是，需要对"异化""剥削"等概念进行重新审视和修正，以适应新的现实，而非局限于陈旧的、日益过时的"生产-消费"二分法。

（三）作为产消者的粉丝：剥削还是赋权？

通过对以往文献的回顾，笔者发现，在资本、劳动、消费的框架下讨论粉丝的生产和消费，现阶段有两种理论路径。第一种是资本剥削论。在这种理论视角下，粉丝为资本提供免费的劳动力，其劳动成果被资本剥削和占用。粉丝的消费力成为大众媒介和资本市场的风向标，从而成为商业资本可利用的巨大资源（庄曦、董珊，2019）。资本和文化工业利用粉丝的情感和快感消费，营销针对粉丝的集体认同和"共识制造"。在生产者方面，粉丝的互动和反馈可以避免资本付出高昂的市场调查成本。并且，粉丝的自发性讨论实质上也是一种宣传，可以吸引更多的受众关注。粉丝作为网络用户，在网上留下的隐私数据被广告商用于赚取利润。

第二种是受众赋权论。赋权论更为强调意义的创造和自我的表达。数字技术的发展给粉丝带来更高的参与性。社交媒体平台使得粉丝能够提供即时反馈，资本必须修改产品和策略来迎合粉丝需求，以获得更高利润。此外，网络时代粉丝更容易形成共同体，这种共同体给予了粉丝更大的主动权和影响力。粉丝不再仅仅是被动的信息接收者，他们也可以直接制作和发行自己的媒体内容，成为信息的生产者。互联网的技术发展为粉丝带来了"自我赋权"的机会，打破了知识的垄断，挑战了制度性的生产者。因此，从文化消费研究的视角看，粉丝确实是"被赋权"了。

本文认为，无论是剥削论还是赋权论，都具有片面性，无法完全解释作为产消者的粉丝和资本之间的关系。在资本剥削论的视角下，只强调资本和生产者（劳动者）的关系，因此无法解释粉丝自发自愿与资本进行合作的行为；而在受众赋权论的视角下，关注的是资本和消费者的关系，强调受众的自我表达，而无法解释资本对于粉丝的约束。可以观察到，在以往的文献中，生产者和消费者是分开的，是两个群体，而在本文的研究中，粉丝是产消者，兼具生产者和消费者两个身份。因此，要跳脱出剥削论和赋权论的理论框架，来看待资本和产消者之间的关系。本文提出第三种理论路径，其认为资本和产消者之间是"合作经济"关系，即资本和粉丝之间的关系既不是完全的资本进行剥削和控制,也不是完全的粉丝被赋权。这种"合作经济"关系建立在产消者消费的正外部性和消费劳动的正外部性的基础上。粉丝追星进行消费的过程、消费劳动的过程都产生了正外部性,而资本无偿占有和利用了这些正外部性。对于产消者来说,正外部性被资本所利用并没有产生太多负面影响,甚至还可能带来利益,即换取资本免费提供的公共产品及服务。

二 研究方法

与以往由经纪公司自上而下推出偶像、观众被动接受的情况不同,养成系偶像模式更强调粉丝对偶像整个生产过程的参与,养成系偶像粉丝的"产消者"特征明显。因此,本文以养成系偶像粉丝为例,来探讨数字经济时代下资本与产消者关系的变化。

粉丝群体通过互联网平台聚集在一起,在网络空间中构建起一个个粉丝社区。粉丝在社区中围绕偶像文本进行交流互动并形成粉丝社群,这样的互动是长期持续的,并且会从线上拓展到线下。根据粉丝群体的这一特性,笔者采用线上社区观察和线下访谈相结合的方式获取相关资料。笔者作为观察者进入粉丝线上社区中,观察粉丝群体的线上互动联系,关注粉丝社群的独特性及成员在网络空间中的实践活动。除此之外,笔者也进行线上访谈或是面对面访谈,并亲自参与到粉丝活动中,将研究拓展到线下进行参与观察,以更好地了解这一群体的思维方式和行动逻辑。

本文主要研究的粉丝社区是养成系偶像的微博超话社区及百度贴吧社区,这些社区中的内容都是公开发表的,笔者可以轻易获得相应的资料,观察粉丝在社区中的互动。为了保证资料的丰富程度和多样性,在选取访谈对象时,笔者接触了不同的养成系偶像的粉丝,包括选秀节目(如《创造营》《青春有你》系列节目)出身的养成系偶像的粉丝以及时代峰峻公司模式下的养成系偶像(如TFBOYS、时代少年团等)的粉丝。

笔者采用深度访谈的方法,一共访谈了18位来自不同粉丝社群的养成系偶像粉丝,了解他们怎样参与、生产和消费,他们又是怎样看待自己所在的粉丝群体与资本和偶像之间的关系的。通过深度访谈,能够了解到粉丝作为社群成员的整体文化背景、心理活动和行为态度,更完整地刻画粉丝线上线下的角色。

在收集资料的过程中,笔者常常对自己的身份进行反思。在向陌生的访谈者介绍自己时,笔者一般以"在校学生"的身份出现,这样的学生身份能够减少陌生人对笔者的戒备和怀疑。当然,笔者的大多数访谈对象均由朋友或是朋友的朋友介绍而来,他们与笔者年龄相仿,也都是学生身份,笔者与访谈对象之间的距离并不是那么遥远。作为曾经的"追星女孩",笔者也曾是粉丝群体中的一员,因此对饭圈(偶像粉丝的圈子)的规则和内容比较熟悉,能够很快了解到被访者所想要表达的意思,也能够对他们的情感产生共情。但是,随着年龄的增长与一些事件的发生,笔者逐渐脱离了饭圈,回归到现实生活。所以,笔者认为,在某种程度上,作为曾经的"局内人",笔者比较熟悉粉丝群体,能够理解他们的行为和表达,可以比较容易地获得相关的资源;但同时,笔者现在又是"局外人",在脱离了粉丝群体以后,笔者可以对一些问题保持中立和敏感度,作为"他者"进入研究对象的群体中。

三 养成系偶像粉丝的消费劳动过程

所谓消费劳动,是在消费过程中满足消费者正常消费享受需要完成的义务和补充性劳动(王宁,2004)。粉丝作为互联网的忠实用户,不仅在进行偶像及相关文本内容的消费,也通过新媒体技术手段,自主地进行偶像相关内容的生产、创作、发布和传播。粉丝出于情感性的目的,在消费偶像产品的过程中自发性地进行生产和劳动,这样的消费劳动产生了经济效益、流量效益和社会效益等正外部性,并被资本所无偿利用。

(一)粉丝的专业劳动

粉丝的专业劳动指的是与粉丝的创造力、知识和专业技能相关的劳动,专业劳动所产生的最终成品会被其他粉丝所消费。如站姐①拍摄、精修的偶像前线活动的图片或视频,粉丝出于兴趣发挥自身技能剪辑的偶像相关视频,根据偶像形象进行的漫画创作、文字创作等,都是粉丝的专业劳动所生产的产品。

访谈对象丸子曾经在她的追星生涯中短暂地体验过几个月的站姐生活。开始做这件事的动机很简单,仅仅是因为她觉得自己喜欢的养成系偶像刚刚起步,相关的站子太少、出的图不够精美,而自己恰好有这样的专业能力和时间去进行前线的拍摄活动。她与其他两位志同道合的粉丝朋友一同开设了偶像的个站,并进行了拍摄、修图、运营等分工。丸子指出,大部分站姐都是"用爱发电",站子运营所需的成本多由站姐自己掏钱支付。只有站子出的图比较精美、受粉丝欢迎,后期售卖一些 photobook(偶像的实体写真集)等周边产品才会被粉丝所接受,获得相应的利润。但由于前期追活动、拍图所需要消耗的资金也很大,获利最多也只能刚刚维持收支平衡。丸子直言:"就是一直自己掏钱,一直到你卖那些周边赚了钱才能够有一点收益啊。"因此,粉丝的专业劳动并非出于营利的目的,其是基于内心兴趣和爱好进行的自目的性劳动。

站姐拍摄的偶像相关图片、视频等作为礼物在饭圈内部流通。粉丝礼物承担着相应的社会功能,包括连接粉丝间的情感关系、形成相应的互惠网络。在互联网空间中,粉丝通过数字礼物的互赠,在饭圈内部获得象征资本。象征资本是布迪厄所提出的概念,"是被人们承认和接受了的政治、经济、社会、文化的资本",在一定程度上可以被理解为"一种认可的形式"。粉丝进行数字礼物互赠,意在获得超越礼物本身的象征资本,包括社群中的声望、权力、地位、社交关系等,扩大和提升自己在圈层中的资源获取权和舆论引导能力。

粉丝个体进行专业劳动本身的目的是在追星过程中发挥自我技能、满足

---

① "站姐"指的是在前线为偶像拍照并且管理站子的女孩,而"站子"则是对某个偶像的后援会的称呼,一般是粉丝所运营的社交媒体账号,会及时更新偶像的相关资讯内容,并且会组织粉丝进行应援活动。

自身兴趣、实现自我价值,并在饭圈内部获得身份认同,但在这一过程中产生了一系列的外部性结果,包括对外宣传和塑造偶像的完美形象、对内增强粉丝之间的情感凝聚力,提升粉丝群体与偶像之间的黏合度。对于资本而言,粉丝的无偿性专业劳动为其节约了宣传成本和粉丝社群运营成本,这样的外部性无疑是有益的并且可以被利用的。

(二) 粉丝的管理劳动

粉丝的管理劳动指的是组织各类粉丝活动,包括线上的和线下的活动,将粉丝集合起来,宣传偶像。在饭圈,这类活动通常被称为应援活动,根据具体应援内容的不同,分为演唱会应援、生日应援、公益应援等。站子或后援会的管理者制订活动计划,并拟定相应的活动文案,在微博发表后号召粉丝主动参与。管理者们需要根据应援的具体内容,联系应援场地、准备应援物、明确应援流程,并在应援结束后进行现场的反馈总结。显然,作为管理者的粉丝,在这类应援活动中无偿进行着统筹、协调和管理劳动。

粉丝组织的各类应援仪式对于创造和维系粉丝对社群的认同感和归属感来说有重要意义。涂尔干在《宗教生活的基本形式》当中曾指出,仪式是实现社会团结的方式,具有社会凝聚的功能。其通过象征符号体系的表演、集体记忆再现和在场体验共享等方式,对社群的空间边界、时间厚度和共享体验进行建构,从而产生集体凝聚的力量,来达成社群整合的目的。粉丝通过一系列的仪式性活动和情感的共享,将个体吸纳到集体中,并产生"我们"的共同体归属感。受访者月亮提到参与偶像演出时的兴奋感和忘我感,她甚至在现场仪式的烘托下情不自禁地落泪:"想到这一段时间(我们)因为一样的事情开心,因为一样的事情痛苦。这么多人都跟我是一样的,那个心情就会特别(激动)……"

由此可见,粉丝的管理劳动带给粉丝的回报依然是情感性的,但其不可避免地产生了正外部性。各类粉丝组织在活动过程中无偿地帮助偶像的经纪公司进行粉丝管理和运营,提高了粉丝对共同体和偶像的忠诚度。此外,各类应援活动,特别是公益性的活动,能够创造比较正面的社会效益，在社会公众面前树立更加良好的偶像形象。而这样的社会效益最终也被资本所用。

（三）粉丝的数据劳动

粉丝的数据劳动指的是粉丝对偶像产品进行的重复性的投入，包括为偶像进行打榜①投票、重复转发评论偶像相关的动态、重复大量地购买专辑等行为，这些都是为了提升偶像的数据表现，也就是通常所说的为偶像增加"流量"。这些流量数据，可以兑换为文娱产业中的一系列资源，包括影视资源、综艺资源、品牌代言资源等。

现阶段，养成系偶像多由养成类选秀节目推出。在这种模式下，粉丝需要不断进行打榜投票，才能够使自己喜爱的偶像在众多选手中脱颖而出，最终成团出道。下面以爱奇艺在 2020 年播出的《青春有你 2》为例来说明这类养成类选秀节目的投票机制。爱奇艺官方发布的投票渠道分为两个部分，一是爱奇艺官方平台，二是赞助商真果粒。爱奇艺普通用户每天有一次助力机会（即投票机会），爱奇艺 VIP 用户每天有两次助力机会。使用爱奇艺衍生 App 爱奇艺泡泡还有一次额外的助力机会。此外，购买赞助商真果粒旗下的花果轻乳、高端缤纷果粒系列产品，扫描其二维码，还可以获得额外助力机会。受访者虎虎表示，她在节目播出期间每天早上六点起来投票，"除了自己去投，然后还会领很多号去投，后期的话也会花钱去买那种合作商的饮料的票"。在这一过程中，粉丝观看、浏览、购买、投票的行为，生产了大量的流量数据，而这些数据带来的商业性价值都是粉丝为了送自己喜欢的偶像出道所做劳动产生的正外部性。

在养成系偶像的生产模式下，从出道前的投票到出道后各类资源的争夺，粉丝只有在数据上一刻不放松，才能为偶像在激烈的流量竞争中赢得一席之地。饭圈中有影响力和话语权的核心粉丝通过构建"爱他就要为他花

---

① "打榜"指的是偶像出新作品后，粉丝不断转发或播放偶像的作品使其进入榜单的行为，也可指为偶像及其作品投票等行为。

钱""爱他就要为他做数据""白嫖①不算粉"等话语逻辑,来提高粉丝身份的"门槛"和增加强迫性义务。受访者 Enki 就直言:"打投(打榜投票)有的时候是有一点道德绑架的。就是说如果喜欢他,你就必须要去为他打投,或者说为他去集资。"出于对偶像的情感和共同体对于一致性的要求,粉丝自愿成为"数据女工",内化、合理化了资本"流量为王"的逻辑。

粉丝出于让偶像出道、获取更好资源的目的进行数据劳动,而数据劳动的外部性,也即大量粉丝观看、浏览、投票、转发、评论等行为所产生的流量效应却直接被资本所利用。粉丝所创造出的大数据可以帮助资本刻画粉丝用户的整体画像、了解粉丝需求,从而有针对性地向粉丝用户提供他们所需要的产品;粉丝在网络空间中围绕偶像进行的各种讨论也能够促进公众对偶像的了解,吸引更广泛的受众。

养成系偶像的粉丝在进行消费劳动的过程中,一方面满足与实现了自我兴趣和价值,通过帮助喜爱的偶像完成梦想收获成就感;另一方面客观上产生了一系列的正外部性。对粉丝而言,让渡这部分正外部性似乎是无害的,因为他们已经通过消费劳动的过程达成了自身的目的,即收获了满足感、能量、共同体支持等情感性回报。

四 养成系偶像粉丝的个人消费实践

粉丝是偶像相关产品狂热且忠诚的消费者,他们在消费偶像产品的过程中寻求感官上的愉悦感和内心的满足感。粉丝的情感强度和持久度直接决定了偶像产品的价值,资本可以通过创造和操纵情感,依靠粉丝对偶像的情感投入来获利。因此,粉丝的追星消费过程也具有正外部性,通过占有粉丝的情感投入所带来的经济效益,资本也无偿占有了粉丝消费的正外部性。

---

① "白嫖",最早是指不给钱吃"霸王餐",后流行于饭圈、游戏圈。意思是喜欢某个偶像却不为他花钱花时间,只享用其他粉丝的劳动成果。

(一) 参与感与消费行为

养成系偶像的粉丝通过其消费实践来参与到偶像生产、营销和宣传的过程当中，帮助经纪公司共同打造偶像，使偶像变得更有知名度、更被市场所认可。对粉丝而言，消费偶像的相关产品，不仅能够收获感官上的愉悦、确认粉丝身份，还能够帮助偶像创造更多的商业价值，以吸引资本对偶像进行再投资和使其增值。

在访谈资料中，许多粉丝表示观看和购买偶像的周边产品，如作品、专辑、舞台、代言产品等，是"花钱买自己开心""获得感官上的愉悦和精神上的支持"的一种途径。这种感性的消费是自目的性的消费，即行动目标就是行动本身，追求内在回报。并且，粉丝的消费行为也具有符号性特征。粉丝通过不断地进行投入和消费来确认自己的粉丝身份，形成越喜爱越参与、越参与越喜爱的循环。加上饭圈"白嫖不是粉""爱他就为他花钱"等话语的建构，粉丝逐渐将消费作为被群体接纳的一种通行证。只有付出了时间、金钱和劳动的粉丝，才能得到粉丝社群其他成员的认可。受访者 Quirky alone 坦言："如果真情实感搞了（追星）的话，就是必须会花，你会发现你不花钱会不舒服，或者是有一种负罪感。"

粉丝的消费行为与偶像的商业价值息息相关。受访者小 A 分析道："如果粉丝去买这些产品，这些产品的销量提升以后，那么就可能有更多的商家去找他们（偶像）代言，因为商家会看到他们是能够拉动粉丝经济的……第二个就是，如果那些代言的产品破销量的话，可能会上微博热搜、热转，这样他们的人气、名气就会进一步地提升。"粉丝明确意识到自己的消费行为能够直接为偶像和资本带来利益，并且试图通过消费热度来引导资本市场关注偶像的商业价值，倒逼市场重视粉丝需求。

养成系偶像的粉丝通过深度参与消费的行为，将情感投射于偶像产品上，并且在文化产品中构建更高强度的意义。粉丝消费所带来的正外部性在于为偶像创造了更高的商业性价值，作为偶像产品忠诚的消费者，粉丝在消费的同时也成为偶像形象包装和市场营销的一部分。

（二）神圣性情感体验

除了通过购买消费偶像的相关产品来收获参与感，粉丝还在追星消费的过程中，通过一系列的仪式性消费实践，激发神圣性的情感体验。这些仪式性消费实践包括粉丝的"圣地巡礼"、收藏及展示、礼物交换的行为。这些仪式性消费实践不仅是饭圈内部社群情感的基础，也是粉丝与偶像情感沟通的桥梁，更是饭圈情感经济的重要支撑。

"圣地巡礼"指的是粉丝去偶像去过的地方进行拍照打卡的行为。纳尔逊·格雷本（Nelson Gaburn）引用"历程仪式"（the rites of passage）的理论，指出"旅游既是神圣的旅程，也是世俗的仪式"，还提出公式"旅游=仪式+游览"（tourism = ritual+ play）（Gaburn，2001）。朝圣是追求精神价值之旅，旅游是现代意义上的精神文化朝圣。在这种意义上，粉丝的"朝圣"行为也是为了追求精神价值，具有仪式意义。不少受访者向笔者表示曾有过去偶像相关地点打卡的经历。如受访者小黄，就曾去过偶像的中学拍照打卡，"去他以前上过学的地方看一看，看看他以前生活过的地方"。粉丝通过"圣地巡礼"的行为，寻觅一种和偶像同处一个空间的虚拟共在感，拉近他们与偶像之间的心理距离。

收藏和展示是粉丝常见的行为之一。粉丝是"馆藏式消费"的实践者，他们如同收藏家一般，不断寻找并收集偶像相关的周边产品，将其与其他日常物品区分开来进行排列和展示。小黄收集了满满一大箱偶像相关的周边，还专门用手幅册整理自己在活动中收集的相关手幅，她笑着说，如果家里有足够的空间，要"搞个那种书架或者什么书柜，再把它们放出来炫耀一下"。粉丝的"馆藏式消费"行为给予了偶像产品神圣的符号性意义，改变了大众文化转瞬即逝的性质，形成一种更持久、更独特的文化实践。

粉丝和偶像之间的礼物交换也是加强共同体情感纽带的重要途径。在礼物交换的过程中，礼物已经从物品转变为一种象征，是赠予者与受赠者之间的情感连接。粉丝和偶像之间的礼物交换是莫斯所说的"非对称性交换"，这种非对称性体现在礼物功用价值以及偶像接受赠礼却没有一定要回礼的义务上。因为偶像和粉丝的关系是"一对多"的关系，所以只要偶像针对整个粉丝群体，准备一些"逆应援"，对他们的付出表示肯定和感谢，就能够使粉丝感受到偶像的爱意，形成互惠关系。

粉丝受情感驱动投入偶像相关的消费实践中，并在这一过程中收获了与日常生活所不同的神圣性情感体验，这样的情感体验加强了粉丝对偶像及共同体的认同，促使粉丝进一步投入偶像产品的消费过程中，形成了一种情感的正向循环（见图1）。在养成系偶像模式下，资本通过强调"参与感"，以粉丝的情感作为依托，将粉丝吸纳到偶像的生产链当中，通过迎合粉丝的想法，培育忠实的消费者，充分榨取粉丝情感过程的正外部性，即它所产生的商业价值和经济效应。

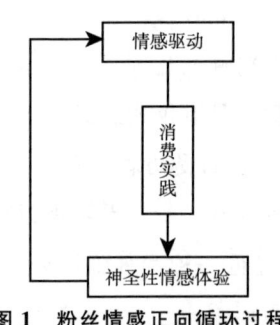

图1 粉丝情感正向循环过程

五 资本的"引导"及粉丝的"合作"

在大数据的商业环境下，各资本方为了最大化利用粉丝的免费劳动，围绕偶像共同构建了一套"流量法则"：平台方提供技术平台和各类榜单，量化偶像商业价值；广告商和经纪公司从中助推，进行大量营销，吸引关注；品牌方、影视剧和综艺节目等的制作方根据流量选择合作偶像。养成系偶像模式则在此基础上将粉丝参与发挥到极致：由粉丝的投票决定偶像能否出道。投票渠道包括各个相关网络平台以及通过购买赞助商相关产品获得投票权。

粉丝并非完全没有意识到自己的各类劳动成果会被资本无偿占有并利用，但对粉丝来说，他们的参与和生产并非受物质利益驱使，而更多的是受情感的因素驱动，他们希望获得的也是情感性的回报。因此，当资本向粉丝抛出橄榄枝以收获更多粉丝的关注和投入时，粉丝也毫不犹豫地参与到这场资本的游戏当中。

（一）资本"引导"建构游戏规则

虽然偶像养成类节目强调"将选择权交给观众"，但还是免不了资本的控制和介入。在一档播客节目中，经纪人吴姐毫不避讳地谈及在偶像养成类节目中通过"做票"来获得高排名的方法，这样做的选手也就是粉丝们常说的"皇族"①。"诚实地说，除非选手本身实力非常超群，否则大部分都是用钱、用资源做票。有的是艺人自己家里就特别有钱，他的家庭就跟公司一起做票；也有艺人的母公司投钱做票；还有就是这些互联网平台方自己炒节目，自己做票。"② 通过这种"砸资源、砸钱"的方法，可以利用节目效果来给艺人做宣传、制造更多话题，培养更多的粉丝。

经纪公司也要负责处理好偶像和粉丝之间的关系。有些经纪公司有专门负责粉丝运营、对接"粉头"③的部门。有经纪人说过："哪一部分的活动是需要粉丝去配合也好，重点的活动或者是有重点的商务合作的时候，他需要去调动粉丝的热情，配合这一波宣传……还有就是艺人不在宣传周期，就是艺人在这一段时间他是没有什么作品曝光的，他也没有什么样的一个活动。那其实粉丝运营他是要想他怎么能够维持粉丝的一个活跃度，就是固粉。"④ 经纪公司更多是一个上传下达、承上启下的角色，来调动粉丝的力量为艺人做宣传。有些经纪公司为了避免和艺人的粉丝做直接的接触而引发

---

① "皇族"指粉丝认为在节目中人气不足，却拥有很多镜头、资源及高票数的选手。
② 资料来源：播客"贝望录"节目《粉丝经济时代，经纪公司如何运营艺人？》，文字版由笔者自行整理。
③ "粉头"指粉丝组织中的核心管理者，社群中的意见领袖。
④ 资料来源：播客"贝望录"节目《粉丝经济时代，经纪公司如何运营艺人？》，文字版由笔者自行整理。

粉丝的反感，便把粉丝运营的工作外包给中间商。

从经纪人们的叙述中我们可以窥探到经纪公司的"造星"模式。养成系偶像模式中，经纪公司是偶像产品的直接利益相关者，但该产业链也牵扯到各个利益方，比如说网络平台企业、广告商、品牌方、节目制作商等，各资本方围绕着"流量明星"共谋构建了偶像产业的规则：网络平台企业提供技术平台利用明星吸引流量，广告商宣传造势推动明星热度上升，品牌方则根据流量选择合作明星，节目制作商通过选秀节目中观众的有偿投票获得利益。粉丝作为产消者，在各资本方共同构筑的偶像产业生态中，不断进行流量和数据的生产，而流量可以帮助偶像兑换资源，最终促进偶像长远发展。在这个过程中，各资本方和偶像本人都从中分了一杯羹。

（二）粉丝"合作"参与资本游戏

养成系偶像模式下，粉丝明确了解自己的关注和投票行为会给节目带来流量和经济效益，但为了自己喜欢的人能够顺利出道，她们依然集资购买赞助商的商品，以获得更多的投票权。粉丝深谙资本运营的逻辑，却依然参与到这场资本的游戏当中。

Enki指出，粉丝了解资本是需要粉丝进行打投来获取利益的，偶像也要依靠粉丝的投入。"因为我觉得就是粉丝的这些，可能是因为平台或者说它背后的节目组、资本是需要他们去打投吧。"但人气只是一时的，偶像本人必须要努力提升自身的能力，才能获得长远的发展。

除了在偶像出道前为其投票集资，在偶像出道后粉丝也积极消费偶像的各类产品，包括偶像的歌曲、演唱会，或是代言的商务、拍摄的杂志，等等。粉丝经常性地进行重复性的消费，即购买大量重复的产品。这种行为其实也是一种流量逻辑，一个偶像的粉丝购买力如何，在很大程度上反映了这个偶像的人气。为了证明偶像的"带货"能力，粉丝在初期会投入很多的金钱来进行偶像相关产品的消费，增加偶像的知名度和曝光度，以吸引更多商家的注意和投资，帮助偶像获取资本的青睐。由此可见，粉丝反过来利用了资本的流量逻辑，来为偶像谋取更多的资源。

粉丝作为偶像产品狂热、过度投入且忠诚的消费者，在消费偶像产品的过程中也在不断生产流量和数据，网站经营者通过将流量数据打包出售给广告商、进行增值服务等方式将流量变现，从而创造了可观的商业价值和经济效益。

在这一过程中，可以看到资本对游戏规则进行建构、引导粉丝参与，粉丝出于情感性的目的参与到偶像的生产过程中进行消费和劳动，且其消费和劳动为资本带来可观的经济效益。粉丝通过消费和参与偶像生产过程获得成就感、集体归属感、参与感等情感体验，其产生的经济效益作为正外部性对资本有利，并且能够促进粉丝喜欢的偶像进一步发展，为粉丝提供更长久的情感体验，即粉丝让渡其消费和劳动的外部性以换取更好的偶像产品。在此意义上，粉丝和资本之间"合作"建构养成系偶像。

六　总结与讨论：数字产消时代资本与产消者的关系

本文认为，粉丝产消实践的复杂性，要求我们在产消者与资本的关系这一问题上，应该避免单一的"剥削"或"赋权"的视角，因此本文采用第三种理论路径：产消者和资本的"合作经济"关系路径。

在数字经济时代，资本和产消者的关系建立在外部性剥削的基础上。传统的剥削论之所以无法完全解释粉丝经济和粉丝劳动，是因为在数字经济时代，资本的剥削方式、劳动的性质、"制造同意"的方式和劳动关系都发生了本质上的变化（见表1）。首先是资本剥削方式的变化。在工厂式的劳动中，资本主义对于劳动者的剥削方式是凭借生产资料所有权无偿占有劳动者的剩余劳动，是对剩余价值的剥削。而在数字劳动中，是对外部性的剥削。所谓外部性，在这里特指正外部性，在粉丝经济中就是粉丝在进行消费劳动和追星消费过程中，客观上产生的、无法排他的、能够使资本在不为粉丝提供物质报酬的情况下受益的价值。其次是劳动性质的变化。工厂式劳动中的劳动者进行的是工具性的劳动，劳动主要是为了谋生赚钱，劳动性质不一定符合劳动者自身的兴趣。但对于粉丝这类数字劳动者而言，他们出于对事情本身的热爱和兴趣而自发进行劳动,劳动是自目的性的。再次是"制造同意"的方式的变化。在资本主义式工厂的参与式观察中,马克思主义学者迈克尔·布若威发现,资本家通过转移矛盾、制度设计等多种途径建构工人之间的"同意"或共识,从而获得资本生产的合法性,来遮蔽资本对剩余价值的剥夺和占用。进入数字资本主义时代,互联网产业与数字劳动者之间也构建了某种"同意",但"制造同意"的方式则是通过社交媒体平台"自由""分享"等道德话语的建构,来将用户吸纳到互联网的使用和数据的生产过程中,使得用户在休闲、享受和社交的同时,自愿自觉地投入数字劳动中。最后是劳动关系的变化。以往的工厂式劳动中,劳动关系是资本和劳动者之间的双方关系,劳资双方的对立尖锐。而在数字劳动中,由于产消者的外部性需要通过第三方的转换才能产生价值和意义,所以产生了资本、第三方平台或广告商、产消者三方之间的关系,资本和产消者之间的对立有所缓和。

表1 工厂式劳动与数字劳动的区别

劳动方式	资本剥削方式	劳动性质	"制造同意"的方式	劳动关系
工厂式劳动	剩余价值剥削	工具性劳动	转移矛盾、制度设计	资本与劳动者双方关系
数字劳动	外部性剥削	自目的性劳动	"自由""分享"等道德话语建构	资本、第三方平台或广告商、产消者三方之间的关系

在这里,需要强调的是外部性剥削的特点:产消者不以创造外部性为目的,外部性是产消者产消实践过程客观上产生的后果。并且,外部性剥削具有不排他性,即无法排斥他人利用这种外部性,或者说,因排斥成本太高而放弃排斥(如用户在网页浏览、评论时产生的数据痕迹,对用户个人来说想要进行彻底的清理是极其困难的)。正是因为外部性剥削的客观性和不排他性的特点,资本才能够更无形、更巧妙地占用产消者的劳动成果。

在养成系偶像的生产模式下,粉丝作为产消者,出于情感性的目的进行消费劳动和消费实践,在这一过程中不可避免地产生了正外部性,而这些正外部性被资本所无偿占用。具体而言,粉丝的生产消费实践产生的对资本有利的正外部性可以总结为以下几个方面。首先,经济效益与商业价值的创造。粉丝作为忠诚的消费者和社群内的劳动者,不断投入数据的创造和生产当中,提升偶像的商业价值。其次,社会效益的生产。粉丝在应援的过程中树立了偶像的正面形象,起到了宣传的作用,为偶像争取了主流社会大众的关注和认可,从而扩大了偶像的受众和粉丝群。最后,社群自组织和运营。粉丝的各类生产消费活动都可视为对粉丝的忠诚进行培育的方式,有助于更好地动员粉丝对偶像进行投入。粉丝通过个人在追星过程中的情感体验来创造偶像与粉丝之间的情感连接,并且通过集体性活动建构"偶像-粉丝"情感共同体。

粉丝作为产消者自觉自愿地投入养成系偶像的生产过程当中,并在这一过程中让渡了外部性。资本的外部性剥削对粉丝来说似乎是无害的,因为粉丝更在意的是在产消过程中的创造力和生产力,以及在这一过程中所收获的参与感和成就感等情感回报。粉丝在让渡外部性的同时,也获得了资本提供的免费交流平台(如微博超话、百度贴吧等)以及更符合粉丝期待的、更完善的偶像产品。因此,在某种程度上,资本和粉丝之间形成了"合作经济"的关系。

本文在对养成系偶像粉丝的生产消费过程和特点进行分析的基础上,修正了"剥削"或"赋权"的二元视角,提出资本和产消者之间的"合作经济"关系模式,为理解粉丝经济提供了一种新的视角。

在本文当中,主要讨论的是粉丝产消的正外部性,即给资本带来的相应利益。但无可否认的是,粉丝产消活动也可能会给社会或其他社会群体带来一定的负外部性,比如,粉丝经济在发展过程中由于未受到相应制度约束,产生一系列粉丝之间互撕谩骂、拉踩引战、挑动对立、侮辱诽谤、造谣攻击、恶意营销等负面现象,对网络环境和青少年健康成长产生不良影响,最终国家权力介入进行整治和调控,开展了"清朗·'饭圈'乱象整治"行动。

在国家整治的背景下,微博等的数据榜单被取消,粉丝的数据劳动受到了一定的限制，但偶像市场隐含的"流量逻辑"没有在本质上得到改变，粉丝依然在积极参与偶像的整体生产和制造的过程，其产消者的身份也没有改变，只是参与方式和途径有所不同。比如，粉丝虽不能通过投票等方式参与"造星"，但其他类型的粉丝应援和宣传活动仍然能够持续帮助偶像进行相关的数据和流量的生产，吸引其他观众的注意力。因此，在受到了国家权力规范调整的情况下，粉丝具体的产消逻辑并没有发生实质性的改变，资本仍可以从粉丝产消的正外部性中获利。

本文能够揭示在国家政策容许的条件下，在养成系偶像模式中消费和生产高度趋融的情况下，粉丝的角色如何从单纯的消费者或单纯的劳动者转变为产消者，帮助我们理解生产性消费的过程，揭示生产和消费在当今社会中的整合关系，并用外部性剥削的视角去重新理解资本与产消者之间的关系。比如，当今互联网用户在使用网络平台的同时，也在网络上生产数据等，进而制造了对资本平台有利的正外部性。资本免费占有了这部分外部性，将数据卖给运营商赚取利益，却没有提供给数据生产者即用户任何物质报酬。但是对互联网用户来说，他们使用平台的目的是追求情感性的体验（包括娱乐、社交）。也就是说，生产数据并不是用户的目的，而是客观上产生的结果（外部性）。资本在这一过程中实现了对用户的外部性剥削，而在此意义上，用户让渡了外部性换取资本提供的免费互联网平台，形成一种"互利共赢"的合作局面。

参考文献

蔡骐，2015，《社会化网络时代的粉丝经济模式》，《中国青年研究》第 11 期。
陈萌芽，2018，《泛娱乐语境下"养成"系偶像的粉丝"养成"——以 SNH48 的粉丝为例》，《美与时代》（下）第 5 期。
陈昕，2018，《情感社群与集体行动：粉丝群体的社会学研究——以鹿晗粉丝"芦苇"为例》，《山东社会科学》第 10 期。
方婧，2019，《污名化：作为边缘群体的"养成系"粉丝社群研究》，硕士学位论文，四川外国语大学。

鞠春彦、杨轩，2019，《核心粉丝是如何炼成的——基于文化资本视角下的粉丝社群研究》，《中国青年研究》第 7 期。

吕鹏、张原，2019，《青少年"饭圈文化"的社会学视角解读》，《中国青年研究》第 5 期。

马志浩、林仲轩，2018，《粉丝社群的集体行动逻辑及其阶层形成——以 SNH48 Group 粉丝应援会为例》，《中国青年研究》第 6 期。

孙纪开，2020，《"剥削"还是"赋权"：双重理论视阈下的粉丝文化研究》，《东南传播》第 11 期。

泰普斯科特，唐，安东尼·D. 威廉姆斯，2007，《维基经济学：大规模协作如何改变一切》，何帆、林季红译，中国青年出版社。

陶东风主编，2009，《粉丝文化读本》，北京大学出版社。

童祁，2019，《饭圈女孩的流量战争：数据劳动、情感消费与新自由主义》，《广州大学学报》（社会科学版）第 5 期。

涂尔干，爱弥尔，2006，《宗教生活的基本形式》，渠东、汲喆译，上海人民出版社。

托夫勒，阿尔文，2006，《第三次浪潮》，黄明坚译，中信出版社。

王宁，2021，《数字化时代的生产性消费与剥削形式——从剩余价值剥削到外部性剥削》，《福建论坛》（人文社会科学版）第 10 期。

王宁，2004，《消费劳动与消费发展——关于社会发展的另一种思路》，《广东社会科学》第 5 期。

严晶晔、何天平，2018，《制造偶像：反思粉丝参与时代的结构性屈从与抵抗——对 SNH48 组合及其粉丝社群的一项考察》，《新闻春秋》第 2 期。

杨玲，2009，《超女粉丝与当代大众文化消费》，博士学位论文，首都师范大学。

杨玲，2015，《粉丝经济的三重面相》，《中国青年研究》第 11 期。

杨玲，2009，《粉丝、情感经济与新媒介》，《社会科学战线》第 7 期。

张进福，2013，《神圣还是世俗——朝圣与旅游概念界定及比较》，《厦门大学学报》（哲学社会科学版）第 1 期。

周琼、曾样样，2021，《群体传播时代的集体行动和仪式狂欢——对"饭圈出征"网络行动的个案分析》，《现代传播》（中国传媒大学学报）第 6 期。

朱丽丽、韩怡辰，2017，《拟态亲密关系：一项关于养成系偶像粉丝社群的新观察——以 TFboys 个案为例》，《当代传播》第 6 期。

庄曦、董珊，2019，《情感劳动中的共识制造与劳动剥削——基于微博明星粉丝数据组的分析》，《南京大学学报》（哲学·人文科学·社会科学）第 6 期。

Belk, Russell W., Melanie Wallendorf and John F. Sherry, Jr. 1989. "The Sacred and the Profane in Consumer Behavior: Theodicy on the Odyssey." *The Journal of Consumer Research* 16 (1): 1-38.

Fuchs, Christian. 2014. *Digital Labour and Karl Marx*. NY: Routledge.

Gaburn, Nelson. 2001. *A General Theory of Tourism*. London: Cognizant Communications.

Prahalad, C. K., and Venkat Ramaswamy. 2004. "Co-creation Experiences: The Next Practice in Value Creation." *Journal of Interactive Marketing* 18 (3): 5-14.

Ritzer, George, and Nathan Jurgenson. 2010, "Production, Consumption, Prosumption: The

Nature of Capitalism in the Age of the Digital 'Prosumer'." *Journal of Consumer Culture* 10 (1): 13-36.

Ritzer, George. 2014. "Prosumption: Evolution, Revolution, or Eternal Return of the Same?" *Journal of Cosumer Culture* 14 (1): 3-24.

Rook, Dennis W. 1985. "The Ritual Dimension of Consumer Behavior." *The Journal of Consumer Research* 12 (3): 251-264.

Smythe, Dallas. 1977. "Communication: Blindspot of Western Marxism." *Canadian Journal of Political and Social Theory* 1 (3): 1-27.

Sun, Meicheng. 2020. "K-pop Fan Labor and an Alternative Creative Industry: A Case Study of GOT7 Chinese Fans." *Global Media and China* 5 (4): 389-406.

Wang, Zihan. 2020. "The Complicated Digital Fandom: Empowerment and Exploitation of Fans in Digital Media Era." *Humanities and Social Sciences* 8 (2): 45-50.

消费社会学：从文化转向到实践转向

童胜楠*编译

摘　要：本文通过编译 Alan Warde 的三篇文章，着重考察了过去 20 年里，消费社会学研究中发生的重要的理论范式转变过程——从文化转向到实践转向。其中，《消费与实践理论》一文从实践理论的零散体系中总结出一些可以运用于消费研究的基本概念和命题；《品味之后：文化、消费与实践理论》一文回顾了文化理论衰退和实践理论兴起的过程及原因；《消费社会学：近期发展》一文肯定了文化转向和实践转向影响下的重要研究成果，并提出了对消费研究的未来展望。

关键词：消费社会学　文化转向　实践转向

引　言

通过编译 Alan Warde[①] 的三篇文章，本文考察了过去 20 年里，消费社会学研究中从文化转向到实践转向的理论范式转变过程，以阐明文化理论的影响及其局限性，以及实践理论作为一种替代性的理论取径有何独特重点，如何在理论上、实证上和方法论上实现消费研究的新突破。其中，

---

*　童胜楠，中山大学社会学与人类学学院社会学专业硕士研究生，annattong@163.com。
①　AlanWarde，曼彻斯特大学社会科学学院社会学教授（荣休）及可持续消费研究中心教授研究员。

《消费与实践理论》（Warde，2005）和《品味之后：文化、消费与实践理论》（Warde，2014）两篇文章分别于 2005 年和 2014 年发表于《消费者文化杂志》上，《消费社会学：近期发展》（Warde，2015）一文于 2015 年发表在《社会学年度综述》上。三篇文章综合展现了近 20 年消费社会学的研究范式转变历程。Alan Warde 是英国著名的社会学家，他在食品研究、消费文化研究和社会理论领域做出了诸多贡献，被认为是食品社会学和消费社会学的重要领军人物。Warde 对于消费社会学发展和转变的阶段性把握与梳理，既帮助确立了消费研究在社会学研究中的重要位置，也为社会学研究日常生活消费实践提供了很好的范例，丰富了实践理论和实践研究的工具箱。

20 世纪中叶以来，有关消费的社会科学研究迅速发展，形成了诸多优秀的研究成果。社会学以其独特视角，进行了一系列的具体调查研究，以解决与消费相关的不平等与排斥、社会分层、休闲、品味与区隔、家庭组织、日常生活、自我与社会认同、经济交换、物质文化等一系列核心问题。回溯消费社会学的演变历程，可以将其分为三个发展时期：20 世纪 80 年代以前的起源时期；20 世纪 80 年代至 21 世纪初期文化转向影响下的时期；21 世纪初期至今，文化理论逐渐衰退，实践理论、可持续消费、政治道德消费等新范式兴起的时期。本文展示的正是第三个时期的变化。这种演变历程，是社会科学理论发展中的内部不一致、重点错位和世代交替的结果。

一 消费与文化转向

社会科学家将他们的注意力转向消费，是为了应对在长期繁荣时期出现的前所未有的物质丰裕。在此之前，对于消费的兴趣主要体现在对贫穷的研究以及对休闲和奢侈的规范性批判的范畴里。20 世纪 60 年代末以来，消费社会学经历了三个涉及内容广泛的、部分重叠的发展阶段，每个阶段都有其独特的重点。简单看来，这些重点在消费的三个基本的维度之间转移——获取（acquisition）、欣赏（appreciation）、占有（appropriation）（Warde，2010）。

第一阶段主要聚焦在大众生产和大众消费的时代里的经济系统及其再生产上。围绕宏观经济学和批判政治经济学的主题，社会学的解释也是"经济性"的，即消费从属于生产，并要用生产来解释；典型的例子是马克思主义的基础和上层建筑定理（base and superstructure theorem）。文化现象，如品味，即使不是由工业设施决定的，也是主要由它驱使的，以广告为例，它是资本主义社会中财产和收入分配不平等的副产品，通常是以阶级为基础的。言下之意，福利供给也是一个消费问题。那时争论的核心通常是需求和欲望的关系，以及大众获取商品和服务的现有分配制度的模式及其公正性。在这一阶段，对于消费者的假设模型和经济理论并无不同，自主性消费者的功利主义模型足以解释个体和家庭的消费。消费是一个涉及个人深思熟虑的过程，尽管在很大程度上受到商业压力的影响，人们仍然根据个人偏好做出独立决定。

20世纪70年代，激进的新开端和"文化转向"在人文社科领域同步出现。出于对经济主义的批判，人们的注意力逐渐从消费的工具性层面转向其符号性维度，特别是它的交流能力。新兴的文化研究的迹象给欧洲消费社会学提供了一个主要的刺激。它对经济学的解释以及早期对消费行为的道德谴责进行质疑。大规模生产的商品和服务不仅提供了舒适和娱乐，还扩充了许多人的文化经验，提供了用于个体自我发展和自我表达的材料，并且，以礼物为例，还能建立和巩固社会关系（Warde，2002）。消费因此被重新激活了，这是一个值得庆祝而非沮丧的诱因。在全球化、审美化和商品化的过程中，人们的愿望、活动和拥有的物品都被解释为"消费文化"的传播。很多研究都有着丰富的符号和经验细节，聚焦于风格、品味、亚文化表达、流行文化、大众媒体的使用以及生活的娱乐性和非工具性方面。消费越来越被当作个体和群体通过涉及品味和生活风格的符号表征来表达他们身份的途径，他们的欲望主要集中于符号性而非物质性的回报。新出现的关键形象是所谓的"表达性个体"（the expressive individual），他们的活动、所有物、意义和判断都是以生活风格意义上的身份符号的交流互动为导向的。

文化转向并未消除之前的担忧。并不是每个人都接受了文化转向，也有一些人无法欣然接受。早期的推动力强调维持对物质和经济现象重要性的更复杂和精细的描述，例如，在皮埃尔·布迪厄（Pierre Bourdieu）在法兰克福学派的基础上关于品味和文化产业的社会学研究中，这种倾向得到了发展。然而，生产导向的理解已经逐渐减弱。在20世纪90年代，系统性的、经验性的消费社会学诞生之时，文化转向的迫切性已经形成了有效的霸权主义。因此，文化转向及其相关研究项目给消费社会学打上了不可磨灭的烙印，为其提供了迄今为止大部分的理论理解和经验发现。然而，正如雷克维茨（Reckwitz, 2002b）指出的，不同版本的文化解释势头很猛，而据考夫曼（Kaufman, 2004）观察，其趋势就是对文化现象给予专门的文化解释。

正如阿博特（Abbott）预料的那样，文化分析繁荣时期被忽视的元素，又成为重新循环的对象。文化转向的阐释逐渐引起了批评家一系列的反对，他们指责文化转向忽略了实践和常规活动、具体的程序、生活的物质性和工具性层面，以及文化在行动中的传递机制。文化转向的重点把注意力从一些与消费分析相关的经验现象上转移开来，因为关于消费文化的大部分工作聚焦于为他人展示身份符号，而消费的许多常规的、普通的、不显眼的方面被掩盖了（Gronow and Warde, 2001）。对于阶级、身份地位的调查也变得不那么普遍，关于资源分配、物质不平等的影响的研究也越来越少。此外，文化转向没有给物体、技术等物质力量留出位置。正如雷克维茨所说，在文化理论中，"物质世界只在它成为一个集体意义结构中的解释对象的时候才存在"（Reckwitz, 2022a: 202）。他讨论到，文化转向的主要的理论问题在于物质实体，大规模生产的、消费文化的丰富的物质性，都被当作知识的对象，而不是自成一体的物质本身。

此外，可以说，关于消费的文化分析包含了更深层的理论弱点，暗含在它关于行动的一般理论中。尽管它内部存在多样性，因此也存在重要的例外，但人们越来越多地诉诸自愿性的行动理论，坚持积极的、富有表现力的、受个人身份和时尚生活风格驱动的主动选择的消费者模式。主动的、反思性的行动者模式占主导地位，意味着有意识的、有意图的决定驱动着消费行为，并解释了其意义和方向。在核心层面，它的模式和新古典经济学的自主性消费者并无不同。所有学科中关于消费的主流模型仍然是在模拟独立行动的个体，假设个体优先考虑自己，为满足偏好而进行独立决策。新自由主义政治经济学理论的日益突出，进一步推动了这种假定存在个人自主权和个人选择自由的趋势（Holmwood，2010）。当然，所有学科的方法都额外纳入了决策的情境性的影响因素（比如，收入、价格、主观规范、社会人口特征、生活风格团体成员），但个人选择还是保持着核心预设地位。尽管对个体主义解释的批判越来越多，但是这种情况仍持续存在。比如，Warde 和 Southerton（2012：5-6）指出，标准模型未能抓住消费的实践性、集体性、连续性、重复性和自动性方面。这种批判的新元素甚至可以在基于个人意图的经济学、心理学的解释中初见雏形，这些领域中，行为经济学、认知心理学和神经科学的最新发展，已经指责主流的理性行动模型未能容纳大多数正常人类行为中自动的、下意识的反应以及习惯性的层面（e.g., Haidt, 2012; Kahneman, 2011; Thaler and Sunstein, 2009）。

基于表达性个体的模型的一个缺陷是，它错误地定义和规定了消费——一个众所周知的混沌概念，主动行动者模型只使用了其中一个可能的定义，且其可能是糟糕的定义，因为它对于占有（appropriation）行为没有足够的关注。社会学和社会文化的消费研究采用了人类学家的占有概念，他们在 20 世纪 80 年代中期将他们关于非市场交换和物质文化的学科视角用于研究现代消费（e.g., Appadurai, 1986; Kopytoff, 1986; McCracken, 1990; Miller, 1987），以刻画这样一个重要过程：人们"驯化"大规模生产的外来产品，赋予它们特殊的个人意义，并将它们转化为可以为自己的实践目的使用和享受的物品。本文试图澄清，占有的概念强调的是使用，指的是对物品进行整合、改造和使用，以使其服务于实践目的。消费服务于日常生活中的实践活动。

二 从文化到实践：实践理论的兴起

对于实践理论的出现，最常见的解释是，它们是对20世纪70年代经济主义和马克思主义转变之时社会理论的一些基本问题的回应（e.g., Ortner, 1984）。尽管不同但有影响力的理论构想是由皮埃尔·布迪厄、安东尼·吉登斯（Anthony Giddens）、马歇尔·萨林斯（Marshall Sahlins）和米歇尔·福柯（Michel Foucault）清晰表达出来的。Postill（2010）将其描述为当代实践理论的三个阶段中的第一个阶段，其推动力主要是欧洲的、社会学理论的、后马克思主义的和宏观社会学的，并且特别关注调和能动和结构的二元对立。Rouse（2007）认为这个问题以及其他的核心问题仍然没有解决，几十年后，当人们重新关注当代社会理论中"实践转向"的雄心壮志的时候，由这些问题引发的持续性争论表明了这一点（Schatzki et al., 2001）。

第二个阶段更关注行动的哲学。过滤掉文化转向，在科学技术研究（Science and Technology Studies, STS）和科学知识社会学（Sociology of Scientific Knowledge, SSK）的启发下，将能动性视为理所当然，更聚焦于展演（performance）。核心人物沙茨基（Schatzki, 1996）把利奥塔（Lyotard）、加芬克尔（Garfinkel）、查尔斯·泰勒（Charles Taylor）和朱迪斯·巴特勒（Judith Butler）加入了理论创始者的名单。沙茨基（Schatzki, 2001: 2~3）指出，三种不同的思潮——后功能主义、后结构主义和后人文主义——都认为这种方法很有吸引力。

两代人之间和内部的分歧给第三个阶段的学者带来了困境，他们正在试图将理论运用于不同的经验环境中进行实质性的解释。20世纪90年代重新表述的一个关键特征——在西奥多·沙茨基（Schatzki, 2001: 2）的工作中尤其突出——就是宣称实践是有关社会秩序和个人行为的社会科学分析的核心，实践被表述为社会世界的主要实体，社会本身是"实践的场域"。将实践置于中观层面，可以解决使个体主义和整体主义解释截然对立的方法论上的争议。

尽管实践理论仍然非常多样化（Nicolini, 2012; Rouse, 2007; Schatzki, 2011; Stern, 2003），强有力的、明确的理论决心的缺乏并没有阻止独特的、合情合理的经验分析的出现；从知名理论家的作品里折中地提出的新重点，让人们对社会过程有了新的认识。通常，（这个阶段）努力的方向不是发展理论，而是考虑如何利用理论发展前两个阶段的不同来源产生的各种主题，在特定领域中解决关于社会进程及行为的描述、阐释和解释的问题。

由于要明确实践理论的支持者、拥护者、实施者的共同点并不容易，试图捕捉他们的独特特征也是有些困难的。也许最明确的就是他们所反对的，以及他们在提出解释时试图减少的、最小化的东西。表1的粗略对比给出了一个示意图，说明了实践理论（与基于自主性或表达性个体的模型）关于行动的主导解释（重点）的差异。

有一些比较强势的版本的实践理论认为，表1中左边的一些项目是右边项目的前因、解释和特征。因此，例如，实用主义者可能会声称，"做"先于"想"，习惯和常规是所有行动的基础，活动是一个流动的而不是离散的行动，所有的意识实际上都是实践意识（Joas, 1996; Kilpinen, 2009, 2012; Whitford, 2002）。布迪厄（Bourdieu, 1977 [1972], 1990 [1980]）将决定视为性情倾向的必然结果，将具身化的感觉视为深思熟虑能力的基础，将个人目的视为某一场域中与位置相关的共享惯习的功能。一些更温和的主张认为，在社会行为中，左边的项目比右边的项目更普遍、更重要，以坚持强调解释应该适当地重视常规、认知、共享的理解、身体化的呈现以及物质（e.g. Reckwitz, 2002a, 2002b; Warde, 2005）。因此，消费社会学的早期工作强调习惯和常规、实践能力和规则（e.g., Gronow and Warde, 2001），然而后期的工作不同程度地选择了具身化（Wilhite, 2012）、物质（Shove et al., 2012）、常规和顺序（Southerton, 2013）。还有一种更不具特色的观点是，左边的项目只是没有受到充分的关注。因此，一些版本的实践理论强调右边一栏的特征，而一些文化分析的拥护者也完全乐于承认左边某些项目的相关性。

表 1　实践理论的重点（与基于自主性、表达性个体的模型对比）

实践理论 (practice theories)	基于自主性、表达性个体的模型 (models of the sovereign and expressive individuals)
展演(performances)	行为(acts)
做(实践)(doing[praxis])	想(thinking)
知道怎么做(knowing how)	知道那件事(knowing that)
实践能力(practical competence)	原因(reasoning)
习惯和常规(habit and routine)	行动(action)
实践意识(practical consciousness)	话语意识(discursive consciousness)
具身化感觉(embodied sense)	深思熟虑(mental deliberation)
集体性(他人)(collectivity[other people])	私人心理状态(private mental states)
共享的理解(shared understanding)	动机(motivation)
规则(regulation)	个体性(individuality)
流程/顺序(flow/sequence)	单位行动(unit acts)
性情倾向(dispositions)	决定(decisions)
物质(the material)	符号(the symbolic)

资料来源：Warde（2014：286）。

三　实践理论的概念与规则

雷克维茨（Reckwitz，2002b：243）发现了人们对实践理论的兴趣的复苏。同时他发现很多类别：他和沙茨基（Schatzki，1996：11）把吉登斯、布迪厄、利奥塔和查尔斯·泰勒列为主要倡导者。鉴于他们之间的差异，并不存在一个权威或者综合的版本。因此，学者们试图分离出所有理论家的共同特征，产生一个相对简单的、抽象的、与众不同的特征清单（见 Reckwitz，2002b；Schatzki et al.，2001：1-5）。对于沙茨基来说，实践理论的吸引力在于它既不是个体主义的，也不是整体主义的，而是"呈现出社会生活结构多元的、灵活的图景，且普遍反对预设的统一性；将秩序根植于当地的情境，并且成功地兼容了复杂性、差异性和特殊性"（Schatzki，1996：12）。因此，实践理论与当代批判性社会理论的许多主张是一致的，它提供了一种方法，能够帮助认识后现代主义的本体论特征，而不陷入认识论上的相对主义。他的基本见解是，"社会秩序和个体性……都来自实践"（Schatzki，1996：13）。对雷克维茨（Reckwitz，2002b：245-246）来说，实践理论的吸引力则在于，它纳入了对文化现象的理解，为拒绝基于经济人或社会人的模型提供了正当理由。此外，理性行事和遵守规范的前提是理解和可理解性，这是实践存在的必要文化基础，并通过对实践的关注而显现出来。

在此，Alan Warde 提出最小限度的一套概念和规则，而不是对于实践理论的全面整合，用以探讨消费分析的含义。其节选来自布迪厄（尤其是 Bourdieu，1990〔1980〕）、沙茨基（Schatzki，1996）、吉登斯（Giddens，1984），小部分来自麦金泰尔（MacIntyre，1985），同时以雷克维茨（Reckwitz，2002b）非常有用的概述为指导。以下是实践理论涉及的核心概念、关键命题，它们在一定程度上是因为与消费社会学的相关性而被选中。

实践（practice）和实操（practices）①是有区别的。雷克维茨（Reckwitz，2002b：249）简洁地总结了这一点：

> 实践（practice/Praxis）只是一个描述性的术语，用以描述整体的人类行为（与"理论"和纯粹的思考构成对比）。社会实践理论中的实践或者说实操是另一回事。实操（practices / Praktik）是一种常规化（routinised）类型的行为，包含很多相互联系的维度：身体的活动形式，心理的活动形式，物体及其使用，建立在理解基础上的背景知识、认知、情感状态、有内在动机的知识。

实践理论社会学家对这两个方面都表现出了兴趣。例如，尽管布迪厄对实操（Praktik）的许多要素感兴趣，但他并没有把一个实操（a practice）视为一个连贯实体，并尤其强调实践（Praxis）的重要性。然而，实操

---

① 译者注：在此处，为了将雷克维茨文本中不可数形式的实践和复数形式的实践区分开，根据上下文，将 practices 和 Praktik 译为"实操"，意为更具体化的实际操作及行为。

(practices) 概念对于消费社会学来说有特别的启发性。

沙茨基确定了实践的两层核心意涵：作为协调一致的实体的实践和作为展演的实践。第一层意涵是：

> 实践是一种在时间上展开、在空间上分散的行动和言语的联接（nexus）。比如，烹饪实践、投票实践、工业实践、娱乐实践、劳改实践。说言语和行为构成了联接的实践，意思是它们用特定的方式关联在一起。三个主要的关联渠道是：（1）通过理解该做什么或者说什么；（2）通过明确规则、原则、准则、命令；（3）通过我称之为"目的情感性"（teleoaffective）的结构，包括目标、项目、任务、目的、信念、情感、情绪。（Schatzki，1996：89）

值得重点注意的是，实践同时包含语言和行为，也就是说对实践的分析必须同时关注它的实践活动和表述形式。此外，我们还得到一个有用的描述，那就是"联接"的组成成分，即行动和语言通过特定的方式关联在一起，才能算得上是协调一致的。出于各种考量，也为了便于参考，Warde 将三个组成成分称为：（1）理解（understandings）；（2）程序（procedures）；（3）参与（engagements）。

第二层意涵是作为展演的实践，指的是实践的实施和执行，即对语言和行为的展演，其使得"实践在联接的意义上得以实现和维持"（Schatzki，1996：90）。"联接"的再生产需要定期实施。正如雷克维茨（Reckwitz，2002b：249-250）所说：

> 一个实践往往代表了一种模式，它可以由许多单一的、往往是独特的、能够再生产该实践模式的行动来填充。个体——作为身体和精神的媒介——不仅是某一实践的载体，而且是许多不同的、不相互协调的实践的载体。因此，她/他不仅是身体行为模式的载体，也是某些常规化的理解、认知和欲望的载体。这些传统意义上的关于理解、

认知、欲望的心灵活动,是个体参与的实践的必要元素和品质,但不是个体的品质。

因此,实践是协调起来的实体,同时需要展演来维持其存在。展演以实践为前提。这也是吉登斯有名的结构化理论的核心,根据该理论,社会科学的研究领域:

> 既不是个体行动的经验,也不是任何形式的社会整体的存在,而是跨越时间和空间的社会实践秩序。人类社会活动……是传递性的。也就是说,它们不是由社会行动者(凭空)带来的,而是通过他们作为行动者表达自己的方式而不断地被再创造出来的。(Giddens, 1984: 2)

沙茨基在区分分散性实践(dispersed practices)和整合性实践(integrative practices)的时候指出了这个概念的广泛性。分散性实践(Schatzki, 1996: 91-92)在社会生活的许多部分中出现,比如描述、遵循规则、解释和想象。它们的表现主要是基于理解:比如,一个解释,需要对如何做出一个适当的解释行为的理解,需要一种定义解释的能力,当自己在做解释或者别人在做出解释的时候,同时还需要一种引出或者回应解释的能力。这是一种关于"知道如何做某事"的知识,一种以共享的、集体的实践为前提的能力,它涉及特定情境中的表现和对共同理解的把握,这是一个特定行为被认为可解释的基础。

整合性实践是"更复杂的实践,被发现并构成于社会生活的特定领域中"(Schatzki, 1996: 98)。这方面的例子包括耕作实践、烹饪实践和商业实践。整合性实践(有时以特定形式)包含分散性实践,后者是言语和行为的组成部分,允许对像烹饪这样的实践进行理解,同时涉及遵循实践的规则和特定的"目的情感性结构"的能力。这些是社会学家通常更感兴趣的,特别是对消费社会学而言。

总之,用雷克维茨(Reckwitz, 2002b: 250)的话说:

因此，实践是一种关于身体如何被移动、物体如何被处理、主体如何被对待、事物如何被描述、世界如何被理解的常规化的方式。把实践说成"社会实践"其实是一种同义反复：实践就是社会性的，因为它是一种行为和理解的"类型"，出现在不同的地点和时间点，并由不同的身体/心灵来执行。

实践的哲学层面上的要素不能简单地移植到实证分析中。实践的一般理论，往往是理想化的、抽象的，对于实践的创造和再生产所涉及的社会过程关注不够。这是可以理解的，因为它们的关注点是不同的，是理论化的，而不是实证性的。对实践的哲学描述似乎常常假定了一种不太可能的共同理解和共享惯例的程度，一种意味着理解、程序和参与的有效统一传递过程的共识程度。要满足这样的条件几乎是不可想象的。而且，如果满足了这些条件，那么经常被提出的批评意见似乎就变得更有力了，即实践的概念使其难以解释变化。但是，正如下面要论证的那样，情况并不一定如此。这个概念的社会学应用，可以同样处理实践及其实施者的形式的持久性和变化性，处理个人和群体从事同一实践的方式的明显差异，以及处理实践在展演和重组中涉及的社会冲突和政治联盟。因此，关于消费的实证研究可以利用实践理论的一些潜在优点，包括它不依赖于关于个人选择或行动的前提假设，无论是基于理性行动类型的还是作为个人身份的表达的。正如沙茨基所坚持的那样，实践理论既不是个体主义的，也不是整体主义的；它将社会组织刻画为除了个体缔结合同以外的另一种形式，但并不依赖于文化整体性或社会总体性等概念。实践理论包含了非工具主义的行为概念，一方面观察常规的作用，另一方面观察情感、具身化和欲望。

四 实践理论对消费分析的启示

鉴于其前景，实践理论还几乎没有被系统地应用于消费领域是很奇怪的。两位著名的实践理论家——吉登斯和布迪厄——做出了贡献，但他们的贡献似乎都不够。吉登斯在讨论生活方式时似乎把《社会的构成》（1984 年）的论点搁置一边（Giddens，1991：80~87），他在那里对个人行动进行了彻底的意志主义的分析。同时 Warde 认为，如果布迪厄遵循《实践的逻辑》（Bourdieu，1990［1980］）的指示，就不会得出他在《区分》（Bourdieu，1984［1979］）中对品味的描述。因为他在《区分》中并没有过多地运用他的实践理论，而是更关注惯习和资本之间的关系，所以，他在实操（Praktik）和实践（Praxis）这两种意义之间摇摆不定，似乎把他的"场域"概念作为一个更弱的解释，以替代前者。因此，接下来，本文试图强调明确而坚定地使用实践作为分析消费的理论路径的意义，并以汽车的整合性实践来说明其观点。私人汽车旅行是 20 世纪中期以来的重要经验模式（Dant，2004：74；Urry，2004：26），它需要设备和技能，也需要共同但又有区别的理解、程序和参与。

（一）消费与实践

大部分实践，或者说几乎所有的整合性实践，都需要或导致消费。目前使用的"消费"一词是一个混合的概念（Abbott，2001），在购买和使用两种截然不同的意义之间呈现长期的矛盾性，而这两种意义在日常语言和学术分析中都有所体现。在当前西方社会，尽管购买商品对提供日常生活条件有着重要意义，消费也不能被局限在或被定义为市场交换。当经济学过度强调交换的意涵的时候，社会科学则更多地强调符号象征意义以及对物品的使用。消费不能被简化为需求，而是需要把它作为大多数日常生活领域的组成部分来考量（见 Harvey et al.，2001）。考虑到这一点，Warde 把消费理解为一个过程，在这个过程中，无论行动者参与对物品、服务、表演、信息或氛围的占有和欣赏是出于功利性、表达性还是思想性的目的，无论购买与否，行动者都有一定程度的自由裁量权。

在这种视角下，消费本身不是实践，而是几乎所有实践中的某个时刻。占有发生于实践中：在行驶过程中，汽车被磨损，汽油被消耗。物品的占用以及它们被部署的方式是受实践惯例支配的。旅行、通勤、越野运动是遵循不同的表演脚本和功能的对汽车的使用方式。因此，对消费的研究往往表明，群体内部和群体之间在占有和使用模式上都有相似性与差异性，这可以被看作实践组织方式的必然结果，而不是个人选择的结果，无论（个人选择）是无限制的还是有限制的。实践的惯例和标准引导着行为。这与 Alfred Marshall 的主张是一致的（见 Swann，2002：30）：活动产生欲望，而不是反过来。我们可以说，是实践而不是个体欲望产生了进一步的欲望。比如，热杆爱好者的各种物件——改装车、手册与杂志、收藏品、汽车比赛的录音等（Moorhouse，1991：82）——更多的是他们参与特定的汽车运动实践的直接结果，而不是他们个人的品味或者选择。正是参与实践的事实，而不是关于行为过程的任何个人决策，解释了消费的性质和过程。此外，我们也可以看到，被消费和部署的特定物品是特定实践及其展演渠道中错综复杂并且通常具有决定性的元素。

（二）实践的社会分化及其表现

社会实践并不呈现出行动者以相同方式参与的统一平面，而是在许多方面存在着内部差异性。简单来说，从个人角度考虑，驾驶行为的表现将取决于过去的经验、技术知识、学习、机会、可用的资源、前人的鼓励等（例如，见 O'Connell，1998：43ff，关于英国按性别分的获得汽车的历史发展）。从整个实践的角度来看，我们可以认为一个专门的、专业的领域包含许多不同的能力和素质。考虑到行动者的能力，我们可以区分老手和新手、理论派和技术派、通才和专才、保守派和激进派、有创见的人和追随者、知识渊博的人和相对无知的人、专家和业余爱好者。在分析参与者的角色和他们在实践中的地位结构时，所有的差异都可能与不同的目的有关。因此，我们可以基于行动者再生产和发展实践的潜在贡献来对他们进行区分。正如"社会世界"传统思想的倡导者所提醒我们的那样，实践中的差异在一定程度上是一个沉浸其中的程度的问题：在任何特定领域中，对于具备不同投入水平的内部人员、常人、游客、陌生人之间的区分的分析已被证明是有价值的（见 Gronow，2004；Unruh，1979）。

布迪厄（Bourdieu，1984 [1979]）也关注实践的内部差异性，主要聚焦于一个场域中它们的社会分类、进入和融合它们的过程以及在不同位置的外部性回报。他把广泛的因果力量归因于"惯习"，这种惯习"被转化为一种性情倾向，它可生成有意义的实践和意义感知"（Bourdieu，1984 [1979]：170）。他的论述集中于这种普遍的可转化的性情倾向的影响，而不是实践的组织方式。因此，理解、程序和参与的区别是模糊的，因为关于品味的争论超出了所讨论的那个实践。对于布迪厄来说，实践的社会分化产生于社会结构的分化和认知，而不是对特定实践的招募及其内部活动（的差异）。但是，正是因为实践是存在内部差异的，它们才能引起关于品味的争论。

经验证据表明，不同人群对某一实践的理解、采用的程序和追求的价值均存在差异。例如，对汽车的兴趣和驾驶在不同群体和不同地区的人之间都是不同的。Edensor（2004：114）观察了不同国家在"驾驶的具体能力和惯例"方面的差异性（也见 Sheller，2004：233ff）。在英国，汽车驾驶的历史在某种程度上是一个社会阶级分化的故事，它作为一个上层阶级的娱乐方式出现，并在二战期间在中产阶级的各个部分扩散（O'Connell，1998：11-32）。然而，被纳入日常生活并不意味着对它的理解是统一的，比如，想想兜风的意义（O'Connell，1998：102-106）。Gartman（2004）将汽车驾驶在美国的发展描绘成一个最初的高档行为慢慢变得流行和多元化，且现在受到亚文化和生活方式改变的驱动，而不是受到阶级逻辑的驱动的案例（另见O'Dell，2001）。因此，他认为，汽车保留了标志社会差异的能力，但（这种能力）不是作为一种社会等级制的功能发挥作用。此外，迟来的、仍然受到限制的女性使用汽车的机会，以及对这种排除的合理化，清楚地表明，实践是差异化的（Gartman，2004；O'Connell，1998：43-71；Scharff，1991）。

值得考虑的是，沙茨基提出的"联接"行动和言语以构成一个实践的三个核心要素（理解、程序、参与）可能在不同的参与者群体之间各自独立地变化。因为很有可能——在不无视这些要素的相互关联的前提下——行动者的理解、技能和目标，以及对于这三个要素的关系的把握都是不同的。

人们可能用不同的方式相互学习,这意味着我们可以详细研究理解、程序和参与的价值各自是如何获得并被运用于展演当中的。

(三) 实践的轨迹

实践有一个历史发展路径和轨迹。此外,这个历史是差异化的,因为实践采取的实质形式总是取决于具有时间、空间、社会情境特征的制度安排,比如家庭组织、主要的经济交流模式和文化传统。"人们为什么要做这件事"以及"他们如何用他们的方式来做这件事情"也许是关于实践的关键的社会学问题,而其答案必将是历史性的和制度性的。这是为了承认实践的社会建构、集体学习在能力建构方面的作用,以及权力的行使在塑造合理行为的定义中的重要性。消费也在这种轨迹中发挥作用,因为对物品和服务的占有模式和内容是实践的组成部分。比如,O'Connell(1998:123-136)认为,在英国,驾驶汽车作为一种主要交通方式的被确立,是早期车主阶级构成的一个联合效应,他们通过他们赞助的汽车组织,有能力对交通规则和基础设施供给施加政治影响。

实践理论的主要意涵是,行为改变的动力来源在于实践对其自身的发展。实践概念内在地包含了解释其再生产和创新的能力。在任何特定的时间点,实践都有一套既定的理解、程序和目标。这种正式和非正式的安排规范了该实践中的行为,尽管它的实施者没有太多的反思和知觉意识。这就有可能导致实践的再现,而这在大多数时候确实发生了,因为实践有相当大的惯性。因此,实践理论强调习惯化、常规化、实践意识、隐性知识、传统等过程。熟悉的实践中的表现往往不是完全有意识的,也不是反思性的。正如吉登斯(Giddens,1984:60)所认可的那样,尽管反思性能够监测表现,但核心还是常规惯例。行动者在实践中的行为倾向是固化且身体化的,行为是有情感、身体以及认知的基础的(关于汽车驾驶,见 Dant,2004;Dant and Martin,2001;Sheller,2004)。布迪厄被广为诟病的"惯习"概念,通过具身化又结构化的性情倾向,在人们面临看似自由的选择时,能够抓住人类行动的秩序性和可预测性,无论是在特定的实践中还是在不同的实践之间。社会生活的模式化是对"什么样的行动方案不合适"的既定理解的结果。在这个意义上,约定俗成的惯例对于全面理解"从事实践意味着什么"至关重要。

然而,同一实践中的表现并不总是相同的。惯例往往会在某种程度上引起争议,一些实践者通常仍然坚持以前的行为准则,而其他人,可能是新生代,试图用新的方式来取代当前的正统。理解、惯例和愿景往往会在它的实践者之间以差异化的方式分布和被遵守,呈现出满足和最优、适当和最佳的混合状态。然而,实践也包含着持续变化的种子。它们是动态的,因为它们的内部运作逻辑,也因为人们在无数情境中的不断调整、即兴发挥或试验。对于狂热爱好者来说,大多数实践需要追求卓越和一定程度的竞争,而对于其他人来说,只需要跟上并保持相对标准的行为,以至于他们想要的只是可接受的(如果不总是先进的)设备、经验和供给。当然,还有资本积累的推动,即经济增长部分依赖于说服人们接受新的事物,这既能提高消费量,也传播了新的期望。此外,实践并不是与其他相邻或平行的实践完全隔绝的,从其他实践中,也可以学习经验、借鉴创新、复制程序。当代大规模生产的汽车因为赛车运动的技术创新得到了极大的进步,周末驾车出行的想法也借鉴了独立度假旅行的传统习俗。

这表明经济生产对消费方式的影响有细微差别,反之亦然。因为实践有它们自己独特的、制度性的、集体规范的惯例,在一定程度上,它们能使作为消费者的人们免受生产者和促销机构的花言巧语的诱惑。消费者通常不会被商品和服务的生产者所支配;比起被采纳的,有更多新功能和设计被拒绝。然而,生产者也不是这个过程中的旁观者,生产者试图按照他们的商业利益来塑造实践。企业试图引入快速的造型变化来鼓励消费者定期更换汽车,并在它们过时之前就将它们丢弃(Gartman,2002)。他们还暗示自己的产品将提升性能,于是人们被说服,认为有一些汽车将会更加快速、平稳、安全,驾驶起来更令人兴奋,所有这些都是为了拓展或改善人们的实践。生产对消费的影响是通过实践的"联接"来调节的。

（四）实践的多样性

这个世界有许多实践，大多数人也参与了大量的实践。这个数量还在持续增加，根据 Miller（1987：8）的说法，热情和兴趣的倍增是我们时代的奇迹之一。追求多样性是当前的趋势，这被认为是文化上的无所不包（e. g. Peterson and Kern，1996），而这导致了传统上被定义为体面和正常生活的必需品的物品集在不断扩大。增加参与的多样性有着潜在的巨大经济效益，让人们涉足一切，特别是富裕的人最愿意涉足的东西，它们往往能提供巨大的商业机会。这种增长可以部分归因于实践的倍增和多样化。对实践的变化和商品需求之间的相互联系的明确研究，揭示了一个错综复杂的力量网。当需要配套的产品才能有效采用新的工具或技术时，需求往往就直接产生了；比如快速的汽车需要高速公路，改装的大马力汽车需要牵引带。人可能在正常道路之外驾驶汽车，这样的建议使得运动型多功能汽车大受欢迎，也鼓励人们相信，一个人可能不只需要一辆车，不同的车用于不同的目的。另一个过程是将老的、成熟的产品引入以前没有该产品的实践中，比如在汽车上安装收音机、盒式磁带播放器、CD，把文化消费纳入汽车实践中（Bull，2004）。这反过来又是同时进行的多重消费的某种强化，这是一个不可避免的正常过程，因为人们通常同时从事几种实践活动，每种都有它们各自的装备。

需求只有在实践中才能满足，它们的满足源于有效的实践表现。一个实践具有提供不同类型的满足的能力，这是公认的（e. g. Warde and Martens，2000）。对于汽车的研究指出了它的多重意义和效果，包括象征着"个人身份、家庭关系、社交能力"以及"解放、赋权和社会包容"（Sheller，2004：230）。研究还指出，几种愉悦可以同时获得，炫耀性展示、兴奋、社交能力、审美判断的机会等（这些体验）和从 A 地抵达 B 地一样重要（Carrabine and Longhurst，2002；Miller，2001）。这一实践是消费时刻产生的满足感的获取渠道和存在的理由。消费很少是纯粹地为了消费本身而发生，而是为了促成一系列的回报的产生。

观察实践的多样性再次提出了一个重要的老问题,即实践是否有不同的价值。这个问题通常被认为是不礼貌或者不明智的。文化还有等级吗?很难回避这个结论:实践确实会提供不同的回报,对通过展演被赋予意义的消费的结果,也可以进行系统的评估。对文化独断的厌恶掩盖了两个一般性的观点:首先,实践的内在回报取决于实践的复杂性;其次,任何个体获得的外部回报都取决于该实践的声望。第一点是由心理学的传统确立的,它表明,如果任务太简单就会产生厌烦,如果任务太难就会引起焦虑。根据 Csikszentmihalyi(1992)的观点,最好有处于两者之间的活动,挑战性和能力相互平衡,这时人们就能获得高度积极的"心流"(flow)体验。这意味着,首先,实践的熟练程度是心理奖励的决定性因素,其次,一些实践可以被认为比其他实践更复杂,因为它们提供了更多层次的机会来找到"心流"体验。挑战的范围越大,实践就越能为更多的人提供内在回报(也见Benedikt,1996)。第二点承认了实践中的文化内容具有任意性——没有标准来证明一种音乐或运动优于其他类型——但是确实有一些实践可以给它们的参与者提供进入特权社会网络的机会、文化荣誉以及经济优势。这种情况的发生是社会权力在大众场域运作的结果,在此场域中,支配性群体将他人排除在他们认为特别有价值的活动之外,因此,实践在社会意义上和个人意义上被赋予了声望。正如布迪厄(Bourdieu,1984 [1979])所证明的那样,一些实践提供了比其他实践更大的外部社会回报。

五 结论

综上,从实践理论的角度来看,消费是在实践中发生的,而且是为了实践而发生的。消费的物品是在从事诸如驾驶等特定活动的过程中使用的,作为一名合格的实践者,需要适当消费商品和服务。可以说,实践要求有能力的实践者利用必要的服务,拥有和掌握操纵适当工具的能力,并对实践的进行投入适当的关注。当然,这是在展示对实践价值的共同理解、认知和承诺之外的。这种观点与强调消费的常规性、普遍性、集体性、传统性的消费研究取径是一致的。它也符合这样的观点,即实践是有内部差异的,不同情况下的人做相同的活动的方式是不同的。

实践取径提供了一个独特的视角,较少关注个人选择,而更多关注日常生活中适当的行为模式的集体发展。分析的重点从人类这种动物贪得无厌的欲望转移到集体文化的既定惯例,从个体表达转移到社会能力,从受轻度约束的选择转移到有迹可循的参与。从这个角度来看,"消费者"这个令政治和社会科学家以及经济学家着迷的人物概念就消失了。相反,关键的焦点变成了实践的组织和被指定的消费时刻。人们面对消费的时刻,既不是作为有主权的选择方,也不是作为受骗者。

过去 10 年[①],在实践转向的影响下,日常生存所必需的、平淡无奇的活动中消费的作用越来越得到关注。强调引人注目和富有表现力的消费行为意味着它的许多普通特征被忽略了(Gronow and Warde,2001)。在极端情况下,几乎任何日常活动都可以被提升为一种艺术形式。然而,家庭大多将他们的财力、时间和精力投入平凡的活动中,这些活动没有区分和炫耀的含义,也没有符号性的资本投入,比如打扫卫生、看电视、吃日常家庭餐、听收音机和开车。家庭也会在没有太多关注或思考的情况下,使用电力、石油和水等有环境问题的商品。这些考虑将社会学的注意力引向关于可持续消费和行为改变的辩论,以及更密切地关注消费与日常实践和惯例之间的关系。

生产和消费之间的关系问题,在某种意义上是消费的实证调查的起点,目前亟须也正在回到议程中。在 20 世纪 80 年代的经济主义氛围下,将消费分离出来进行专门的关注是非常有价值的,但是需要用其他方式来重新连接生产和供给、资本和劳动。最近的研究项目过度关注源于市场交换的私人消费,反映了对个人消费的微观生态学的关注(Trentmann,2012),这些消费对一部分战略人口的个人体验、期望和生态足迹做出重大贡献。然而,也许最重要的是,研究已经从对国家角色的考察中退了出来,这是对新自由主义

---

① 指 2015 年之前的 10 年。

时代主流意识形态的屈服，这种意识形态用市场效率来衡量所有的活动，并削弱了授权政府和国家监管的集体政治决策（Davies，2013）。重新调整研究重点，将关键的社会学主题放在议程的更高位置，可以帮助恢复公众对消费和福利之间关系的思考。

六 译者的结语

通过 Alan Warde 的三篇文章，既可以看到消费社会学研究中发生的重要的理论范式转变过程，也可以看到他在分析理论范式的转换过程中所做的努力。他试图提醒相关研究者，当我们选择一个理论视角作为观察消费行为的棱镜的时候，我们对一个面向的强调必然导致对另一个面向的忽视。文化理论视角的盛行和对个体自主权、表达权的过度强调，预示着文化转向即将或者已经走完它的历程。而实践理论作为一种有竞争力的替代性取径，反对个体选择和文化表现主义模式对消费的殖民，为理解消费提供了一个一般性的分析框架，通过关注实践而不是消费行为本身，把个体当作诸多实践的交汇点，既能容纳个体表达性的、个性化的维度，也能容纳常规性的、制度性的维度，从而实现能动性和结构性的本体论勾连。同时，对实践的关注有助于研究者将更多的议题纳入消费社会学研究中，提升消费研究在众多重要议程中的参与度。当然，作为一种形式理论，实践理论在认识论、方法论上可以给消费研究的研究取向、研究问题的定位带来一些启示，但是若进入具体领域的研究，我们还需在这种理论取径的指导下将其落地化为更多的实质化、实证性的理论，这是研究者们未来可以努力的方向。

参考文献

Abbott, Andrew. 2001. *Chaos of Disciplines*. University of Chicago Press.
Appadurai, Arjun, ed. 1986. *The Social Life of Things*：*Commodities in Cultural Perspective*.

Cambridge: Cambridge University Press.

Benedikt, Michael. 1996. "Complexity, Value, and the Psychological Postulates of Economics." *Critical Review* 10 (4): 551-594.

Bourdieu, Pierre. 1984 (1979). *Distinction: A Social Critique of the Judgement of Taste*. London: Routledge.

Bourdieu, Pierre. 1977 (1972). *Outline of a Theory of Practice*. Cambridge: Cambridge University Press.

Bourdieu, Pierre. 1990 (1980). *The Logic of Practice*. Cambridge: Polity.

Bull, Michael. 2004. "Soundscapes of the Car: A Critical Ethnography of Automobile Habitation" *Theory, Culture & Society* 21 (4-5): 185-202.

Carrabine, Eamonn, and Brian Longhurst. 2002. "Consuming the Car: Anticipation, Use and Meaning in Contemporary Youth Culture." *The Sociological Review* 50 (2): 181-196.

Csikszentmihalyi, Mihaly. 1992. *Flow: The Psychology of Happiness*. London: Rider.

Dant, Tim, and Peter Martin. 2001. "By Car: Carrying Modern Society." pp. 143-158 in *Ordinary Consumption*, edited by J. Gronow and A. Warde. London: Harwood.

Dant, Tim. 2004. "The Driver-Car." *Theory, Culture & Society* 21 (4-5): 61-79.

Davies, William. 2013. "When Is a Market Not a Market?: 'Exemption', 'Externality' and 'Exception' in the Case of European State Aid Rules." *Theory, Culture & Society* 30 (2): 32-59.

Edensor, Tim. 2004. "Automobility and National Identity: Representation, Geography and Driving Practice." *Theory, Culture & Society* 21 (4-5): 101-120.

Gartman, David. 2002. "Bourdieu's Theory of Cultural Change: Explication, Application, Critique." *Sociological Theory* 20 (2): 255-277.

Gartman, David. 2004. "Three Ages of the Automobile: The Cultural Logics of the Car." *Theory, Culture & Society* 21 (4-5): 169-195.

Giddens, Anthony. 1991. *Modernity and Self-Identity*. Cambridge: Polity.

Giddens, Anthony. 1984. *The Constitution of Society*. Cambridge: Polity.

Gronow, Jukka, and Alan Warde, eds. 2001. *Ordinary Consumption*. London: Routledge.

Gronow, Jukka. 2004. "Standards of Taste and Varieties of Goodness: The (Un) Predictability of Modern Consumption." In *Theoretical Approaches to Food Quality*, edited by M. Harvey, A. McMeekin, and A. Warde, pp. 38-60. Manchester: Manchester University Press.

Haidt, Jonathan. 2012. *The Righteous Mind: Why Good People Are Divided by Politics and Religion*. London: Allen Lane.

Harvey, Mark, Andrew Mcmeekin, Sally Randles, Dale Southerton, Bruce Tether, and Alan Warde. 2001. "Between Demand & Consumption: A Framework for Research." CRIC Discussion Paper No. 40. Manchester: University of Manchester.

Holmwood, John. 2010. "Sociology's Misfortune: Disciplines, Interdisciplinarity and the Impact of Audit Culture." *The British Journal of Sociology* 61 (4): 639-658.

Joas, Hans. 1996. *Pragmatism and Social Theory*. University of Chicago Press.

Kahneman, Daniel. 2011. *Thinking, Fast and Slow*. London: Allen Lane.

Kaufman, Jason. 2004. "Endogenous Explanation in the Sociology of Culture." *Annual Review of Sociology* 30: 335-357.

Kilpinen, Erkki. 2012. "Human Beings as Creatures of Habit." In *COLLeGIUM: Studies across Disciplines in the Humanities and Social Sciences: The Habits of Consumption*. Vol. 12, edited by A. Warde and D. Southerton, pp. 45 – 69. Helsinki: Helsinki Collegium for Advanced Studies.

Kilpinen, Erkki. 2009. "The Habitual Conception of Action and Social Theory." 2009 (173): 99-128.

Kopytoff, Igor. 1986. "The Cultural Biography of Things: Commoditization as Process." In *The Social Life of Things: Commodities in Cultural Perspective*, edited by A. Appadurai, pp. 64-92. Cambridge: Cambridge University Press.

MacIntyre, Alasdair. 1985. *After Virtue: A Study in Moral Theory*. London: Duckworth.

McCracken, Grant David. 1990. "Diderot Unities and the Diderot Effect." In *Culture and Consumption: New Approaches to the Symbolic Character of Consumer Goods and Activities*, edited by G. D. McCracken, pp. 118-129. Indiana University Press.

Miller, Daniel. 2001. "Driven Societies." In *Car Cultures*, edited by D. Miller, pp. 1 – 34. Oxford: Berg.

Miller, Daniel. 1987. *Material Culture and Mass Consumption*. Oxford: Basil Blackwell.

Moorhouse, H. F. 1991. *Driving Ambitions: An Analysis of the American Hot Rod Enthusiasm*. Manchester University Press.

Nicolini, Davide. 2012. *Practice Theory, Work, and Organization*. OUP Oxford.

O'Connell, Sean. 1998. *The Car in British Society: Class, Gender and Motoring 1896 – 1939*. Manchester: Manchester University Press.

O'Dell, Tom. 2001. "Reggare and the Panic of Mobility: Modernity and Everyday Life in Sweden." In *Car Cultures*, edited by D. Miller, pp. 105-132. Oxford: Berg.

Ortner, Sherry B. 1984. "Theory in Anthropology since the Sixties." *Comparative Studies in Society and History* 26 (1): 126-166.

Peterson, Richard A., and Roger M. Kern. 1996. "Changing Highbrow Taste: From Snob to Omnivore." *American Sociological Review* 61 (5): 900-907.

Postill, John. 2010. "Introduction: Theorising Media and Practices." In *Theorising Media and Practice*, edited by B. Bräuchler and J. Postill, pp. 1-32. New York: Berghahn Books.

Reckwitz, Andreas. 2002a. "The Status of the 'Material' in Theories of Culture: From 'Social Structure' to 'Artefacts'." *Journal for the Theory of Social Behaviour* 32 (2): 195-217.

Reckwitz, Andreas. 2002b. "Toward a Theory of Social Practices. A Development in Culturalist Theorizing." *European Journal of Social Theory* 5 (2): 243-263.

Rouse, Joseph. 2007. "Practice Theory." In *Handbook of the Philosophy of Science*, edited by S. P. Turner and M. W. Risjord, pp. 639-681. Amsterdam: North-Holland.

Scharff, Virginia. 1991. *Taking the Wheel: Women and the Coming of the Motor Age*. New York: Free Press.

Schatzki, Theodore R. 2001. "Introduction." In *The Practice Turn in Contemporary Theory*, edited by T. R. Schatzki, K. Knorr-Cetina, and E. Von Savigny, pp. 1–14. London: Routledge.

Schatzki, Theodore R., Karin Knorr-Cetina, and Eike Von Savigny, eds. 2001. *The Practice Turn in Contemporary Theory*. London: Routledge.

Schatzki, Theodore R. 1996. *Social Practices: A Wittgensteinian Approach to Human Activity and the Social*. Cambridge University Press.

Schatzki, Theodore R. 2011. "Theories of Practice." In *Encyclopedia of Consumer Culture*. Vol. 3, edited by D. Southerton, pp. 1447–1452. London: Sage.

Sheller, Mimi. 2004. "Automotive Emotions: Feeling the Car." *Theory, Culture & Society* 21 (4-5): 221-242.

Shove, Elizabeth, Mika Pantzar, and Matt Watson. 2012. *The Dynamics of Social Practice: Everyday Life and How It Changes*. SAGE.

Southerton, Dale. 2013. "Habits, Routines and Temporalities of Consumption: From Individual Behaviours to the Reproduction of Everyday Practices." *Time & Society* 22 (3): 335-355.

Stern, David G. 2003. "The Practical Turn." In *The Blackwell Guide to the Philosophy of the Social Sciences*, edited by S. P. Turner and P. A. Roth, pp. 185–206. John Wiley & Sons, Ltd.

Swann, GM Peter. 2002. "There's More to the Economics of Consumption than (Almost) Unconstrained Utility Maximisation." In *Innovation by Demand: An Interdisciplinary Approach to the Study of Demand and Its Role in Innovation*, edited by M. Tomlinson, V. Walsh, K. Green, and A. McMeekin, pp. 23–40. Manchester University Press.

Thaler, Richard H., and Cass R. Sunstein. 2009. *Nudge: Improving Decisions about Health, Wealth, and Happiness*. Harmondsworth: Penguin.

Trentmann, Frank, ed. 2012. *The Oxford Handbook of the History of Consumption*. Oxford, UK: Oxford Univ. Press.

Unruh, David R. 1979. "Characteristics and Types of Participation in Social Worlds." *Symbolic Interaction* 2 (2): 115-130.

Urry, John. 2004. "The 'System' of Automobility." *Theory, Culture & Society* 21 (4-5): 25-39.

Warde, Alan. 2014. "After Taste: Culture, Consumption and Theories of Practice." *Journal of Consumer Culture* 14 (3): 279-303.

Warde, Alan, and Dale Southerton, eds. 2012. "Introduction." In *COLLeGIUM: Studies across Disciplines in the Humanities and Social Sciences: The Habits of Consumption*. Vol. 12, pp. 1–25. Helsinki: Helsinki Collegium for Advanced Studies.

Warde, Alan, and Lydia Martens. 2000. *Eating Out: Social Differentiation, Consumption and*

Pleasure. Cambridge University Press.

Warde, Alan. 2002. "Changing Conceptions of Consumption." In *The Changing Consumer*, edited by S. Miles, A. Anderson, and K. Meethan, pp. 10-24. London: Routledge.

Warde, Alan. 2005. "Consumption and Theories of Practice." *Journal of Consumer Culture* 5 (2): 131-153.

Warde, Alan, ed. 2010. *Cultural Consumption, Classification and Power*. London: Routledge.

Warde, Alan. 2015. "The Sociology of Consumption: Its Recent Development." *Annual Review of Sociology* 41 (1): 117-134.

Whitford, Josh. 2002. "Pragmatism and the Untenable Dualism of Means and Ends: Why Rational Choice Theory Does Not Deserve Paradigmatic Privilege." *Theory and Society* 31 (3): 325-363.

Wilhite, Harold. 2012. "Towards a Better Accounting of the Role of Body, Things and Habits in Consumption." In *COLLeGIUM: Studies across Disciplines in the Humanities and Social Sciences: The Habits of Consumption*. Vol. 12, edited by A. Warde and D. Southerton, pp. 87-99. Helsinki: Helsinki Collegium for Advanced Studies.

Journal of Sociological Studies
Table of Contents & Abstracts

How Consumption Affects the Identity of Middle Class:
An Empirical Analysis Based on CSS 2017 Data

Weihua Zhao and Jingxuan Wei / 1

Abstract: This paper analyzes the identity of the middle class from the perspective of consumption sociology from the consumption structure and consumption level. The research finds that the proportion of consumption expenditure and the level of consumption expenditure both have a significant impact on the middle class identity. The higher the level the proportion of developmental consumption expenditure, the more inclined to identify with the middle class identity. However, the mechanism of survival consumption influencing middle class identity is more complex. The level of survival consumption has no significant impact on the middle class identity, but the proportion of survival consumption has a significant impact on the middle class identity. As for the specific survival consumption items, the higher the proportion of clothing consumption, the more likely it is to identify with the middle class identity, and clothing consumption becomes one of the enjoyment consumption items; the higher the proportion of medical expenditure, the more they do not agree with the identity of the middle class, and this kind of consumption pressure has a negative impact on the identity of the middle class. It is concluded that the influence of the difference of the basic living consumption level on the class identity is disappearing with the improvement of the material living standard, but the difference of the consumption pressure has become an key factor on the class identity. For building a widely recognized olive society dominated by the middle class, it is very important to reduce the collective consumption pressure on living and construct a more balanced consumption structure.

Keywords: Consumption Structure; Consumption Level; Middle Class Identity

Motivation, Lifestyle and Establishment of Consumption Practice: Study on Consumption of Organic Food *Chao Zhang / 25*

Abstract: Setting in the context of everyday life, this paper defines consumption of organic food as a practice rather than an action. By analyzing the cases of regular consumers of organic food in Shanghai, this paper reveals that trust on producers, sense of health and security as well as authentic taste of food are the primary motivations driving consumption. The more underlying, however, is a set of preferences in everyday consumption, reflected in the lifestyle towards environmental concern, the natural and the moderate. Thus consumption of organic food is not enclosed; instead, an embodiment of habitus and taste in the area of food choice, and as a result of interactions of life courses, chances, encounters with the individuals. Besides, consumption of organic food and the relevant producer-consumer network highlights the contemporary ethos of "modernity and reflexive modernity". A group of organic food producers and consumers combines moderation—an important spirit of the traditional Chinese culture with reflexive monitoring. The behavioural significance might connote bottom-up food self-governance and sustainable agriculture in contemporary China.

Keywords: Organic Food; Consumption Practice; Lifestyle; Life Course

How Culture Affects Consumption: Comparison and Reflection of
"Consumer Culture Theory" and "Practice Theory" *Jie Ren* / 52

Abstract: There are two opposing views on how culture affects consumption. Consumer culture theory regards culture as symbols and meanings, emphasizes consumers' subjective initiative and the choice of consumption symbolic meaning. And practical theory regards culture as conventions and norms, emphasizes the habituality and regularity of consumer behavior, and plays a role in the state of consumers without reflection. The two theories have their own characteristics and limitations, and the complementarity of the two theories in cultural analysis should be promoted with the help of relevant theories of cultural sociology, so as to construct a comprehensive cultural interpretation model.

Keywords: Consumer Culture; Practice Theory; Cultural Sociology

"Re-embedding" Process: Shared Accommodation and Gated Communities in the Context of Globalisation of Consumption
Chuxian Dai and Minxi Yang / 74

Abstract: Drawing on in-depth interviews with 27 guests and 3 hosts, this paper explores how shared accommodation is re-embedded in local Chinese lifestyle system, the gated communities, in the context of the globalisation of consumption. Specifically, the paper discovers that as a new pattern of consumption, shared accommodation provides personalised and diverse accommodation resources, which is functionally prolonged with local Chinese society. However, there are complex tensions in the "re-embedding" process between shared accommodation and Chinese gated communities, with the "efficiency logic" of shared accommodation being undermined by the "identity logic" of gated communities. Though shared accommodation has entered the gated communities hiddenly, it has not truly integrated with the local lifestyle system, which is an incomplete 're-embedding'. With the focal point on shared accommodation in gated communities, the article analyses the current situation of shared accommodation in the context of China, contributing to the literature on the sharing economy theoretically and empirically.

Keywords: Re-embedding; Shared Accommodation; Gated Community; Globalisation of Consumption

De-traditionalization and Marketization of "Doing the Month": the Rise of Consumption of Postpartum Care Services

Tingyan Zhu / 100

Abstract: This paper conducted a three-month fieldwork in two maternity care center so called "yuezi" centers in Guangzhou and Shenzhen area, and interviewed 25 pregnant women in depth. By observing the transformation of "Doing the Month" or "zuoyuezi" in contemporary society, we explore how the dual process of de-traditionalization and marketization of childbirth is carried out in the microscopic context of the "yuezi" center. With the transformation of society, the postpartum care traditionally provided by the family gradually does not work and begun to shift to markets, which is a particularly evident in the urban middle-income group. Specifically, with the disintegration of traditional family networks brought about by industrialization and urbanization, the traditional postpartum care done within the family is difficult to sustain in the nuclear family, while the late marriage and late childbearing brought about by population policies, as well as the change in the concept of childbirth and the increase in middle-income groups' income, these reasons have jointly accelerated the de-traditionalization of post-natal care services. Under the macro background of insufficient support from national medical resources and social systems, families with certain economic and cultural capital try to seek market-oriented ways to solve the problem of postpartum care, and a commercial postpartum care service organization, the "yuezi" center, came into being. The "yuezi" center unites with the middle class and uses scientific discourse to gradually deconstruct the traditional fertility authority and jointly construct a new contemporary fertility standard: the higher parenting standard of scientific parenting and the higher physical recovery standard of scientific "doing the month", which further exacerbates fertility anxiety, and the "yuezi" center declares that the way to solve fertility anxiety is consumerism.

Keywords: "Doing the Month"; Yuezi Center; Maternity; Postpartum Care; Marketization

Does Intergenerational Social Mobility Affect Consumption Concepts? An Empirical Study Based on 2010 Chinese General Social Survey

Ming Li / 132

Abstract: The existing research on consumption of the perspective of social stratification pay much attention to the stratification of consumption yet ignore the subjective attributes of consumption. Consumption concept is a subjective attribute of consumption, which is an important subjective factor affecting individual consumption pattern. Based on 2010 Chinese General Social Survey, this paper first defines Chinese people's consumption concept into consumerism and frugality by using factor analysis method and then uses diagonal reference model to investigate the effects of intergenerational social mobility on above two consumption concepts. We find that consumerism and frugality consumption concepts are affected by both class origin and destination. One's class origin has a stronger impact on consumerism than the destination while destination has a stronger impact on frugality than class origin. Intergenerational social mobility has no effect on consumerism, but it has some influence on the concept of frugality. If one is socially mobile to a more frugal social position, the impact of the destination is dominant. In addition, upward mobility leads to one's consumption concept become thriftier than immobile members.

Keywords: Intergenerational Social Mobility; Consumption Concepts; Social Class; Diagonal Reference Model

The Consumption of "Self-investment" and Subjectivity Reconstruction of the "Post-90s" Migrant Workers   *Ying Li* / 153

Abstract: The relationship between the subjectivity of migrant workers and capital has always been an important topic in the field of labor research. Urban-rural dual contradiction and the multiple subject identities under the urban-rural dual dimension were regarded the significant reasons why capital can control and utilization migrant workers in traditional studies. With the transformation of Chinese social structure and the gradual liberalization of the household registration system, the subjectivity and identity of migrant workers have been changed. This paper selected a large mobile phone electronics factory in Dongguan for a field, emphatically state the new consumption phenomenon of "self-investment" which is resulted in a tension between "the new urban citizen" and the replacement of the reference group of "post-90s" migrant workers under the subjectivity building. To make up for the changing and influence about skills of controlling bottom labor under the new subjective construction.

Keywords: "Post-90s" Migrant Workers; Consumption; Subjectivity; Self-investment

Capital and Prosumer in the Era of Digital Economy:
Take Fans of Cultivating Idol as an Example　　Xin Chen / 174

Abstract: This paper discusses the relationship between capital and prosumer in the digital era by analyzing the prosumption process of cultivating idol fans. In the case of the integration of producer and consumer, the two theoretical approaches of the former theory of capital exploitation and the theory of audience empowerment are one-sided and cannot explain the relationship between capital and prosumer well. On the basis of in-depth research on the labor process, individual consumption practice and collective organization mode of the cultivating idol fans, this paper proposes a third research path: the "cooperative economy" relationship between capital and prosumer.

Keywords: Prosumer; Fans; Capital; Externality Exploitation

The Sociology of Consumption: From the Cultural
Turn to the Practice Turn　　Compiled by Shengnan Tong / 197

Abstract: By translating and composing three papers by Alan Warde, this paper focuses on the important shift of theoretical paradigm that has taken place in the study of the sociology of consumption over the past two decades-from the cultural turn to the practice turn. "Consumption and Theories of Practice" presents an abridged account of the basic precepts and principles of a theory of practice for its application to the study of consumption. "After taste: Culture, consumption and theories of practice" reviews the process and reasons for the decline of cultural theory and the rise of practice theory. "The Sociology of Consumption: Its Recent Development" acknowledges the achievements under the influence of cultural and practice turn and presents a vision for the future of consumption research.

Keywords: Sociology of Consumption; Cultural Turn; Practice Turn

《社会学刊》征稿启事

《社会学刊》创办于1928年，复旦大学社会学系于2018年以集刊形式复刊，目前为半年刊。本刊以"追求社会真知，崇尚学术创新；注重本土经验，具有全球视野"为宗旨，致力于为海内外不同志趣的社会学者，提供一个探索社会真知的高端展示平台。

本刊刊发海内外学者的前沿性、有学理创新、方法适当的研究论文，鼓励把本土经验转变为普遍性概念和理论的研究，倡导有全球视野的比较研究。本刊还刊登国内外社会学及相关领域的最新研究述评、学术争鸣和书评。主要栏目包括专题研究、社会学理论、社会研究方法、研究论文、学术述评、学术争鸣与书评等。

本刊选稿坚持学术性与规范性。对基础研究，强调其清晰的理论脉络和学理创新；对应用研究，则强调其学理基础和政策蕴含。本刊谢绝一般调查报告和原则性的政策建议，不刊登时评和国内外已经公开发表的文章（译介论文除外）。

投稿请提供Word或其他格式的电子文本。学术论文篇幅以1万~2万字、书评以不超过5000字为宜。请在来稿首页写明文章标题、作者简介（姓名、工作单位全称、职称、研究方向、联系电话、详细通信地址、电邮地址等）。文稿须完整，包括标题、作者姓名、作者单位、摘要（300字左右）、3~5个关键词、正文、参考文献等。来稿请附标题、作者姓名、作者单位、摘要和关键词的英文翻译。所投稿件如受基金资助，请在标题上加脚注说明，包括基金项目名称和编号。

来稿须符合学术规范，不得抄袭、剽窃他人成果，不得伪造、篡改数据，也不允许任何其他学术不端行为，不涉及国家机密。稿件采用他人成说，需在文中以括号注方式说明出处，比如，费孝通先生认为中国农村中的基本社会群体就是一个家,一个扩大的家庭(费孝通,1986:21)。作者自己的注释均作为当页脚注。凡引用文献,须在篇末列入参考文献。中外文参考文献分开列出,中文文献在前,外文文献在后,并以作者姓氏英文字母顺序排列。中文文献参照《社会学研究》的格式,外文文献参照 ASA 格式(American Sociological Association Style)。

来稿正文层次最多为4级,标题序号依次采用一、(一)、1、(1)。一级标题居中,二级标题左对齐,三四级标题左缩进2格。来稿中的图表要清晰,符合出版质量要求。

本刊实行匿名审稿制度,来稿均由编辑部安排专家审阅。稿件请直接投寄本刊编辑部电子邮箱,切勿一稿多投。编辑部将在收到稿件三个月内联系作者,告知刊用或修改意见。本刊不收取任何费用,稿件一经刊用,即奉稿酬并赠送样刊两册。来稿一经本刊发表,版权即为本刊所有,未经授权,不得转载或翻译。本刊所发表的稿件,作者若无特别要求,均加入数字化期刊网络系统。稿件的国内外版权事宜,均遵照《中华人民共和国著作权法》及有关国际法规。

编辑部联系方式:

投稿邮箱:shxk@fudan.edu.cn;电话:021-65641612。

《社会学刊》编辑部
2020 年 1 月 8 日

图书在版编目(CIP)数据

社会学刊.第1卷.第6期／刘欣主编；李煜,胡安宁副主编.--北京：社会科学文献出版社,2023.6
　ISBN 978-7-5228-1874-0

Ⅰ.①社… Ⅱ.①刘… ②李… ③胡… Ⅲ.①社会科学-丛刊 Ⅳ.①C55

中国国家版本馆CIP数据核字（2023）第094506号

社会学刊　第1卷第6期

主　　编／刘　欣
副 主 编／李　煜　胡安宁
本期特邀执行主编／王　宁

出 版 人／王利民
责任编辑／庄士龙　胡庆英
文稿编辑／陈彩伊
责任印制／王京美

出　　版／社会科学文献出版社·群学出版分社（010）59367002
　　　　　地址：北京市北三环中路甲29号院华龙大厦　邮编：100029
　　　　　网址：www.ssap.com.cn
发　　行／社会科学文献出版社（010）59367028
印　　装／三河市尚艺印装有限公司

规　　格／开本：787mm×1092mm　1/16
　　　　　印张：14.75　字数：223千字
版　　次／2023年6月第1版　2023年6月第1次印刷
书　　号／ISBN 978-7-5228-1874-0
定　　价／89.00元

读者服务电话：4008918866

版权所有 翻印必究